Barbara Bross-Winkler

Wandern für die Seele
Rund um Stuttgart

20 Wohlfühlwege

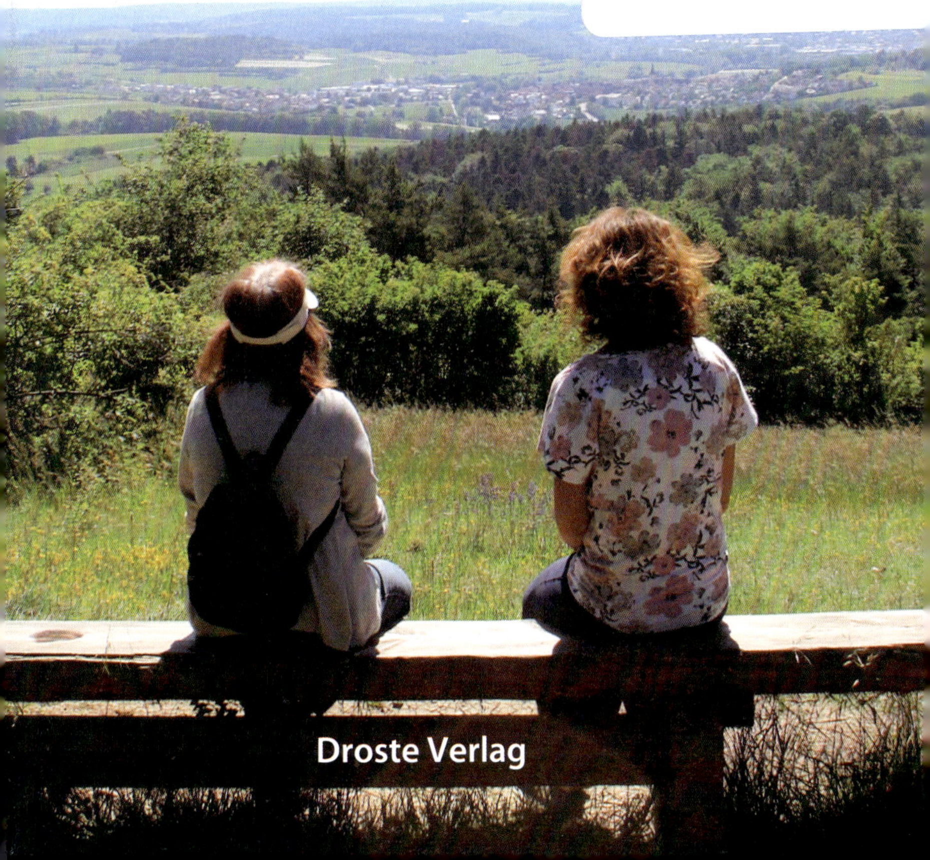

Droste Verlag

ALLE WANDERUNGEN AUF EINEN BLICK

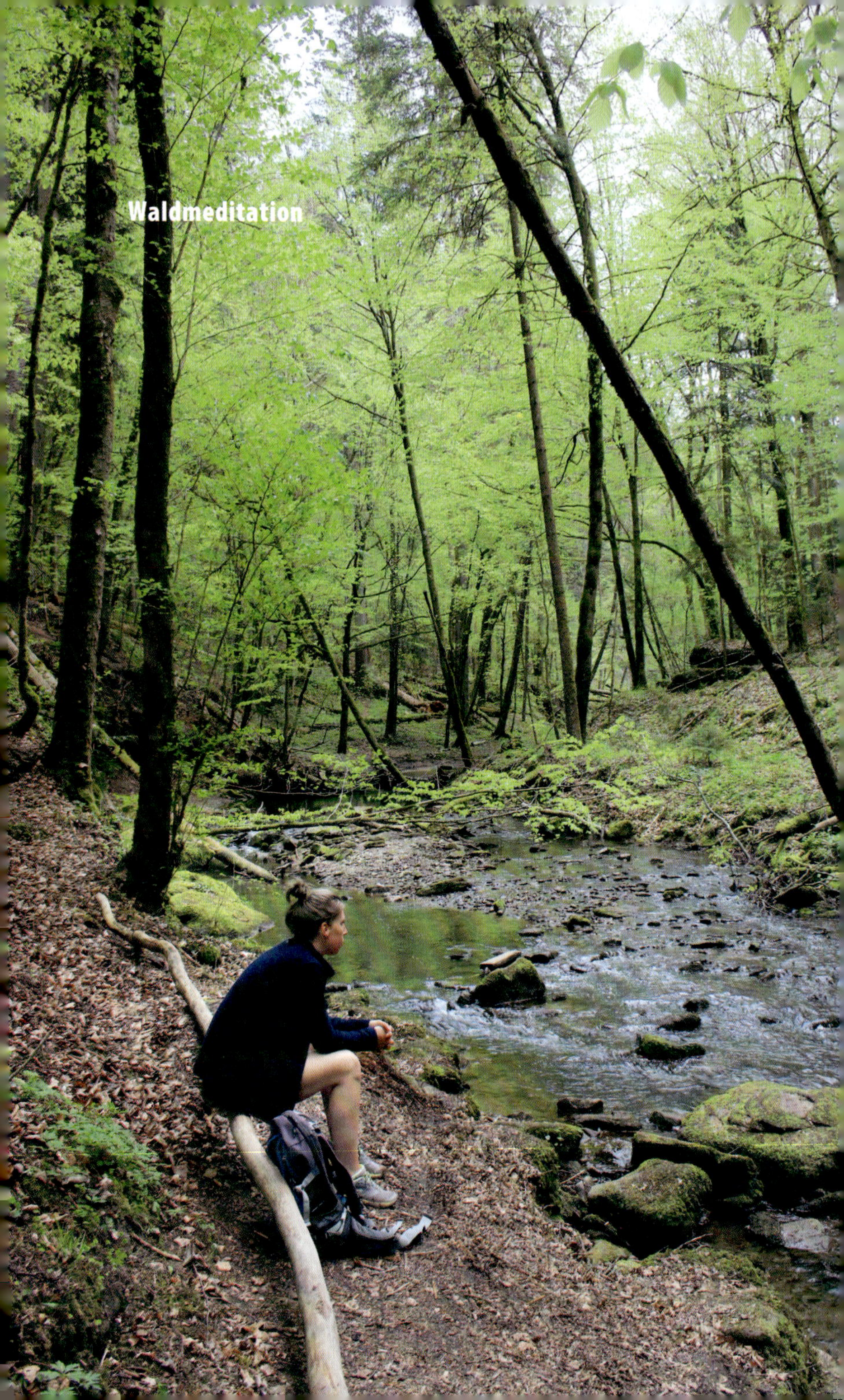
Waldmeditation

Liebe Wandersleute und Naturliebhaber,

wir sind dann mal weg! Haben wir nicht alle 2020/21 festgestellt, wie wichtig Bewegung in der Natur für unser Wohlbefinden ist? Wie gut es tut, durch Wald und Wiesen zu streifen, sich an der frischen Luft zu tummeln? „Du wirst mehr in den Wäldern finden als in den Büchern“, wusste Zisterzienserabt Bernhard von Clairvaux – im 12. Jahrhundert.

Corona hat uns Beine gemacht! Doch schon vorher ist Wandern trendy geworden. Uns ist das egal. Wir wandern einfach gern. Waren wir früher eher auf Wanderpfaden in Cornwall oder Madeira unterwegs, entdecken wir heute Schönheiten vor der eigenen Haustüre. Und sind baff, wie herrlich es dort ist!

Wir haben uns auf den Weg gemacht. In Stuttgart und drum herum. Im Welzheimer Wald, dem Unterland, dem Schwarzwald, auf der Schwäbischen Alb. Sind durch verträumte Garten- und Heidelandschaften gewandert, haben auf steilen Staffeln Weinberge erklommen, auf Waldpfaden Schluchten erkundet, über stille Orte inmitten der Großstadt gestaunt, uns in Badeseen erfrischt. Und wir sind eingekehrt. Denn zu einer zünftigen Wanderung gehören Vesper und Gasthof. Auch Tipps dazu finden Sie im Buch, für das wir eine bunte Mischung von 20 wunderbaren Wohlfühlwanderungen herausgefiltert haben.

Wandern macht glücklich, gesünder und klüger. Und es kann süchtig machen!

Viel Freude beim Wandern für alle Sinne und mit allen Sinnen wünscht Ihnen

Ihre Barbara Bross-Winkler

NATUR-INFO

KULTUR-INFO

TOUREN-/EVENT-INFO

GENUSS-INFO

- 6,2 Kilometer
- 110 Höhenmeter
- 1,5 Stunden
- Rundweg

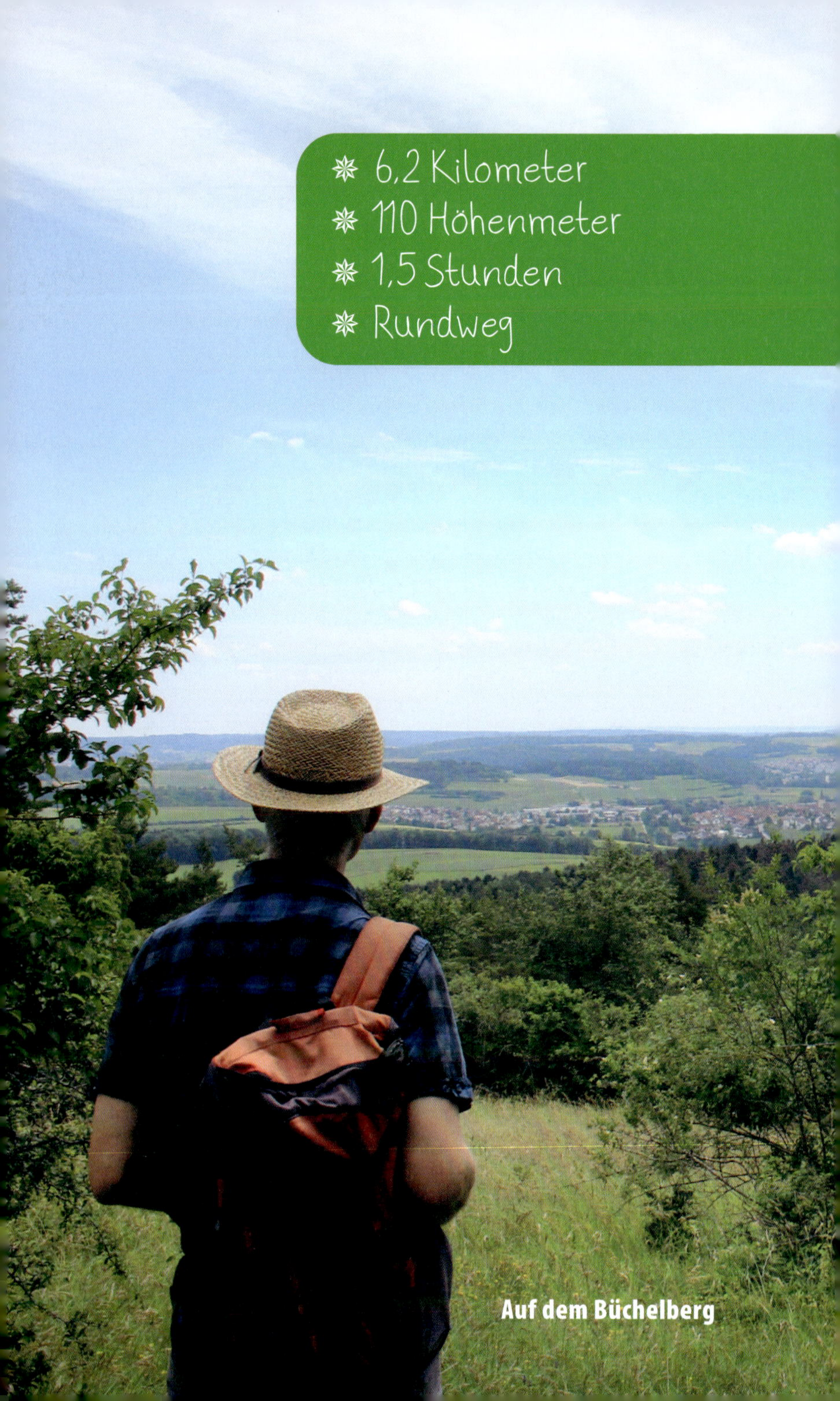

Auf dem Büchelberg

Grenzgänge

Durchs verträumte Heckengäu

Wir starten unsere Wanderung im Dreiländereck zwischen dem Enzkreis und den Landkreisen Calw und Böblingen am kleinen Parkplatz der **Jakobshütte** 1 am nordwestlichen Ortsrand von **Münklingen.** Wer mit öffentlichen Verkehrsmitteln hergekommen ist, wandert hierher von der Bushaltestelle am Rathaus: Zunächst geht es in nordöstliche Richtung entlang der Liebenzeller Straße, am Abzweig in den Lehninger Weg nach links abbiegen. Dem Weg, der eine scharfe Linkskurve macht, folgen und wenige Schritte nach der Linkskurve rechts in den Wilhelm-Dubsky-Weg Richtung Jakobshütte einbiegen.

Von der rosenberankten Jakobshütte, dem alten Totenhaus des früheren Münklinger Friedhofs, folgen wir dem Hauptwanderweg 5 (HW5 – roter Balken) in nordwestlicher Richtung. Unter uns sehen wir

*Der teilweise erhaltene **Landgraben** zwischen Büchelberg und Kuppelzen ist eine frühere Landes- und Markungsgrenze. Diese Grenzbefestigung aus Wall und Graben wurde wahrscheinlich schon im 15. Jahrhundert ausgehoben und markierte die Grenze zwischen Baden und Württemberg.*

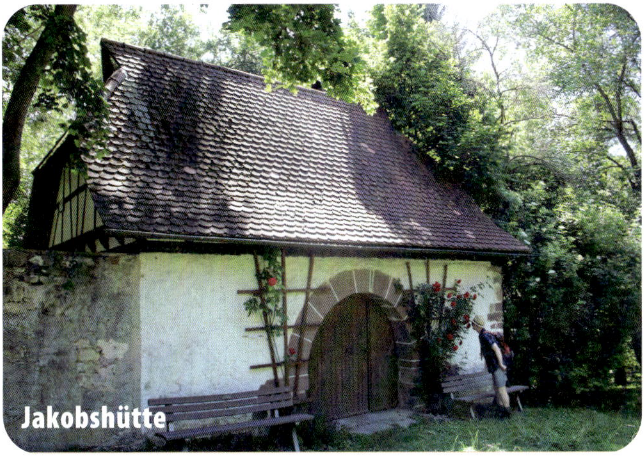

Jakobshütte

über Wiesen hinweg bald Münklingen liegen, einen der idyllischen Ortsteile von Weil der Stadt. Nach etwa 300 Metern erreichen wir den **Zwiesel 2**, einen aus einer Baumgabel geschaffenen Wegweiser. Hier können wir uns anhand der Karte orientieren und unter duftenden Heckenrosen von einer Bank aus den Blick über diese wohlsortierte, vielfältige Landschaft schweifen lassen. Wir werden jedoch hier noch einmal vorbeikommen und können uns deswegen leichteren Herzens von dem Anblick der Idylle und dem Duft der teilweise schon gemähten Wiesen losreißen.

Der Zwiesel – Wegweiser mit Aussicht

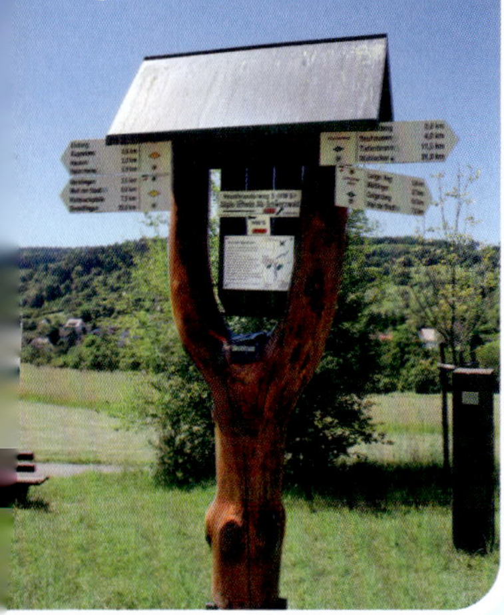

Wir folgen unserem Weg geradeaus weiter Richtung **Kuppelzen** und lassen zwei Abzweige linker Hand liegen. Der geschotterte Weg führt uns zunächst nördlich der Kuppelzen – die Kuppelzen ist weiblich – rund um diese 528 Meter hohe, bewaldete Anhöhe. Linker Hand in den Wiesen gedeiht im Sommer eine bunte Mischung aus Spitzwegerich und Schafgarbe, Wiesenflockenblumen, Rotklee, Klappertopf und Gewöhn-

Blick auf Münklingen

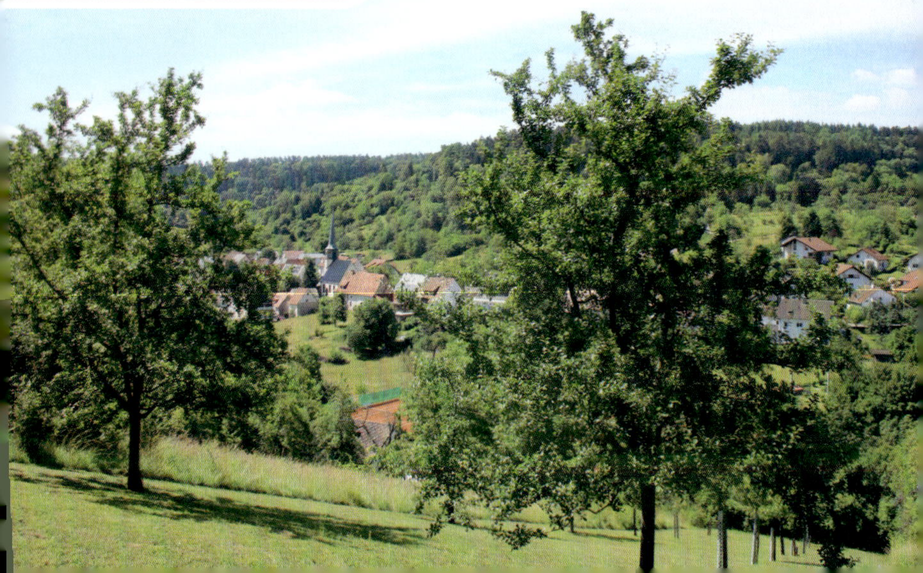

Für die Seele

Abwechslungsreiche Pfade durch eine weitläufige Heide-, Wiesen- und Waldlandschaft lassen unser Wanderherz höherschlagen.

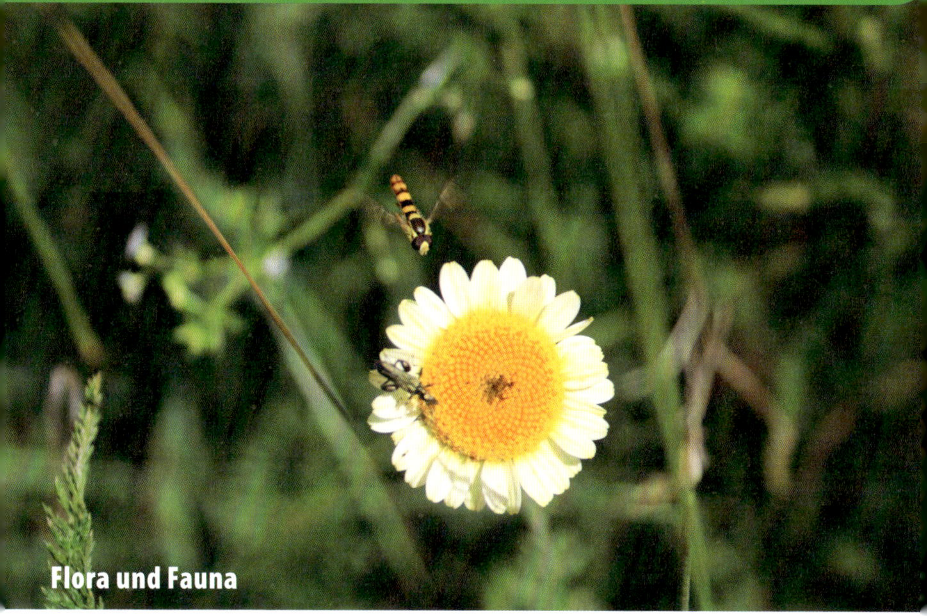

Flora und Fauna

lichem Hornklee. Der Wald zur rechten Seite spendet im Sommer willkommenen Schatten. Unserem Weg folgen wir etwa 1 Kilometer bis zu einem Abzweig. Wir wählen jenen, der eine Rechtskurve macht. Wenige Meter nach der Kurve sehen wir rechts eine bunte **Blumenwiese** ❸, in der wir mit ein bisschen Glück Blutströpfchen, Hauhechel-Bläuling oder wenigstens einen Schwalbenschwanz flattern sehen. Wir machen es uns für einen Moment auf einem Waldliegestuhl oder im Schatten von Obstbäumen an Tisch und Bank gemütlich. Tatsächlich steppt hier der Bär, zumindest, was die Insektenwelt

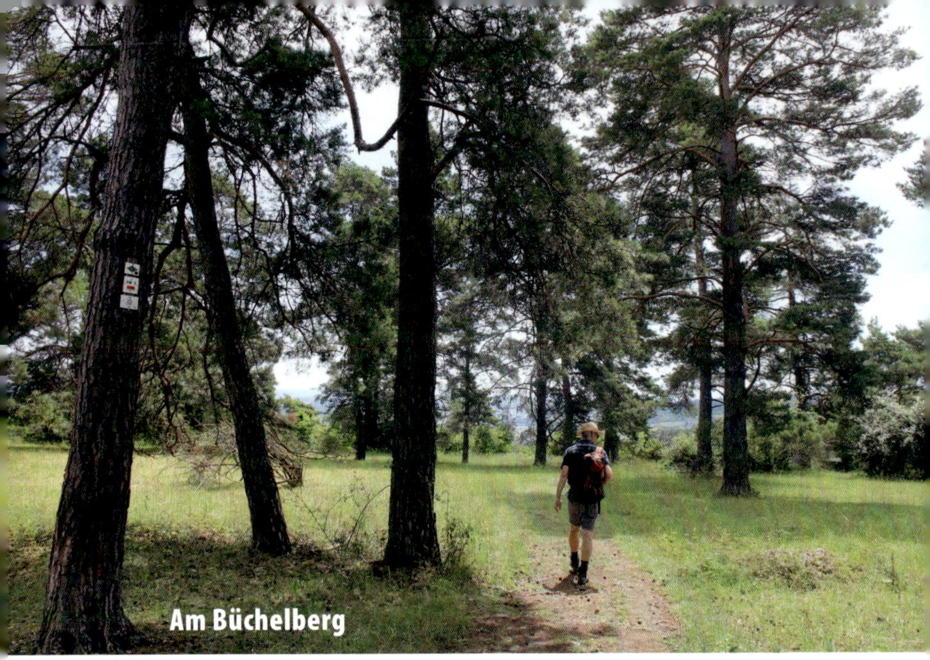

Am Büchelberg

angeht. Für Nahrung und unterschiedliche Heimstätten in Form von Insektenhotels sorgt der Obst- und Gartenbauverein Münklingen.

Doch wir haben den größten Teil dieser eher gemütlich-kurzen Wanderung noch vor uns und folgen dem Pfad oberhalb Münklingens weiter, biegen also nicht links ab Richtung Ort. Über uns in den Wiesen stehen Bienenkästen und hübsche Gartenhäuschen, unter uns sehen wir das in liebliche Landschaft eingebettete Münklingen. Pinkfarbene Heckenrosen begleiten uns auf dem Weg rund um die Kuppelzen. Von der früher hier gelegenen Burg ist leider nichts mehr zu sehen. 2,5 Kilometer nach Beginn der Wanderung erreichen wir erneut den Zwiesel. Von hier aus starten wir in unsere nächste Runde und erkunden die andersgeartete Landschaft des Büchelbergs.

Hinter dem Zwiesel mit seinen Schildern und der Information, dass wir uns entlang eines alten Landgrabens bewegen, halten wir uns links und folgen dem HW 5, dem rotem Balken, hinauf auf den **Büchelberg.** Nach etwa 100 Metern geht es rechts ab an einer grünen Schranke. Wir halten uns weiter an den roten Balken und den gut sichtbaren Trampelpfad, der uns in

!

*Wandern im Dreiländereck: 50 Hektar rund um den 544 Meter hohen **Büchelberg** im Heckengäu sind seit 1939 Naturschutzgebiet. Durch die südöstliche Flanke des Bergs verläuft entlang des Landgrabens die Grenze zum Landkreis Böblingen, 800 Meter südwestlich jene zum Landkreis Calw.*

leichten Kurven durch diese zauberhafte, von Kiefern, Wacholder und Heckenrosen geprägte Heidelandschaft führt. Die kargen, kalkhaltigen Böden am Büchelberg haben keine intensive Landwirtschaft zugelassen. Als Schafweide indes war die Gegend nutzbar und es gab auch kleinere Steinbrüche, die wir auf unserem Weg noch sehen werden. Bis heute betätigen sich Schafe und Ziegen als „Landschaftspfleger" und sorgen dafür, dass die Wacholderheide erhalten bleibt und der Wald sich das Gebiet nicht zurückerobert. Schon 1939 wurde die Gegend unter Naturschutz gestellt! Je nach Jahreszeit und Botanikkenntnissen können wir Fingerkraut, Thymian, Graslilien, Fransenenzian, Bergastern und vieles mehr entdecken.

Etwa 500 Meter nach dem Zwiesel erreichen wir eine T-Kreuzung und folgen dem Graspfad und der roten Hagebutte auf grünem Grund nach links. Wir wandern rund um den Büchelberg auf dem Gäurandweg mit der Hagebutte als Wanderzeichen. Wie schon

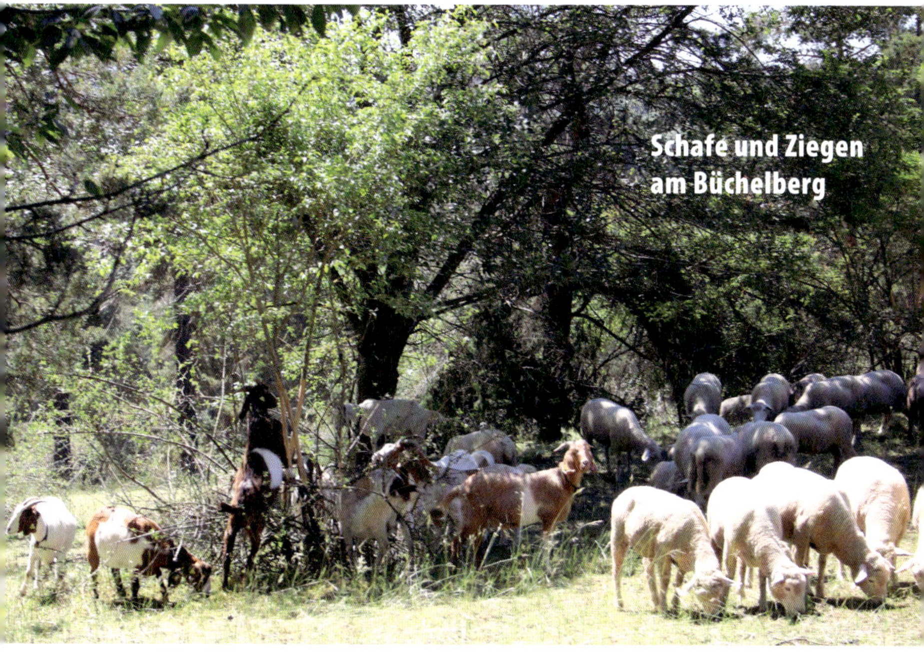

Schafe und Ziegen am Büchelberg

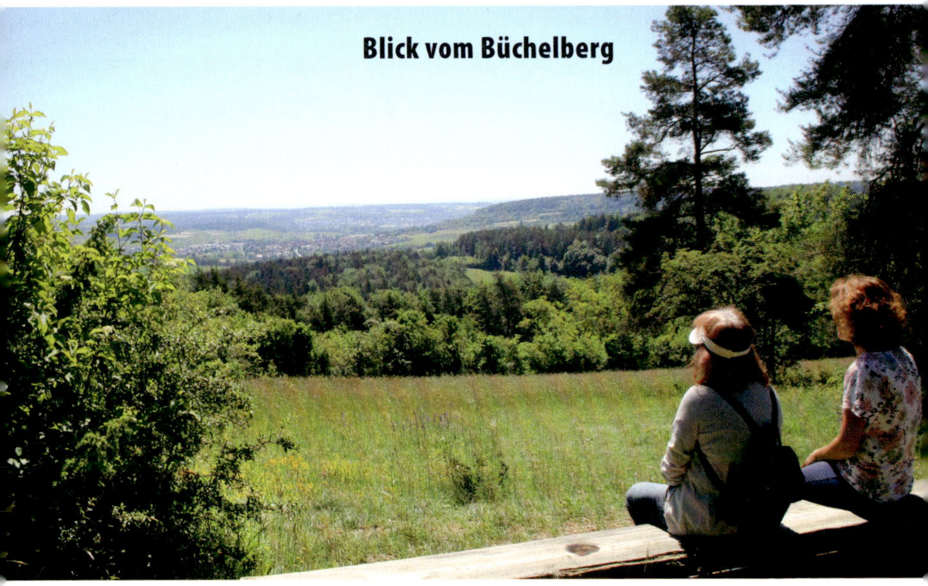

Blick vom Büchelberg

zuvor prägen neben dem Wacholder vor allem herrliche Waldkiefern oder Forchen unseren Pfad. Von ihrem würzigen Duft gerade an einem heißen Sommertag können wir gar nicht genug bekommen. Der Gäurandweg macht eine Rechtskurve, hinter einem Weidezaun sehen wir eine Schafherde in einem der alten Steinbrüche, und bevor unser Weg in die Straße von Neuhausen nach Münklingen einmündet, folgen wir der Hagebutte und dem Pfad nach rechts. Von dieser Nordwestecke des **Büchelbergs** aus haben wir einen schönen Blick in den Nordschwarzwald.

Wir folgen der Hagebutte und dem roten Balken nach rechts. Nach etwa einem halben Kilometer geht es erneut rechts zu einem **Aussichtspunkt ④**. Vor unseren Augen öffnet sich das Würmtal mit Merklingen und Weil der Stadt in seiner ganzen stillen Schönheit. Hier ist nun der Moment gekommen, an dem wir uns auf einer Bank unter Kiefern niederlassen und die Aussicht in diesen Teil des Heckengäus bei einem erfrischenden Schluck aus der mitgebrachten Flasche genießen.

Nach einer ausgiebigen Pause im perfekten Setting wandern wir auf unserem Heidepfad in östlicher Richtung weiter, mit der gelben Raute Richtung Lehningen. Es geht auf Trampelpfaden durch ein Wäldchen, vorbei an einer weiteren Schaf- und Ziegenherde. Unser Pfad windet sich nach links und wir steigen über etliche Baumwurzeln hinunter an den Ortsrand von **Lehningen.** Eine Steinbank am Waldrand oberhalb des Wasserbehälters ist unser Zeichen: Hier geht es über den Wiesenweg am Waldrand scharf nach rechts. Nach wenigen Metern sehen wir rechts im Wald eine große, offene Schutzhütte. Wenige Meter weiter biegen wir erneut nach rechts in einen schmalen Waldpfad ein, der entlang eines Teils des früheren Landgrabens verläuft: Wir wandern an der Grenze zwischen den ehemaligen Ländern Baden und Württemberg. Mit der gelben Raute laufen wir nach oben. 1 Kilometer weit schlängeln wir uns auf dem von Wacholder, Schneeball, Hartriegel und Ahorn eingewachsenen schmalen Pfad entlang. Wir passieren einen alten Grenzstein und ein zwischen zwei Kiefern hängendes Schild mit der Aufschrift „Münklingen“.

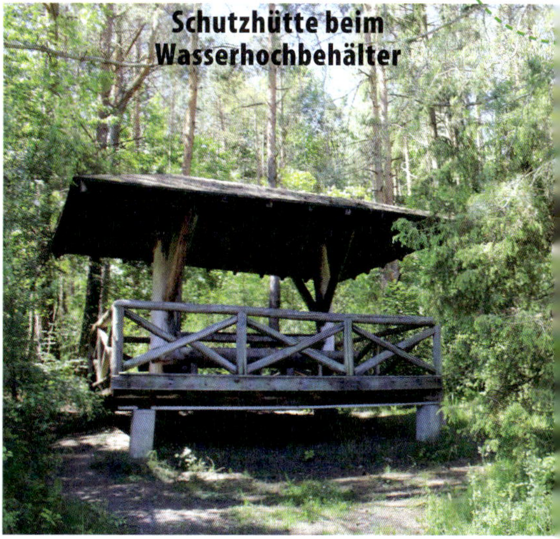
Schutzhütte beim Wasserhochbehälter

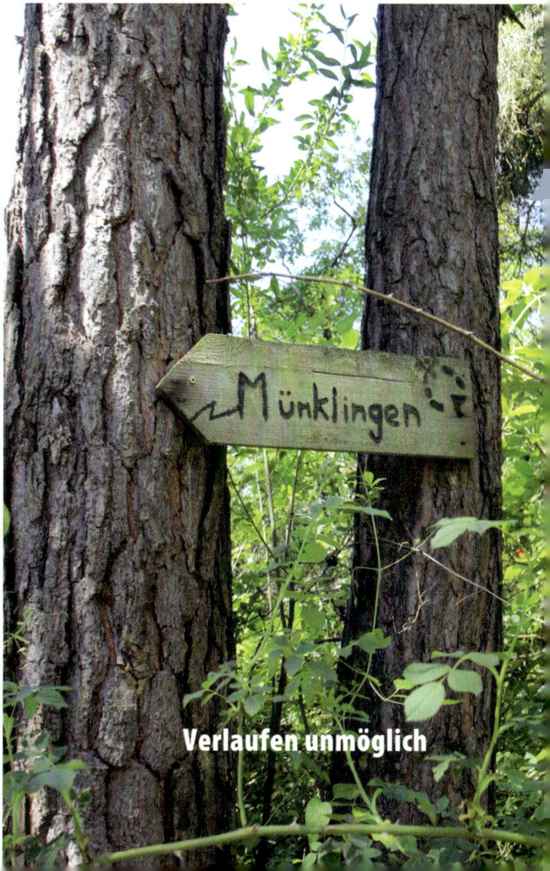

Verlaufen unmöglich

Auszeittour 1

Nun ja, verlaufen kann man sich hier kaum, es gibt nur diesen schmalen Pfad, der uns mit einigen Steinstufen hinab zurück zum altbekannten Zwiesel bringt. Von hier aus sind es nur noch wenige Meter zu unserem Parkplatz an der Jakobshütte.

Jetzt müssen wir nur überlegen, wo wir nach dieser kurzen und kurzweiligen Spazierwanderung lieber einkehren: In der **Münklinger Sportgaststätte** 5 am Lehninger Weg, den die „Busfahrer" ohnehin auf ihrem Rückweg zur Bushaltestelle passieren? Oder lieber im **Landgasthof 1610** 6 des Nachbarorts **Merklingen?** Er liegt wenige Meter von der dortigen Bushaltestelle entfernt in der Ortsmitte. Wer noch Leckereien im Rucksack hat, zieht womöglich ein Picknick auf der lauschigen Wiese am Jakobsbrunnen allem anderen vor.

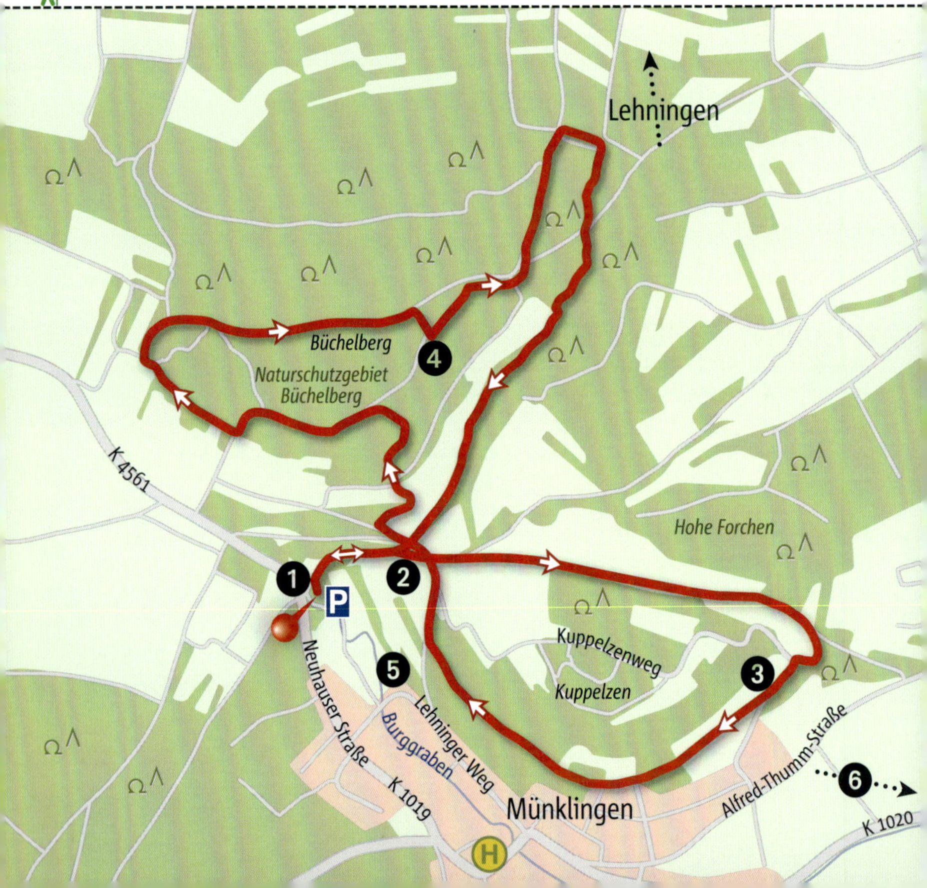

Alles auf einen Blick

Entspannung ✱✱✱✱✱
Genuss ✱✱✱✱✱
Romantik ✱✱✱✱✱

WIE & WANN:
Waldwege, Wiesenpfade, Asphaltwege. Wanderzeit ist ganzjährig, besonders schön im Mai/Juni zur Blütezeit und im September/Oktober.

HIN & WEG:
Auto: Parkplatz an der Jakobshütte, 71263 Weil der Stadt-Münklingen (GPS: 48.78024, 8.80941)
ÖPNV: Bus 666 von Weil der Stadt Busbf. Richtung Pforzheim bis Münklingen Rathaus, Fußweg zur Jakobshütte

ESSEN & ENTSPANNEN:
Münklinger Sportgaststätte ❺ Lehninger Weg 36, 71263 Weil der Stadt-Münklingen, Tel. (0 70 33) 3 14 19, www.sportfreunde-muenklingen.de
Landgasthof 1610 ❻ Kirchgrabenstraße 6, 71263 Weil der Stadt-Merklingen, Tel. (0 70 33) 39 09 12, www.landgasthof-1610.de

ENTDECKEN & ERLEBEN:
Jakobshütte ❶ und Jakobsbrunnen mit Picknickplatz
Zwiesel ❷ mit Aussichts- und Rastplatz
Wiese des Obst- und Gartenbauvereins Münklingen ❸ mit Rastplatz und Waldliegestuhl
Aussichtspunkt auf dem Büchelberg ❹

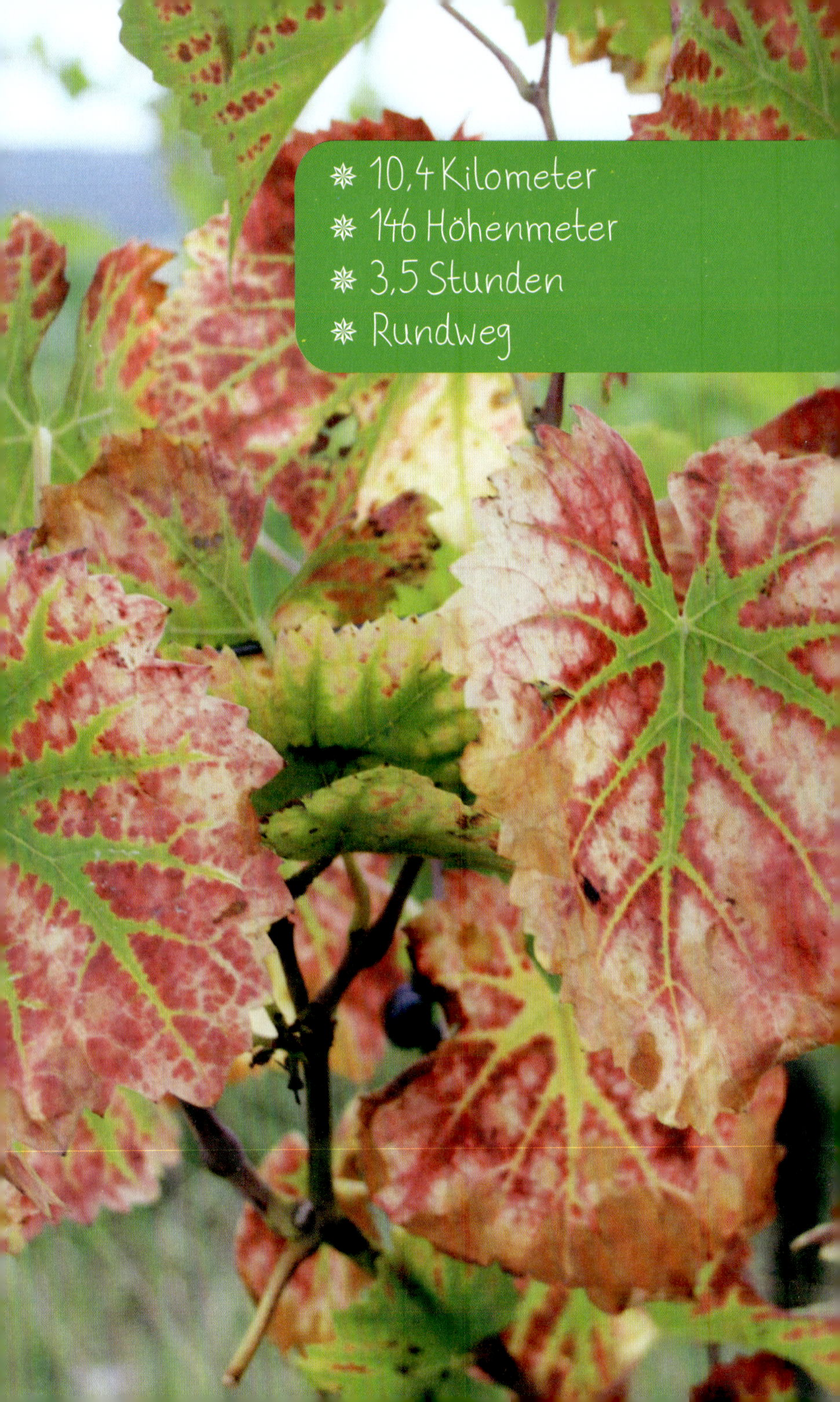

* 10,4 Kilometer
* 146 Höhenmeter
* 3,5 Stunden
* Rundweg

Friedliche Stille

Die Enzschleifen entlang

Bei der Brücke über die Enz in **Roßwag** starten wir vom **Parkplatz Flößerstraße** unweit des Sportplatzes. Etwa 200 Meter folgen wir dem Enztalradweg Richtung Mühlhausen, wandern dann aber weiter auf einem wenige Meter oberhalb liegenden Pfad. Mit Blick auf die Roßwager Martinskirche spazieren wir entlang prallbunter Bauerngärten. Dahlien, Sonnenblumen, rote Hagebutten und orangefarbene Kürbisse leuchten hier im Frühherbst um die Wette und stehlen der Kirche fast die Schau. Nachdem wir einen halben Kilometer gewandert sind, biegen wir wieder links ab zum Fahrradweg. Nun geht es durch eine einzigartig weite Wiesenniederung, die **Enzaue** 1. Die in der Aue weiträumig verstreuten Weiden, Pappeln, Erlen und Eschen wirken im Verbund mit den Obstbäumen am Wegrand ganz und gar außergewöhnlich, fast so, als hätte ein

Insgesamt 70 Hektar groß ist das 1984 eingerichtete ***Naturschutzgebiet Enzaue*** *mit Burghalde und Rotem Rain. In ihm vernetzen sich Lebensräume wie Wiesenaue, Obstbaumwiese, Magerrasen, Wälder, Fluss und Ufergehölz mit den angrenzenden Feldern: Lebensraum für eine artenreiche Flora und Fauna.*

Bauerngärten an der Enz

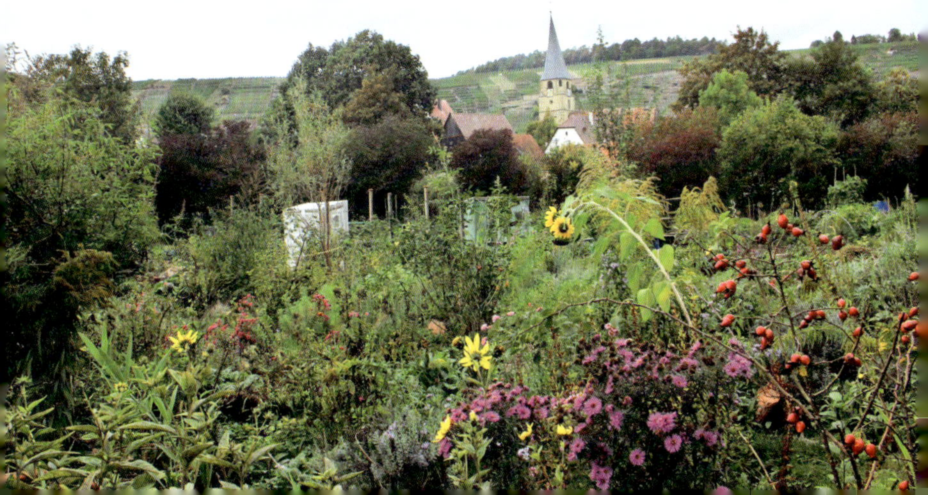

kunstsinniger Landschaftsarchitekt hier seine Hand im Spiel. Manche der Weiden, die früher Grundstücksgrenzen markiert haben, sind mehr als 100 Jahre alt!

Mit dem notwendigen Wissen und aufmerksamen Augen ausgestattet, entdecken wir vielleicht Reiher, Baumpieper, Wasseramseln, Dorngrasmücken oder Wachtelkönig. Wer sich mehr für die Flora begeistert, kann hier den Großen Wiesenknopf, Wiesen-Glockenblumen, Acker-Witwenblumen und Kuckucks-Lichtnelken finden. Damit Insekten, Wild und Vögel immer Rückzugsgebiete haben, werden die Flächen abschnittsweise und nicht vor Mitte Juni gemäht.

Mit dem Verlauf der Enz schlagen auch wir einen großen Rechtsbogen unterhalb der Weinlagen Mönchberg, Steigberg und Kalkofen und nähern uns immer mehr dem sanft plätschernden Fluss. Dabei fällt uns auf, wie „laut" die Stille bis dahin war: Von Autostraßen sind wir hier so weit entfernt, dass wir nur zwitschernde Vögel oder, im Herbst, auch mal den Warnschuss eines automatischen Schussapparates hören, der heute zumeist den Wengertschützen ersetzt.

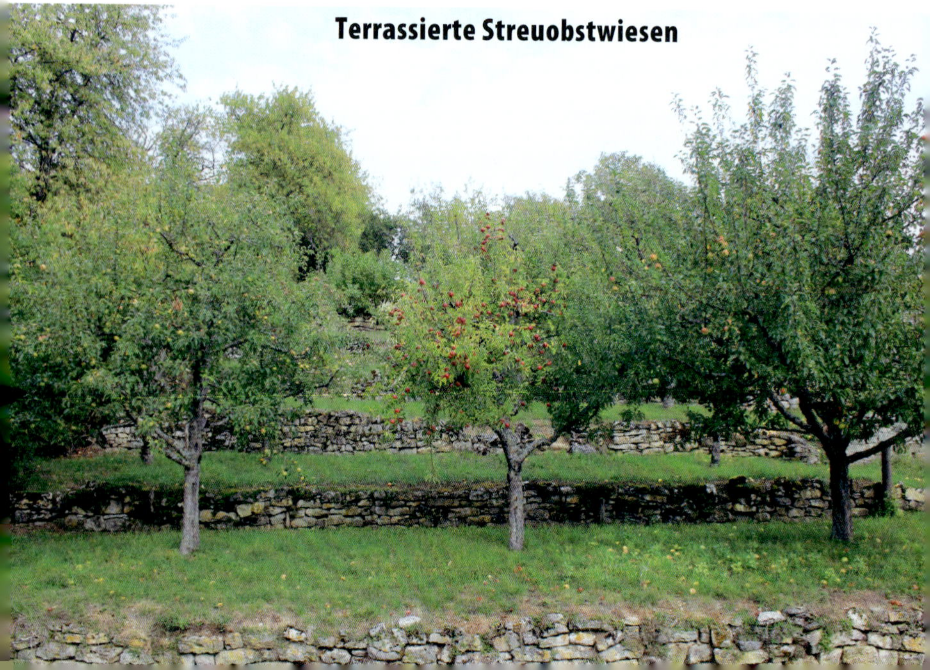

Terrassierte Streuobstwiesen

Für die Seele

Wir genießen eine grandiose Naturkulisse entlang der Enz, die mit Wasserkraft eine großartige Landschaft geschaffen hat.

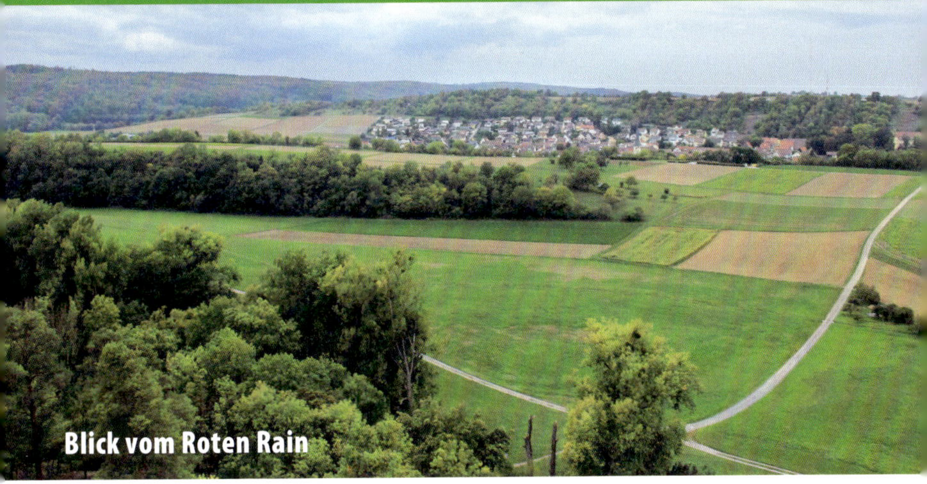
Blick vom Roten Rain

2,5 Kilometer nach dem Beginn unserer Wanderung erreichen wir eine Schautafel mit dem Titel **„Roter Rain" 2.** Doch bevor wir einen wirklich extrem steilen Pfad rechts vorsichtig hochsteigen, machen wir einen kurzen Abstecher vor zur Enzbrücke und genießen den Blick auf die baumgesäumte, beruhigend gurgelnde Enz, einen Nebenfluss des Neckars. Wieder zurück am steilen Pfad, folgen wir diesem und passieren insgesamt vier Weidetörchen. Das zweite Gatter durchqueren wir nach links und folgen dem Trampelpfad – steiler dürfte er nicht sein! Und weil dieses Gebiet so extrem abschüssig ist, würde wohl auch der fitteste Wengerter hier keine Reben pflanzen wollen. Umso besser für die kleine Ziegenherde, die oben auf dem Plateau gemütlich grast. Für die kletterfreudigen Tiere ist das Gelände kein Problem – und wir werden für unsere Kraxelei mit einer phänomenalen Aussicht auf Enzschlinge, Weinberge, auf Mühlhausen mit seinen roten Kleinstadtdächern und die vielfältige, wie frisch geputzte Bilderbuchlandschaft belohnt.

Eine kleine Pause auf der ungewöhnlich heideartig anmutenden Hochfläche mit ihren Kiefern lässt uns Kraft und Energie für den restlichen Weg tanken. Über das vierte Weidetor erreichen wir einen asphaltierten Weinbergweg, den wir weiter in dieselbe Richtung verfolgen. Kurz vor der Straße steigen wir links einige Stufen hoch und spazieren parallel zur Straße weiter, vorbei an Wochenendgrundstücken, Weinbergen und Gehölzsäumen voller Schlehen, Hagebutten und Hartriegel. Bald stoßen wir auf einen Walnussbaum mit einem roten Kreuz auf weißem Grund und entscheiden uns für den Weg, der schräg links bergab und dann durch ein junges Wäldchen führt.

Sobald wir den Waldrand erreichen, sehen wir weit unter uns die Enz und genießen beim Weiterwandern nach rechts, immer an der Hangkante entlang, wieder einen herrlichen Blick auf steile Weinberge und die liebliche Enzlandschaft. Der Straße, auf

260 Schafe *und* ***35 Ziegen*** *hat es 1856 in Roßwag gegeben und die meisten haben das Gras am Roten Rain kurzgehalten. So hatten größere Sträucher und Bäume keine Chance. Dafür aber Halbtrockenrasenpflanzen wie Ästige Graslilie, Blaugras, Straußblütige Wucherblume oder Kalk-Aster. Auch heute sorgen die Tiere wieder gegen die Verbuschung.*

Rast am Roten Rain

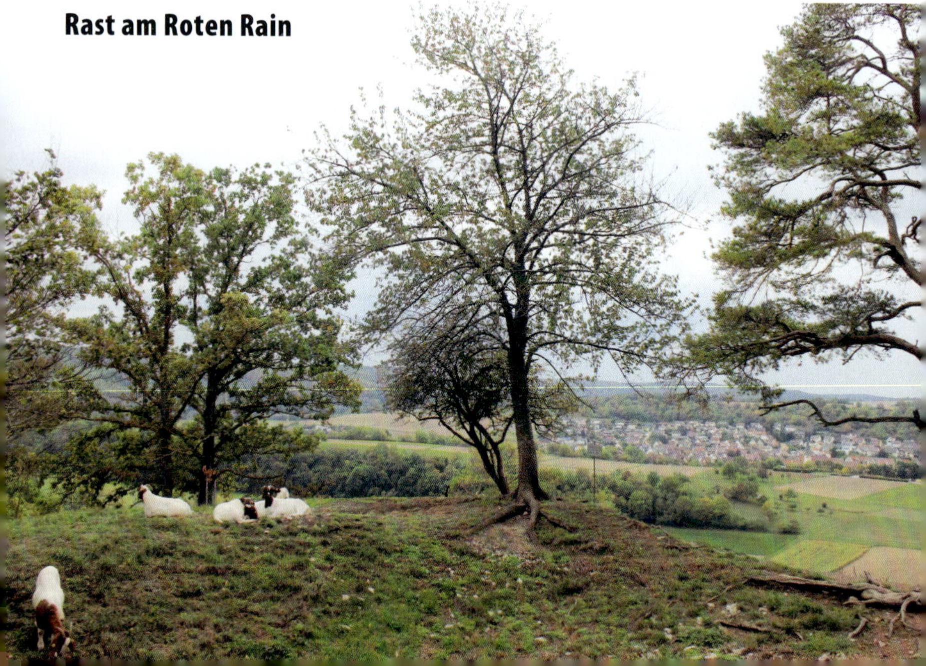

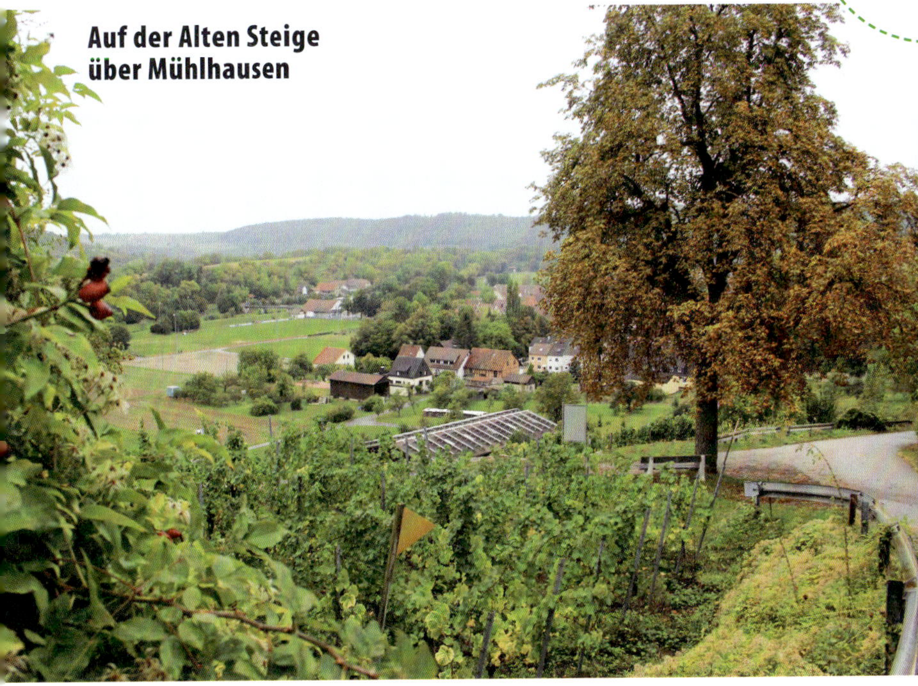

Auf der Alten Steige über Mühlhausen

die wir einen halben Kilometer nach dem Wäldchen treffen, folgen wir etwa 100 Meter. Dann biegt unser Weg, immer noch mit dem roten Kreuz auf weißem Grund, nach links ab und wir folgen ihm weitere 50 Meter. Hier gilt es achtzugeben, dass wir den Weg, der nun linker Hand leicht bergab führt, nicht verpassen. Von hier an ist alles ganz einfach: Wir bleiben auf dem **Höhenweg** ③ inmitten der Weinberge, bis wir Mühlhausen erreichen – und haben beim Wandern einen herrlichen Blick hinunter über terrassierte, steile Weinberge und senkrecht aufragende Felsen auf die Enz, die sich von Mühlacker an in besonders malerischen Schlingen windet. Was wir sehen, hat sich in Millionen Jahren zu einer Art natürlichem Amphitheater geformt: An den Außenseiten des mäandernden Flusses prallt das Wasser voller Wucht gegen die Talwand und wäscht das Gestein aus: So sind die eindrucksvollen, steilen Prallhänge entstanden. Auf der

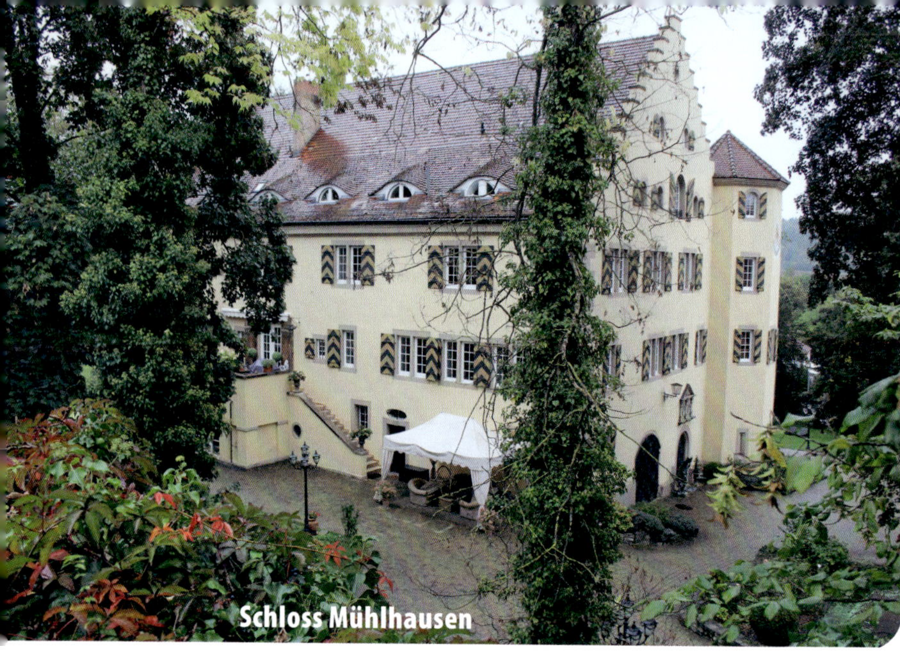

Schloss Mühlhausen

1566 erbaut, hat Herzog Carl Eugen das ***Schloss Mühlhausen*** *1785 erworben. Von 2008 an lag es zehn Jahre lang im Dornröschenschlaf und verfiel zusehends, bis der Schmuckfabrikant Roland Rauschmayer es vor der Zwangsversteigerung gerettet, erworben und saniert hat.*

anderen Seite des Flusses dagegen liegt der flach geböschte Gleithang, der als Grünland genutzt wird.

Wir folgen am Ende der Weinberge nicht dem Linksbogen, den der Rebenweg nun Richtung Ort macht, sondern nehmen den schmalen Naturpfad, der hinter dem Renaissance-**Schloss Mühlhausen** ④ entlangführt. Von oberhalb der Schlossmauer haben wir einen schönen Blick auf das 1566 erbaute Ensemble. Das charmant-trutzige Kulturdenkmal mit seinen Nebengebäuden, dem Pavillon, den polygonalen Türmen und dem Satteldach steht in einem weiträumigen Schlosspark mit altem Baumbestand. Heute ist das Schloss eine schicke Event-Location. Nach der Mauer biegen wir links in die Parkstraße und von dort nach links in die Schlossstraße ein. Wer mag, macht nun eine kleine Tour durch den historischen Ortskern mit seinen Weingärtnerhäusern, den alten, rundbogigen Kellertoren und der erhöht gelegenen evangelischen **Albanikirche** ⑤. Sie wurde ursprünglich im romanischen Stil erbaut, dann aber 1458 von Baumeister Balthasar von Horrheim im gotischen Stil umgebaut, wie aus einer Inschrift über dem westlichen Kielbogenportal hervorgeht.

Ansonsten folgen wir der Schlossstraße, die kurz vor der Enz übergeht in die Roßwager Straße. Hier legen wir einen Zwischenstopp im direkt vor der Enz liegenden **Vereinsheim Mühlhausen ⑥** ein, das auch einen kleinen Biergarten hat, und lassen uns wenigstens eine Tasse Kaffee oder ein erfrischendes Radler schmecken. Gestärkt wandern wir weiter, überqueren die Enzbrücke und folgen der Beschilderung Richtung Sägmühle. Hier wurden früher jene Holzstämme zersägt, die vom Schwarzwald per Flößer die Enz heruntergeschwemmt wurden.

An der Mühle vorbei laufen wir links bergan auf einem Wiesenweg, der in einen asphaltierten Weg mündet. Hier halten wir uns rechts und folgen nun dem Hauptwanderweg HW 10 vorbei an einem **Grillplatz mit Hütte ⑦**. Etwa 200 Meter weiter biegen wir auf den linken Schotterweg ein, der Richtung Bruderhaus, Vaihingen/Enz und Bietigheim-Bissingen führt. Diesem Weg, der fast durchgehend am Waldrand mit Blick auf herbstlich abgeerntete Felder und nur kurz ganz im Großen Wald verläuft, folgen wir. Es geht entlang des ehemaligen Enz-Flussbetts, dem

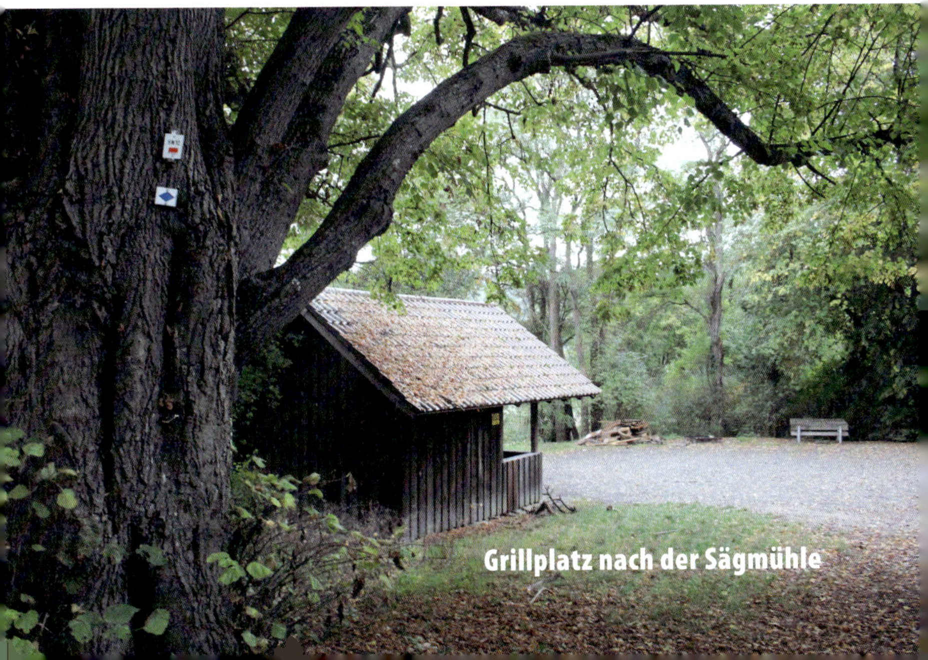

Grillplatz nach der Sägmühle

sogenannten **Altwasser** 8, das Mitte der 1980er-Jahre renaturiert und unter Naturschutz gestellt worden ist. Das Feuchtbiotop, in dem Ringelnattern und Teichfrösche zu Hause sind, begleitet uns bis zur Enzbrücke, die uns zurück zu unserem Startpunkt, dem **Roßwager Flößerplatz,** bringt.

Wir lassen diesen wunderbar vielfältigen Wandertag im Biergarten des **Gasthaus Krone** 9 ausklingen. Oder bei einem frischen Zwiebelkuchen mit einem Glas Neuen Weins im Hof der **Weinhandlung Gille** 10. In jedem Fall aber werden wir den idyllischen Weinort Roßwag mit seinen alten Fachwerkhäusern, der **Martinskirche** 11 und dem dahinter verlaufenden verwunschenen Lammgässle ein wenig unter die Lupe nehmen, bevor wir uns auf den Heimweg machen.

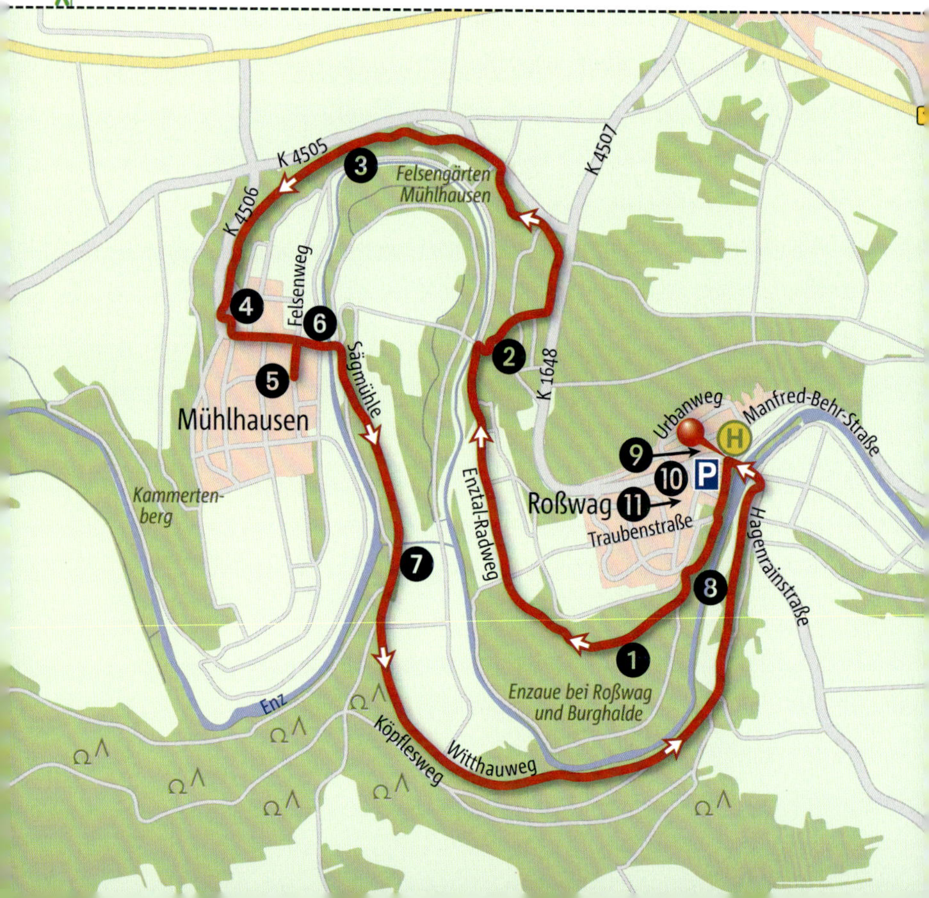

Alles auf einen Blick

Entspannung ★★★☆☆
Genuss ★★★☆☆
Romantik ★★★★★

WIE & WANN:
Feldwege, Wiesenpfade, asphaltierte Wander- und Weinbergwege, wenige Straßen, sehr steiler Anstieg am Roten Rain. Beste Wanderzeit ist von April bis Oktober.

HIN & WEG:
Auto: Parkplatz an der Flößerstraße 6, 71665 Vaihingen/Enz-Roßwag
(GPS: 48.936249, 8.917903)
ÖPNV: RB17 von Stuttgart Hbf. nach Vaihingen/Enz Bf., dann Bus 707 bis Roßwag Sporthalle, wenige Meter zum Parkplatz Flößerstraße

ESSEN & ENTSPANNEN:
Vereinsheim Mühlhausen ❻ Roßwager Straße 3,
75417 Mühlhausen/Enz, Tel. (0 70 41) 9 83 99 16
Gasthaus Krone ❾ Kronengässle 1, 71665 Vaihingen an der Enz-Roßwag,
Tel. (0 70 42) 3 74 03 88
Weinhandlung Gille ❿ Mühlhäuser Straße 7, 71665 Vaihingen an der Enz-Roßwag,
Tel. (0 70 42) 2 50 05

ENTDECKEN & ERLEBEN:
Enzaue ❶
Roter Rain ❷
Höhenweg ❸
Schloss Mühlhausen ❹ Parkstraße 3/1, 75417 Mühlacker
Albanikirche Mühlhausen ❺ Martin-Luther-Straße 4, 75417 Mühlacker
Grillplatz mit Hütte ❼
Feuchtbiotop Altwasser ❽
Martinskirche ⓫ Sankt-Martin-Straße 9, 71665 Vaihingen an der Enz-Roßwag

- 11,8 Kilometer
- 511 Höhenmeter
- 4 Stunden
- Rundweg

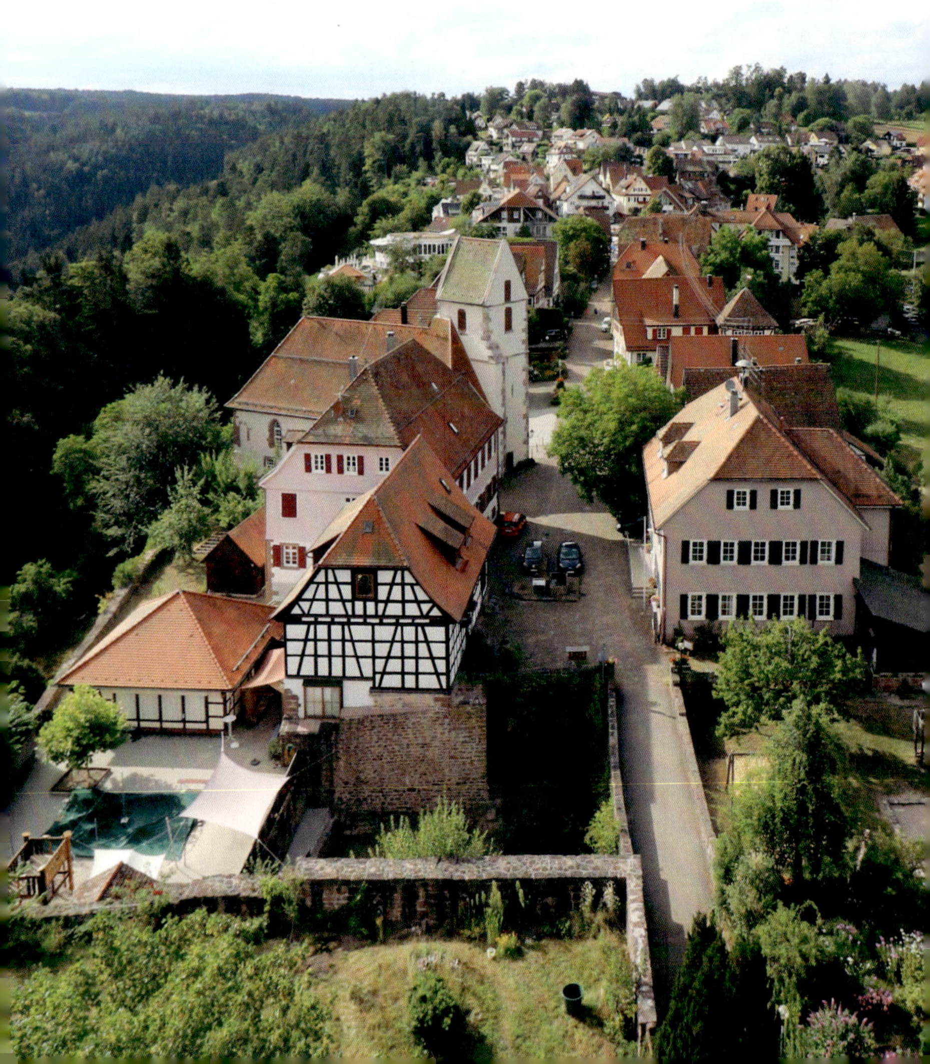

Blick von der Burg Zavelstein

Stufe für Stufe

Im märchenhaften Teinachtal

Wir starten unsere Wanderung auf dem großen Parkplatz am **Freibad** **1** in **Bad Teichnach** und halten Ausschau nach dem Wegzeichen mit dem Schwarzwälder Bollenhut. Ihm folgen wir nach links auf dem 11,8 Kilometer langen Rundweg, der seinen Namen vom Flüsschen Teinach und dem aus hiesigen Quellen stammenden Mineralwasser hat. Wir folgen dem Bollenhut unbedingt in der Richtung, die auch auf den Schildern empfohlen wird – wer andersherum läuft, riskiert besonders bei feuchtem Wetter eine Rutschpartie auf den Hunderten von naturbelassenen Stufen und Treppen, die uns unterwegs beim Hochsteigen ordentlich ins Schnaufen bringen.

Ein leichter Anstieg auf dem Beerenweg gewährt uns schon nach wenigen Metern den Blick aufs idyllisch unter uns liegende Freibad. Wer zur richtigen

*Wer einen **Bollenhut** sieht, denkt an den Schwarzwald. Dabei gehört der nur zur Tracht dreier evangelischer Schwarzwaldorte: Gutach, Wolfach-Kirnbach und Hornberg-Reichenbach. Ledige Frauen tragen den handgemachten, bis 2 Kilogramm schweren Hut mit 14 roten, verheiratete Frauen mit 14 schwarzen Wollebollen.*

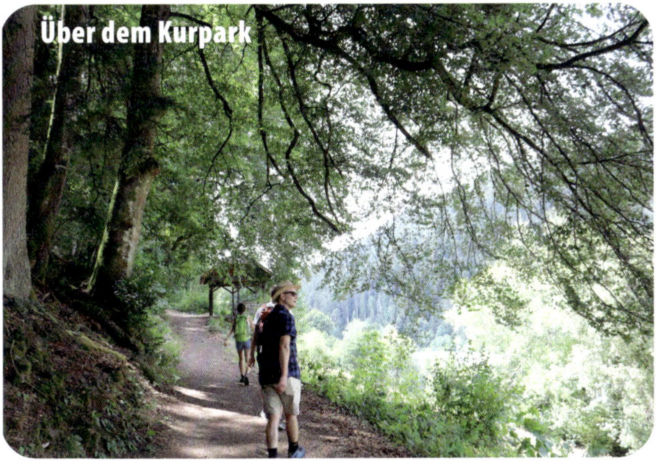

Über dem Kurpark

Jahreszeit unterwegs ist und seine Badesachen im Auto liegen hat, kann dort später Seele und Körper baumeln lassen. Im Übrigen bemerken wir schon auf unseren ersten Schritten, dass uns hier nicht nur Fichten und Tannen beschatten, sondern auch etliche Laubbäume, Eichen, Ahorn oder Buchen.

*Der Sage nach hat ein Jäger im 15. Jahrhundert die **Mineralquelle** entdeckt, weil er einem Hirsch folgte. Graf Eberhard im Bart verlieh 1472 dem Calwer Hans Huss die Wasserrechte. Noch heute heißen Veranstaltungsräume im Hotel Therme Hussenbad, Hirsch- oder Schlossquelle.*

Nach 200 Metern biegt unser Pfad nach rechts ab. Bald erreichen wir auf dem Panoramaweg die Hütte **Schöne Aussicht** ②. Nomen est omen: Von hier aus haben wir einen wunderbaren Blick runter ins Teinachtal und auf die **Produktionsanlagen der Mineralbrunnen Teinach GmbH.** Schöner als der Blick auf Getränkekisten und Produktionshallen ist natürlich die Aussicht auf **Kurpark und Thermalbad.**

Es gibt wohl nicht viele Wanderwege, die am Wegesrand mit so viel kulturellen Preziosen aufwarten können. Uns wird klar, dass Bad Teinach im 18. Jahrhundert fast so bekannt war wie das mondäne Baden-Baden: Es war Ziel vieler Adliger, die sich Heilung von allerlei Zipperlein erhofften.

Wir wandern auf Schusters Rappen vorbei am Gedenkstein für den Dichter Joseph Victor von Scheffel.

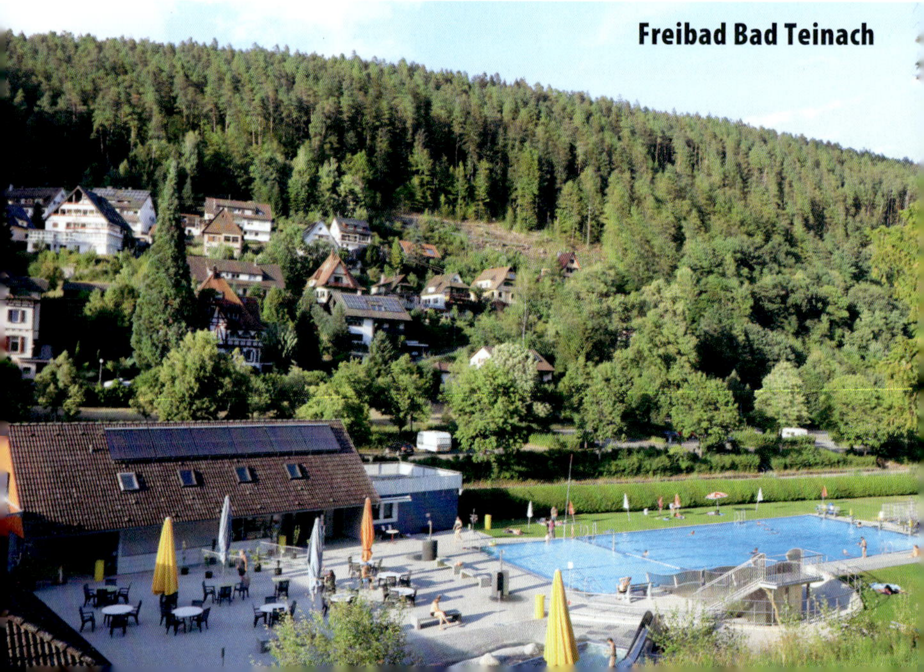
Freibad Bad Teinach

Für die Seele

Erfrischendes Nass begleitet uns auf dieser Wanderung in unterschiedlichster Form – als Quelle, Bach, Teich und Sprudel.

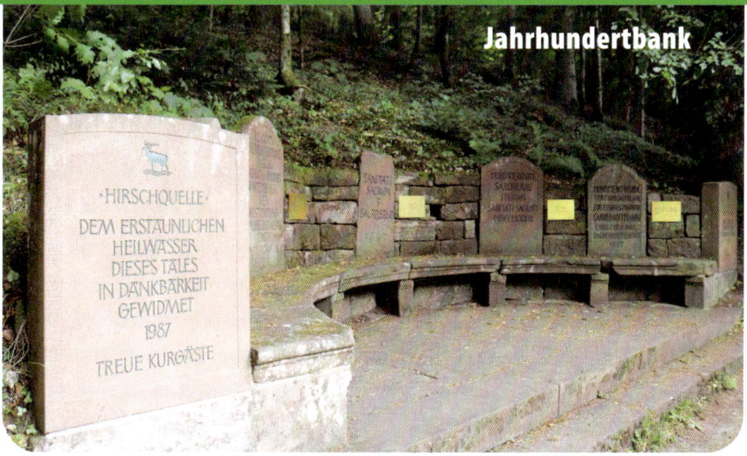

Jahrhundertbank

Der 1826 in Karlsruhe geborene Lieblingsautor Otto von Bismarcks war einer der am meisten gelesenen Autoren seiner Zeit. Er wusste in Teinach die Heilquellen zu schätzen. „Kühlschattig Tal, in das der Strahl / Der Sonne spät und spärlich dringt …", heißt es 1885 in einem seiner letzten Gedichte „Abschied von Teinach".

Wenige Schritte weiter stoßen wir auf die **Jahrhundertbank** ③. Die Inschriften auf den sieben ein wenig an Grabsteine erinnernden Sandsteinen besingen die Heilkraft des Bad Teinacher Wassers und jene Menschen, die sich um den Kurort verdient gemacht haben. Nach dem „Mooshäusle" und dem „Verkehrten Häusle" geht es leicht bergab Richtung **Teufelsbrücke** ④. Wir lassen die Rundbogenbrücke aus Sandsteinquadern links liegen und überqueren die Teinach lieber auf großen Trittsteinen, bevor wir, immer dem

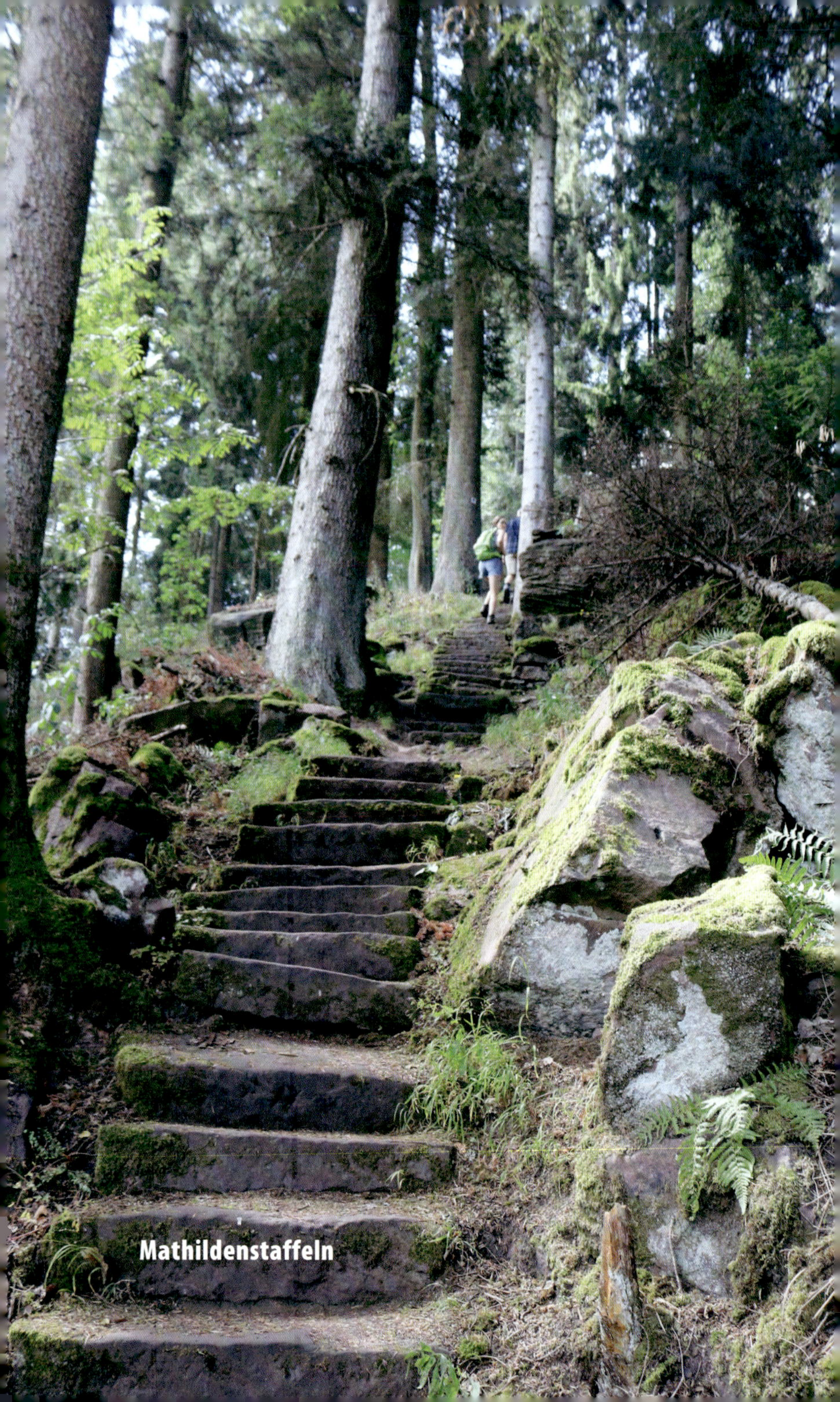

Mathildenstaffeln

Bollenhut folgend, die L 347 überqueren und kurz darauf die K 4329. Dort halten wir uns scharf rechts und wandern auf der anderen Seite der Teinach weiter.

Aus dem Waldweg wird ein Pfad. Vom **Aussichtspunkt Der Teinacher** ⑤ aus sehen wir das grüne Flusstal und die Mineralwasserproduktionsanlagen. Und eine riesige Sprudelflasche aus Holz. In der steckt eine Kiste Mineralwasser und wir können uns bedienen. Die kleine Pause kann nicht schaden, denn irgendwann muss der berühmt-berüchtigte Anstieg ja kommen. Und das tut er! Angeblich erwarten uns mehr als 600 Stufen. Ob Zählen beim Hochklettern hilft? Benannt sind die **Mathildenstaffeln** ⑥ jedenfalls nach Königin Charlotte Mathilde von England, Ehefrau von König Friedrich I. von Württemberg. Sie war von 1818 bis 1828, damals schon als Witwe, jedes Jahr zu Gast in Bad Teinach und hat die Treppenanlage und einige Steinbänke anlegen lassen.

Vorbei an umgestürzten oder abgesägten Bäumen, an markanten Felsblöcken und über dicke Wurzeln klettern wir vorsichtig immer höher. Trotz aller Anstrengung können wir uns der Magie dieses Ortes unmöglich entziehen. Und denken beim Hochschnaufen doch manchmal an den Schriftsteller von Scheffel und seine Wanderliedstrophe „Ich wollt', mir

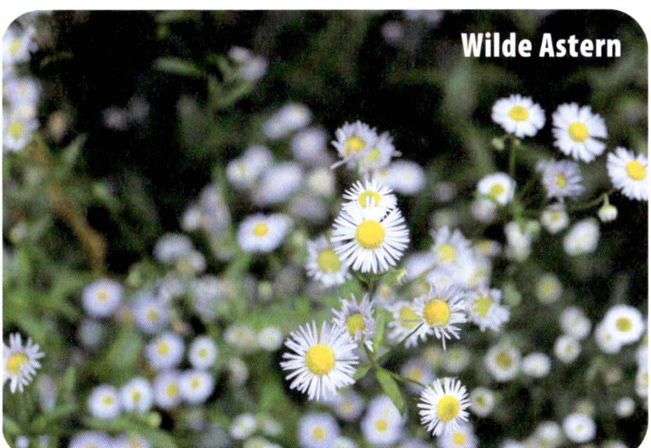

Wilde Astern

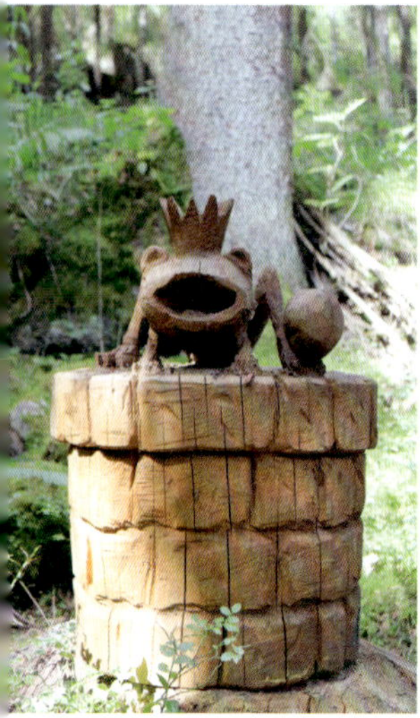

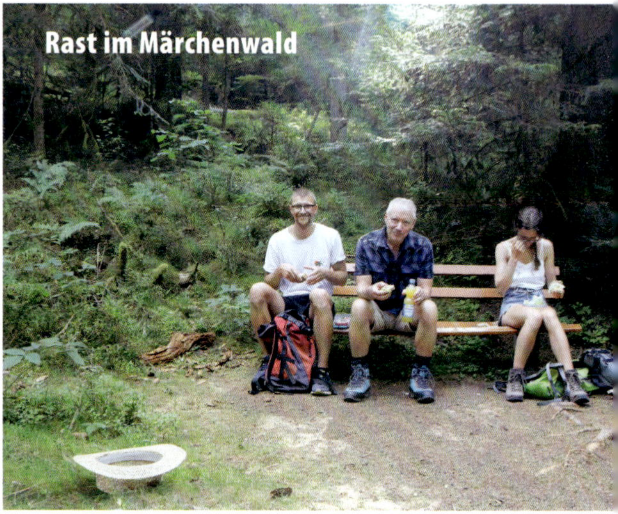

Rast im Märchenwald

wüchsen Flügel!“ Endlich erreichen wir verschwitzt und ein bisschen stolz die Hochfläche von **Emberg.** Auf einer Bank am Waldrand genießen wir mit einem Blick auf weite Weiden und einen herrlich blauen Himmel nach so viel Wald das Kontrastprogramm. Während wir auf einem Wiesenpfad entlang einer Wildhecke an einer Herde zufrieden wiederkäuender Kühe vorbeiwandern, lauschen wir einem geräuschvollen Grillenkonzert. Den Ort Emberg lassen wir links liegen und biegen an einem Kornfeld rechts ab Richtung Waldrand.

Der dunkle Tann hat uns wieder. Wir erreichen den **Rötenbach,** spazieren gemütlich talabwärts und sollten keinesfalls die kleine Berghütte verpassen, die wenige Meter vom Weg entfernt einen herrlichen Blick über den Wald hinüber zur Burg Zavelstein bietet. Ein hölzerner Liegestuhl bietet sich für einen wohligen Moment der Muße an. Auf den nächsten Metern empfängt uns ein **Märchenwald** 7 voller langer Flechten, die von den Baumästen hängen. Fehlen nur noch Zwerge und Feen. Und tatsächlich: Da steht ein Zwerg, dort ein gestiefelter Kater und unter uns lässt Rapunzel ihr Haar aus dem Burgfenster wallen. Sogar

!

In jeder Hinsicht ein Höhepunkt der Wanderung ist ***Zavelstein,*** *bis zur Gemeindereform im Jahr 1975 kleinste Stadt Württembergs. Vom 28 Meter hohen Turm der auf einer Bergnase thronenden Burgruine aus hat man an guten Tagen eine atemberaubende Fernsicht.*

den Wolf gibt es, er steckt im Namen der Schlucht: Wir wandern durch die **Wolfsschlucht.**

Den Rötenbach überqueren wir am Feierabendbrückle. Wer mag, legt eine Rast an der links von unserem Weg liegenden **Schlossberghütte 8** ein. Doch uns zieht es nach **Zavelstein,** ein Örtchen, das aus der Zeit gefallen scheint. Vorbei an pittoresken Fachwerkhäusern, der ehemaligen Wehrkirche St. Georg, einem großen Brunnen und Gärten, die vor buntem Geblümel und liebevollen Details nur so überquellen, erreichen wir die **Burg Zavelstein 9,** von deren höchster Stelle aus wir eine grandiose Weitsicht haben.

Wer mag, legt nun eine ausgiebige Pause mit einem Picknick auf der Burg ein oder, wenige Meter zurück im Ort, bei Kaffee und Kuchen im **Naturparkrestaurant Lamm 10.** Jene mit ganz viel Kondition und

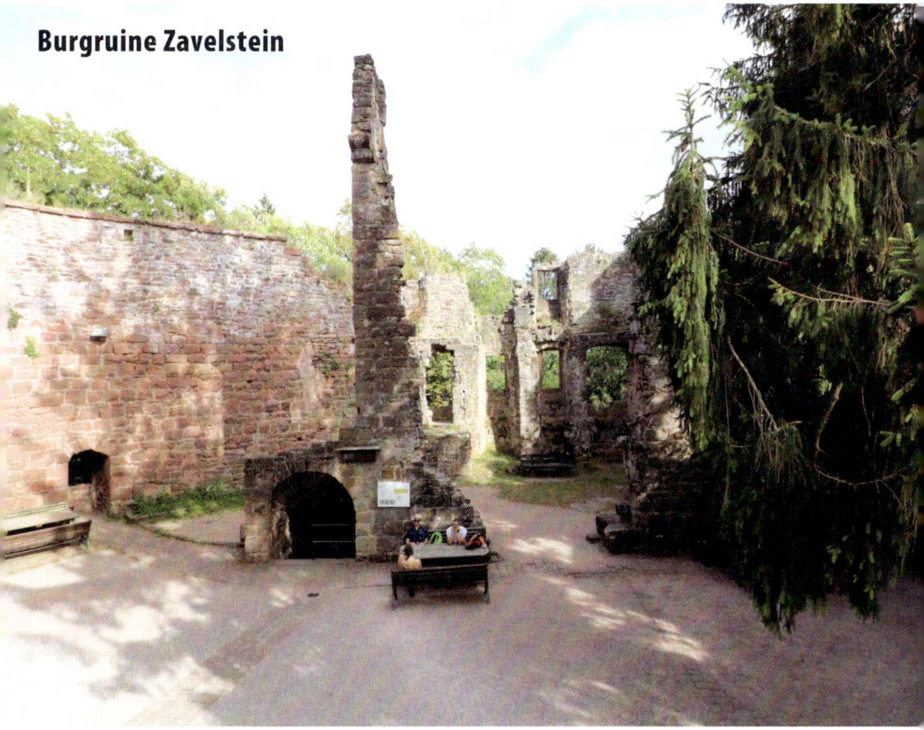

Burgruine Zavelstein

Auszeittour 3

Wanderlust können auch den Abstecher ins lohnende Wanderheim in Zavelstein machen. Der größte Teil der Strecke ist jedenfalls geschafft. Nach unserer verdienten Pause wandern wir durch eines der Burgtore hindurch runter ins Tal. Wir kommen an weiteren Monumenten und Aussichtspunkten wie der **Adolfshöhe** ⑪ oder dem **Schillerhäusle** vorbei, bevor wir die L347 überqueren und dann die Teinach über das Langsche Brückle. Entlang des Flüsschens begleiten uns Mädesüß und Weidenröschen, Farne, Ginster und Indisches Springkraut, und bevor wir das verlockende Blau des Freibadbeckens sehen, hören wir jene unverwechselbaren Freibadgeräusche, die wir wohl für immer mit Kindheit und Glück verbinden.

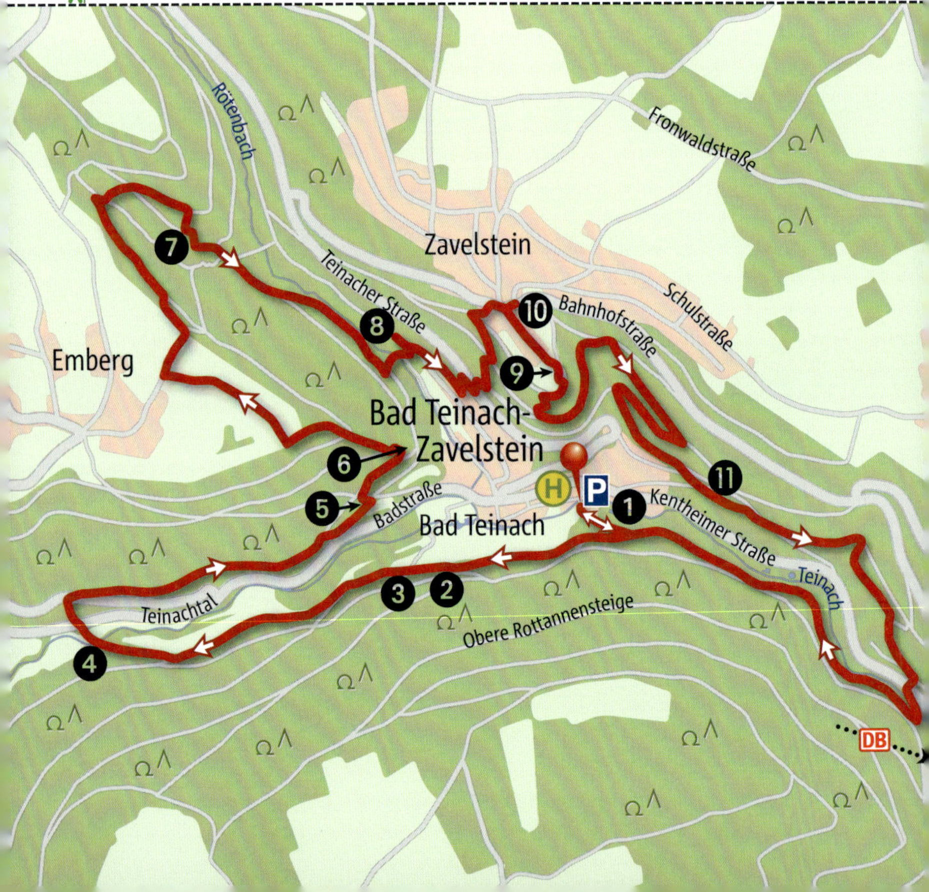

Alles auf einen Blick

Entspannung ✱✱✱✱✱

Genuss ✱✱✱✱✱

Romantik ✱✱✱✱✱

WIE & WANN:

Naturpfade, Schotterwege, Forstwege, Pflasterstraßenabschnitte, Stufen. Beste Wanderzeit ist von März bis Oktober, nicht bei Eisglätte und nach ausgiebigem Regen wegen der zahlreichen steilen, dann glitschigen Naturstufen.

HIN & WEG:

Auto: Parkplatz am Freibad, Teinachtal 24, 75385 Bad Teinach (GPS: 48.688533, 8.693656)

ÖPNV: Bad Teinach Bf. liegt 3 Kilometer außerhalb an der Nagoldtalbahn, in den Ort fährt Bus 635 und ein Taxi, Tel. (0 70 53) 9 69 60

ESSEN & ENTSPANNEN:

Schlossberghütte ❽ Uhlandstraße 50, 75385 Bad Teinach-Zavelstein, Tel. (0 70 53) 2 90

Naturparkrestaurant Lamm ❿ Marktplatz 1–3, 75385 Bad Teinach-Zavelstein, Tel. (0 70 53) 9 29 40, www.berlins-hotel.de/Restaurants

ENTDECKEN & ERLEBEN:

Freibad ❶ Teinachtal 24, 74385 Bad Teinach

Schöne Aussicht ❷

Jahrhundertbank ❸

Teufelsbrücke ❹

Aussichtspunkt Der Teinacher ❺

Mathildenstaffeln ❻

Märchenwald ❼

Burg Zavelstein ❾

Adolfshöhe ⓫

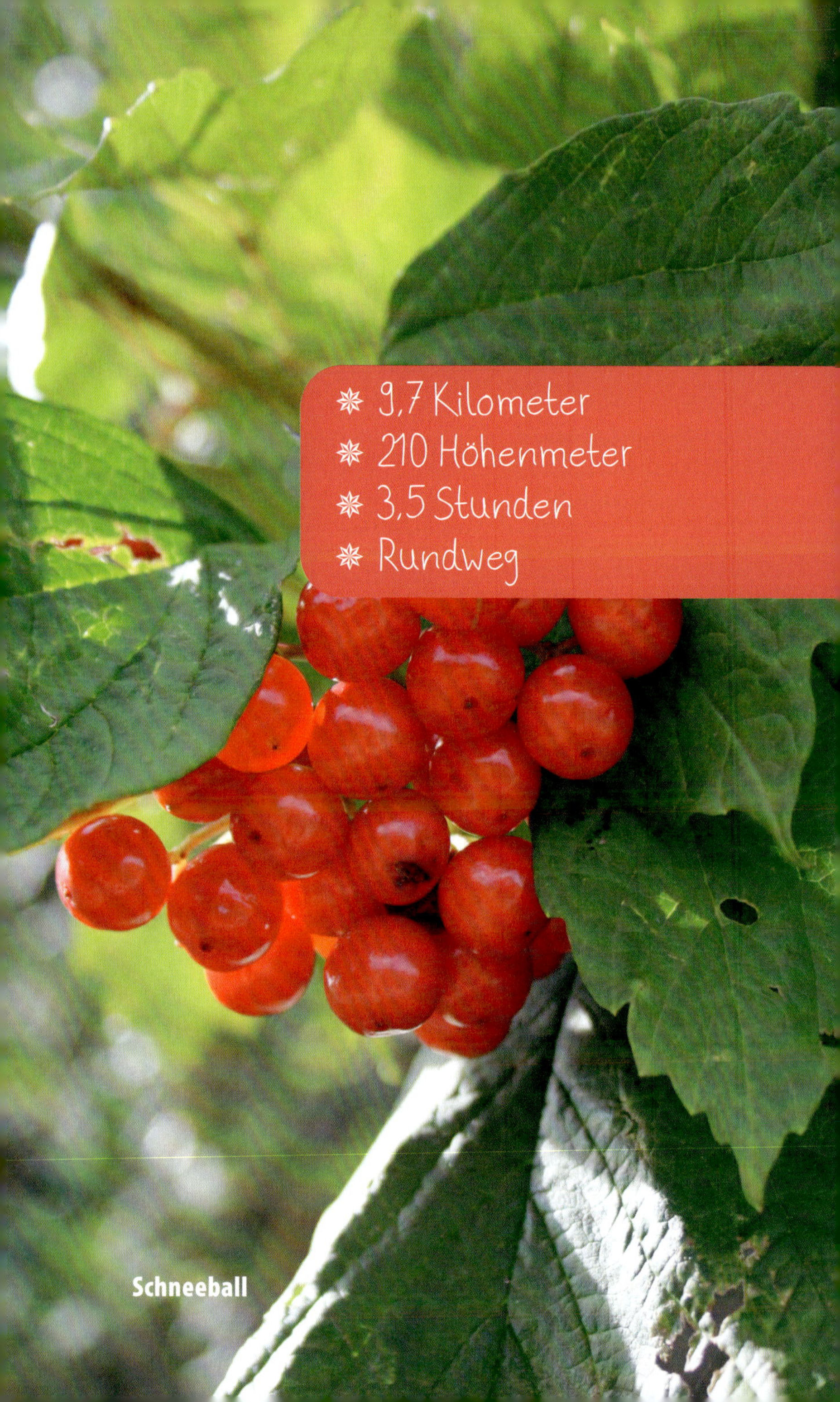

- 9,7 Kilometer
- 210 Höhenmeter
- 3,5 Stunden
- Rundweg

Schneeball

Wir starten unsere Wanderung am **Deufringer Schloss ①**, einst Stammsitz der Herren von Gültlingen. Unser Weg führt uns vorbei an der **St.-Veit-Pfarrkirche ②**, der wir einen Besuch abstatten, um die ungewöhnliche Bemalung in ihrem Inneren und das Grabmal für Jakob von Gültlingen und seine Frau

Ländliche Idylle

Auf Schafsspuren am Storrenberg

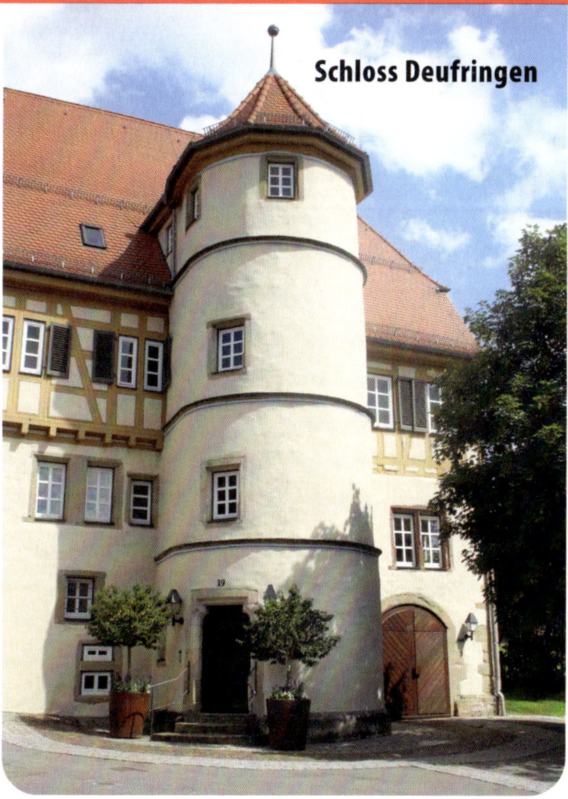

Schloss Deufringen

*Jakob von Gültlingen hat das **Renaissanceschloss** gegenüber der Pfarrkirche bauen lassen. Baubeginn war wahrscheinlich 1592, wie ein Haustein im Erdgeschoss vermuten lässt. 1970 ist das Schloss mit dem Treppenturm renoviert und das Fachwerk wieder freigelegt worden. 1746 wurde das Schloss zum Pfarrhaus, Ende der 1970er-Jahre zum Bürgerhaus umgebaut.*

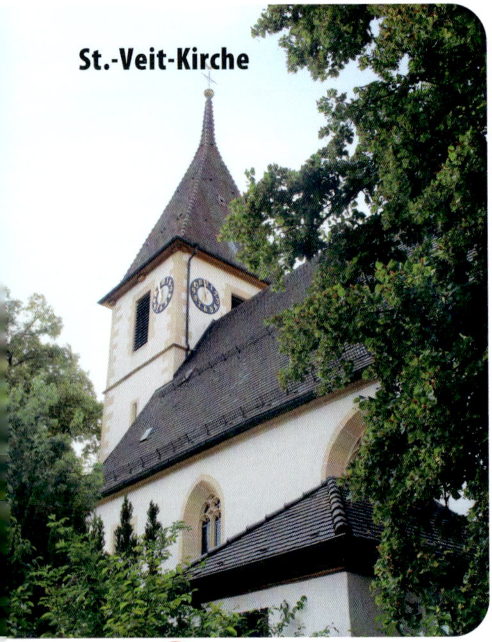

St.-Veit-Kirche

Felicitas zu bewundern. Wir überqueren nach dem Besuch der Kirche die Aidlinger Straße und folgen der Kreuzstraße, bis links der Irmweg abbiegt, dem wir nachgehen. Nachdem wir den Aischbach überquert haben, wandern wir geradeaus weiter auf dem asphaltierten Weg, der uns vorbei an Weiden Richtung Wald führt.

Den größten Teil der Wanderung folgen wir der Beschilderung der SchafSpuren Land Tour – und zwar im Uhrzeigersinn, da wir dann gegen Ende der Wanderung einkehren können. Von unserem ansteigenden Weg aus haben wir bald erste schöne Blicke auf **Deufringen** und die umgebende liebliche Landschaft. Wo der asphaltierte Weg in einen Schotterweg übergeht, dürfen wir nicht den Abzweig auf einen Wiesenweg nach schräg rechts verpassen – die Beschilderung ist hier leicht zu übersehen. Der Pfad führt uns über blühende Obstbaumwiesen und entlang von Feldern in eine für diese Region typische Heidelandschaft mit Wacholder, Kiefern, Silberdisteln und Wildrosen. In der Sommerhitze kauern Schafe im Schatten einer Kiefer, andere fräsen sich glücklich durch pralle Wiesen.

*Die **St.-Veit-Kirche** geht auf eine 1468 belegte Kapelle zurück. Die sehenswerten Renaissancearchitekturmalereien – Simse, Voluten, Pfeiler, aber auch eine vollbusige Meerjungfrau – in ihrem Inneren stammen aus dem 15. und 16. Jahrhundert. Sie sind teilweise erst 1971 wieder freigelegt worden.*

Das erste **Landschaftsportal ③**, ein großer hölzerner Rahmen, lenkt unsere Aufmerksamkeit auf eine Besonderheit der Heckengäulandschaft: die vielen **Steinriegel** entstanden, weil die Menschen Feldsteine auflasen und an den Grundstücksgrenzen aufeinanderschichteten. So ist für Eidechsen und viele andere Tiere und Pflanzen ein neuer Lebensraum entstanden. Entlang der Steinriegel wuchsen dank Samenflug und Vogelkot wiederum Hecken, ein weiterer wichtiger Lebensraum, der zudem die herb-schöne Landschaft kleinräumig gliedert, mit ihrem Farbenspiel den

Wechsel der Jahreszeiten unterstreicht und für uns Wanderer spannend und vielfältig macht.

Vor dem Portal wandern wir wenige Meter links, um gleich wieder der Beschilderung nach rechts zwischen zwei Feldern zu folgen. Weiter geht es oberhalb des Heckentals entlang von Getreidefeldern und Wiesen voller Wilder Möhre und Acker-Witwenblumen.

Für die Seele

Herbe Wacholderheiden, ein Renaissanceschlösschen und vielfältige Landschaftsbilder begeistern uns Wanderer.

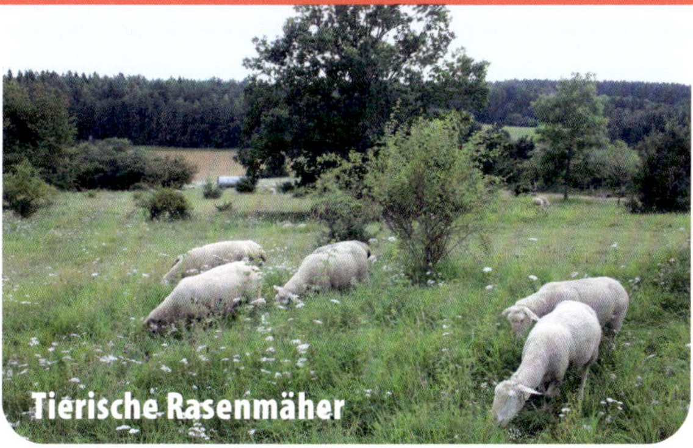

Tierische Rasenmäher

Wir erreichen die Kreisstraße, überqueren sie aber nicht, sondern biegen scharf links ab zum **zweiten Landschaftsportal** 4 dieser Wanderung, das dem 572 Meter hohen **Höhnle** gewidmet ist. Hier lassen wir uns erst einmal gemütlich auf der neuen Waldliege nieder, die Platz für drei Wanderer bietet, und genießen den Blick über Schafgarben, Königskerzen und Johanniskraut hinweg bis nach Sindelfingen – Wanderer mit Adleraugen können bei guter Sicht sogar die Spitze des Stuttgarter Fernsehturms erkennen. Ein bisschen geht es uns hier wie Goethe, der in den „Leiden des jungen Werther" schreibt: „Jeder Baum, jede Hecke

*An der Entstehung der **Wacholderheiden** haben Schafe großen Anteil. Ohne sie würden die Flächen schnell vom Wald zurückerobert. Was dem Schaf zu dornig, stachlig oder bitter ist, was gar giftig ist, kann sich ausbreiten: Wacholder, Hundsrosen, Schlehen, Weißdorn oder Silberdistel.*

ist ein Strauß von Blüten, und man möchte zum Maienkäfer werden, um in dem Meer von Wohlgerüchen herumschweben und alle seine Nahrung darin finden zu können."

Wenige Meter weiter kommen wir an einem **Grillplatz 5** mit Schutzhütte und Bänken inmitten einer großen Wiese vorbei. Gut vorbereitete Wanderer zaubern hier ein Feuerchen – und Leckeres aus dem Rucksack. Doch wir ziehen weiter, überqueren mit der SchafSpuren-Beschilderung die Kreisstraße und wandern auf einem Wiesenweg Richtung Hummelberg. Etwa 300 Meter nach der Kreisstraße verlassen wir die SchafSpuren-Tour und wandern am Waldrand entlang auf dem Maldenweg rechts hinunter Richtung Hülsental. Die Sonne blitzt durch die Bäume, Schmetterlinge begleiten uns und nippen von Heide-Nelken, Hummeln und Bienen machen sich über den Nektar des Indischen Springkrauts her. Und

Auf dem Maldenweg Richtung Hülsental

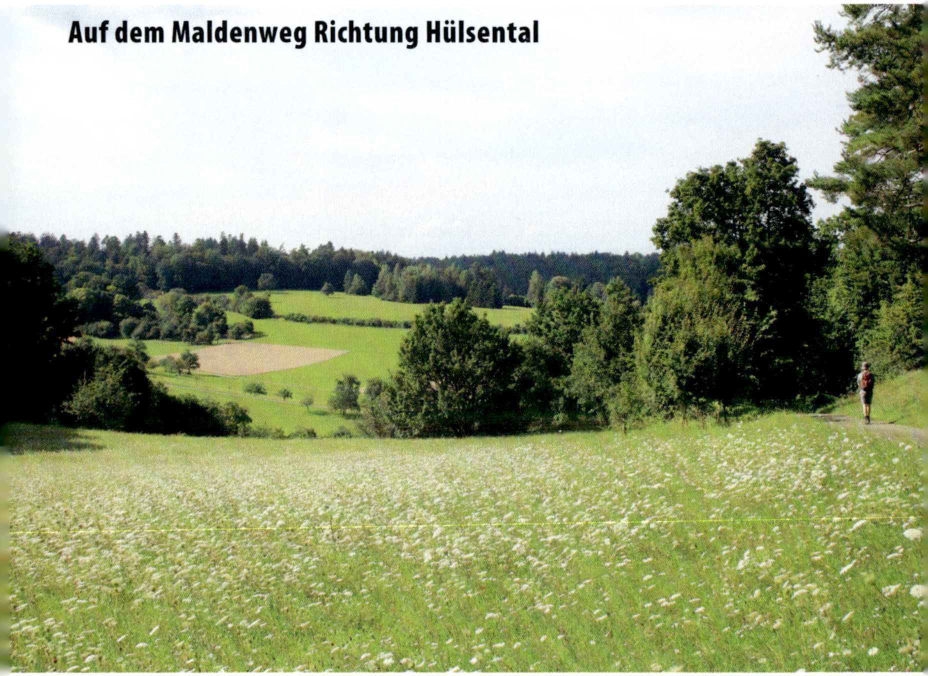

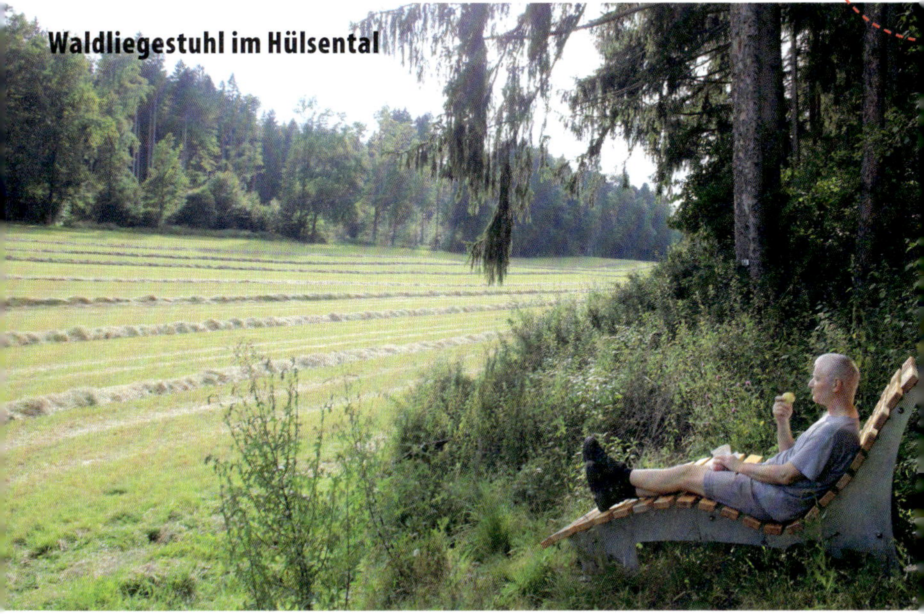

wir werden angesichts der stillen Schönheit selbst ganz still.

Wir folgen der gelben Raute auf dem Hans-Mozer-Weg und erreichen das zauberhafte **Schnepfental am Aischbach.** Angesichts dieses durchs Wiesental mäandernden Bächleins geht uns erneut das Herz auf. Eine so ländliche Idylle, so nah an der Landeshauptstadt! Wir folgen wieder der gelben Raute und erneut den SchafSpuren über Wiesenwege, ein Asphaltsträßchen und einen Schotterweg, bevor wird das **dritte Landschaftsportal** 6 erreichen, die **Lehmgrube,** die ein wenig versteckt links im Wald liegt.

Zwischen Waldrand und Gärten erreichen wir das Hülsental und verlassen erneut die SchafSpuren, indem wir das Hülsental nicht geradeaus überqueren, sondern links dem Waldrand Richtung Westen folgen. Hier herrscht schon ein wenig Schwarzwaldfeeling. Nicht umsonst wandern wir am Unteren Tannenwald entlang. 500 Meter später geht es an einer Scheune rechts ab und wir laufen geradeaus hinein in den Wald zur **Röserhütte** 7. Der kleine Abstecher lohnt sich: Wenn wir rechts an der Röserhütte vorbei wieder die wenigen Meter hinab ins Hülsental gehen, kommen wir schon an den ersten Infotafeln eines Naturerlebnispfades vorbei. Hier erfahren wir Interessantes über die Rosskastanie, Fichten, die Walnuss, den Bergahorn und treffen auf einen Brunnen mit einem Holzwassertrog. Ob andere es schaffen, Wasser hochzupumpen?

Am Waldrand wandern wir zurück Richtung Osten und lassen uns für einen Moment auf der Waldliege am Waldrand nieder, um das stille Hülsental und den Duft nach frischem Heu zu genießen. Weiter geht es bis zum Schluss der Wanderung wieder mit den SchafSpuren. Über Wald- und Wiesenpfade erreichen wir die herbe **Heidelandschaft** 8 des 512 Meter hohen **Storrenbergs.** Zunächst geht es in östlicher, dann

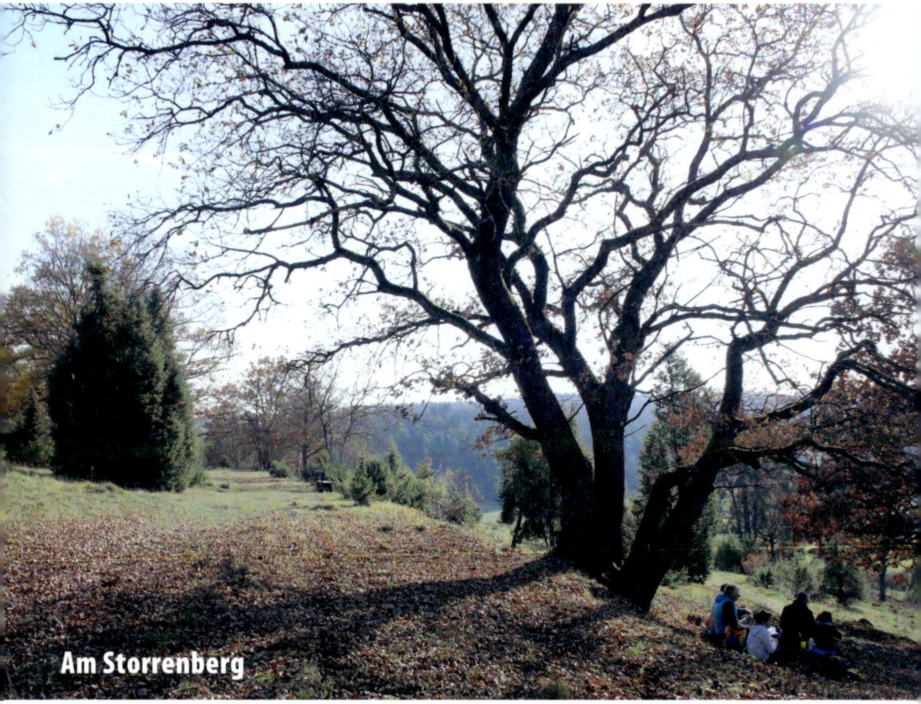

Am Storrenberg

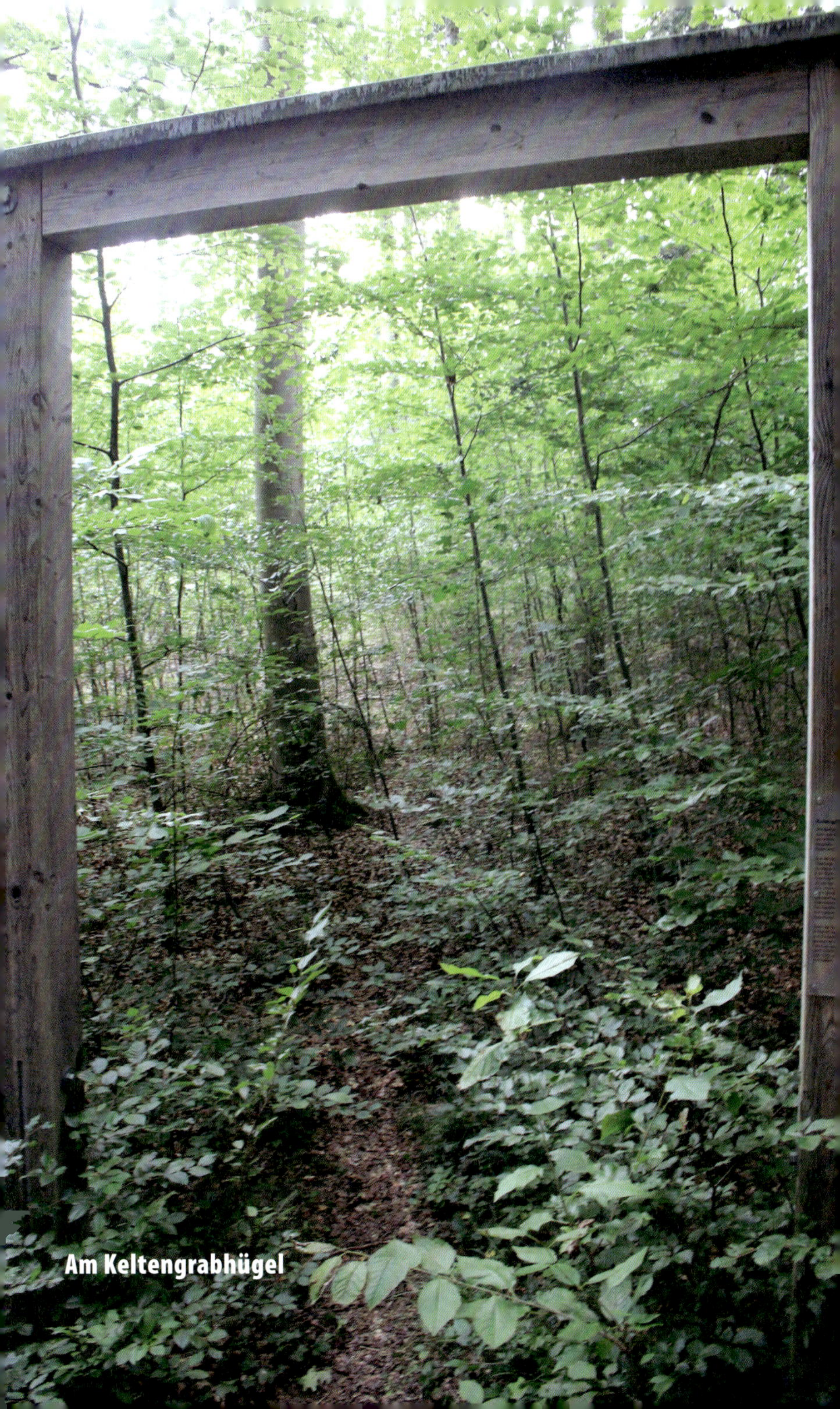

Am Keltengrabhügel

nordöstlicher Richtung weiter, bis wir die Bergwaldsteige überqueren und durch den Wald oberhalb von Dachtel laufen. 400 Meter nachdem wir das Sträßchen überquert haben, geht ein größerer Waldweg links ab, auf dem wir einen Abstecher zu dem **vierten Landschaftsportal** ⑨, einem **Keltengrabhügel,** machen können.

Wieder zurück auf unserem Hauptweg, folgen wir diesem bis zur **Gaststätte FSV-Sportheim** ⑩. Hier ist nur eines schwierig: die Entscheidung angesichts einer riesigen Speisekarte, worauf wir am meisten Lust haben. Auf Risotto? Bistecca? Pizza? Oder doch lieber einen deftigen Zwiebelrostbraten? Nach der ausgiebigen Pause wandern wir oberhalb der Gaststätte am Waldrand weiter Richtung Ortsmitte, die wir über den Holzweg und die Gechinger Straße erreichen.

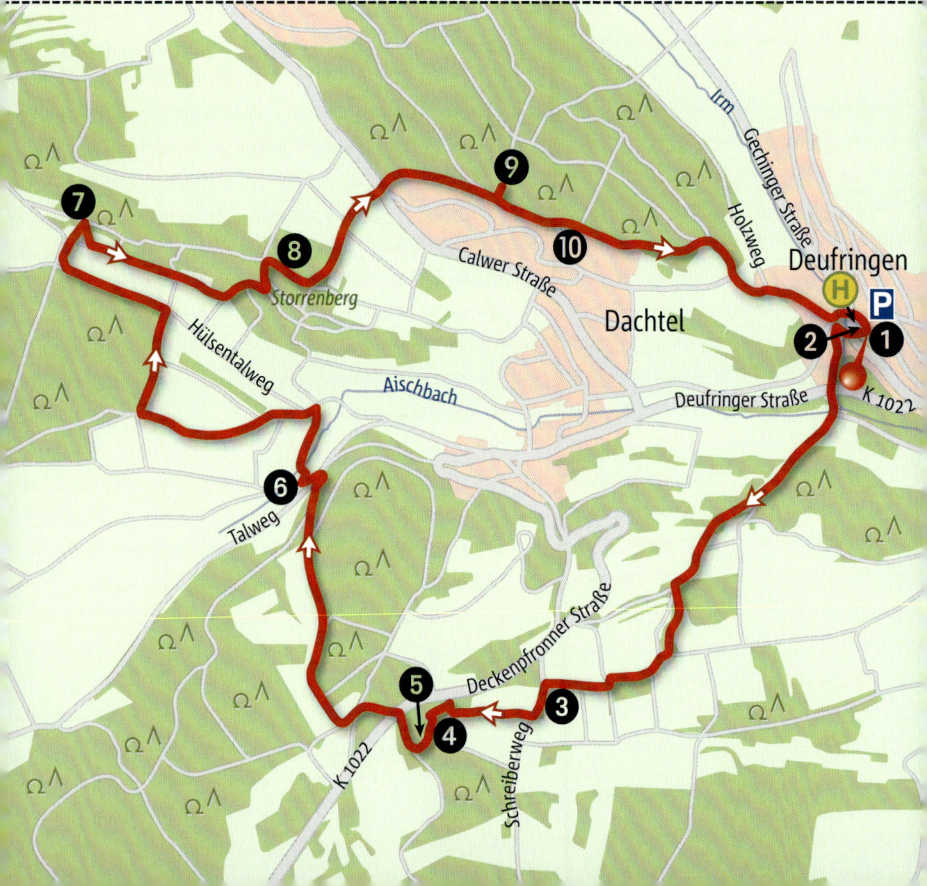

Alles auf einen Blick

WIE & WANN:
Wald- und Wiesenpfade, Schotterwege, wenig Asphalt. Wanderzeit ist ganzjährig.

HIN & WEG:
Auto: Einige Parkplätze im Schlosshof (GPS: 48.680636, 8.868383) oder am Friedhof, 71134 Aidlingen-Deufringen (GPS: 48.677524, 8.86895), Toureinstieg je nach Parkplatz
ÖPNV: S1 oder S60 von Stuttgart Hbf. bis Böblingen, dann Bus 763 bis Deufringer Rathaus

Entspannung ✱✱✱✱✱
Genuss ✱✱
Romantik ✱✱✱

ESSEN & ENTSPANNEN:
Gaststätte FSV Sportheim ⑩ Hasenäcker 1, 71134 Aidlingen, Tel. (0 70 56) 7 55, www.fsv-deufringen.de

ENTDECKEN & ERLEBEN:
Deufringer Schloss ① Schlosshof 19, 71134 Aidlingen-Deufringen
St.-Veit-Kirche ② Schlosshof 15, 71134 Aidlingen-Deufringen
Erstes Landschaftsportal – Steinriegel ③
Zweites Landschaftsportal – Höhnle ④
Grillplatz und Aussichtsplatz ⑤
Drittes Landschaftsportal – Lehmgrube ⑥
Röserhütte mit Naturerlebnispfad ⑦ www.schwarzwaldverein-gechingen.de, Voranmeldung für Vesper ab 15 Personen
Heidelandschaft am Storrenberg ⑧
Viertes Landschaftsportal – Keltengrabhügel ⑨

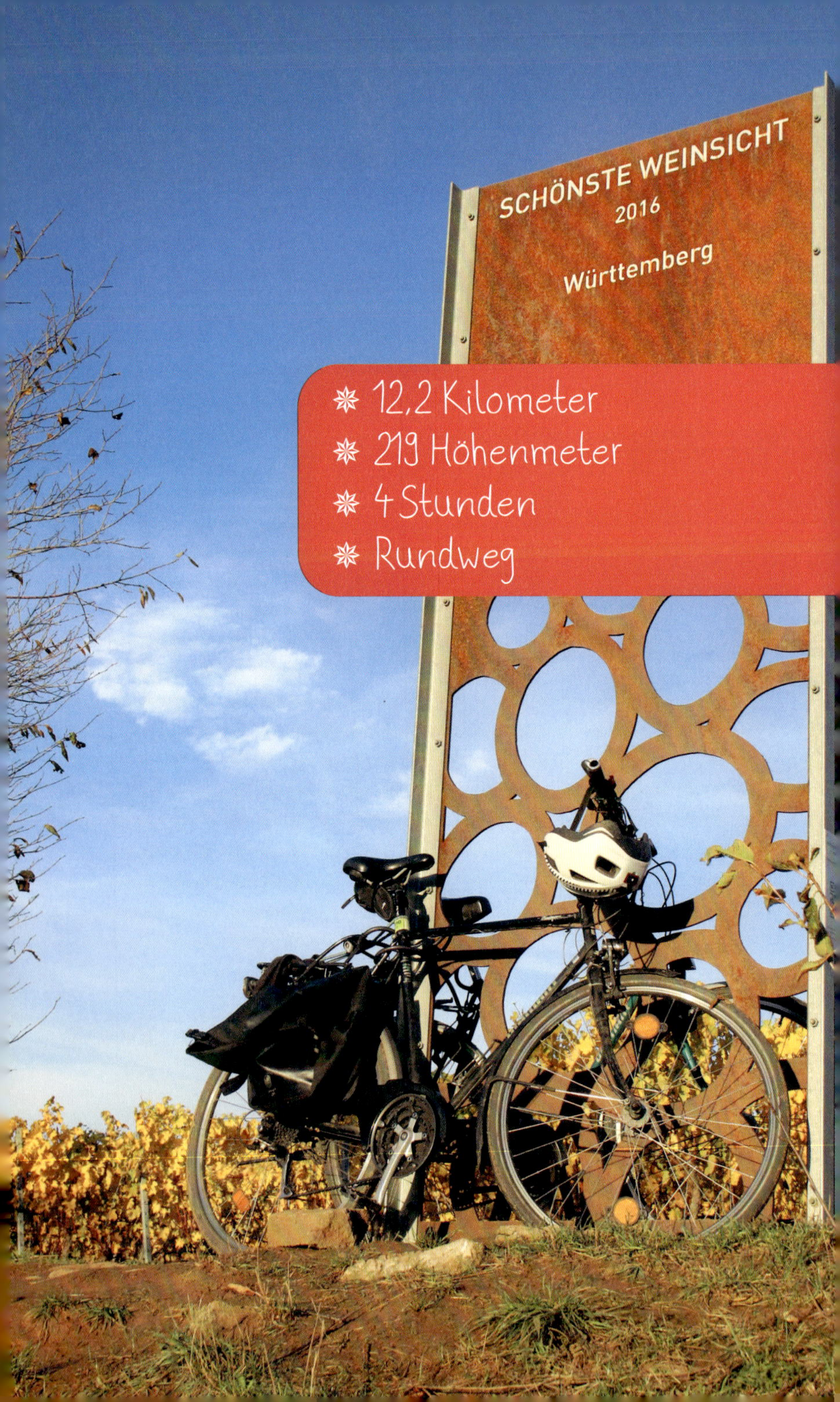

- 12,2 Kilometer
- 219 Höhenmeter
- 4 Stunden
- Rundweg

Unsere Rundwanderung entlang der **Felsengärten** – den „Schwäbischen Dolomiten" – und im Neckarhäldenwald zwischen Besigheim und Hessigheim starten wir vom Wanderparkplatz Am Felsengarten 1 aus. Denn hier haben wir am Ende dieser wunderbaren Wanderung die Qual der Wahl, bei welchem Weingut

Gipfel der Schönheit

In den Hessigheimer Felsengärten

wir einkehren wollen. Am allerschönsten ist diese Tour an einem sonnigen Oktobertag, wenn die Weinberge sich in glühenden Herbstfarben zeigen: noch grün, schon orange, gelb oder rot. Am besten haben wir dann aber auch für alle Fälle Walkingstöcke im Gepäck, denn zumindest wer die beschriebene Abkürzung nehmen möchte, der braucht unbedingt eine Stütze auf dem steilen Pfad.

Vom Parkplatz aus starten wir in südwestliche Richtung und überqueren in **Hessigheim** die Besigheimer Straße, vorbei am **Weingut Siggi** ❶ und **Weingut Eisele** ❷. Auf einem Fahrrad- und Wanderweg geht es nun parallel zur Besigheimer Straße, die einige Meter oberhalb liegt. Über die Fußgänger- und Fahrradbrücke kommen wir auf die andere Seite des Neckars. Wir folgen dem asphaltierten Weg zwischen Obstbäumen und Wiesen fast geradeaus knapp 200 Meter lang, biegen dann rechts ab und bleiben bis zur nächsten Linkskurve an einem Wegekreuz auf dem Fahrradweg. Von jetzt an sehen wir die Radler beim Zurückschauen in für Wanderer angenehmer Entfernung. Dem nach oben führenden Weg folgen wir, machen seine leichte

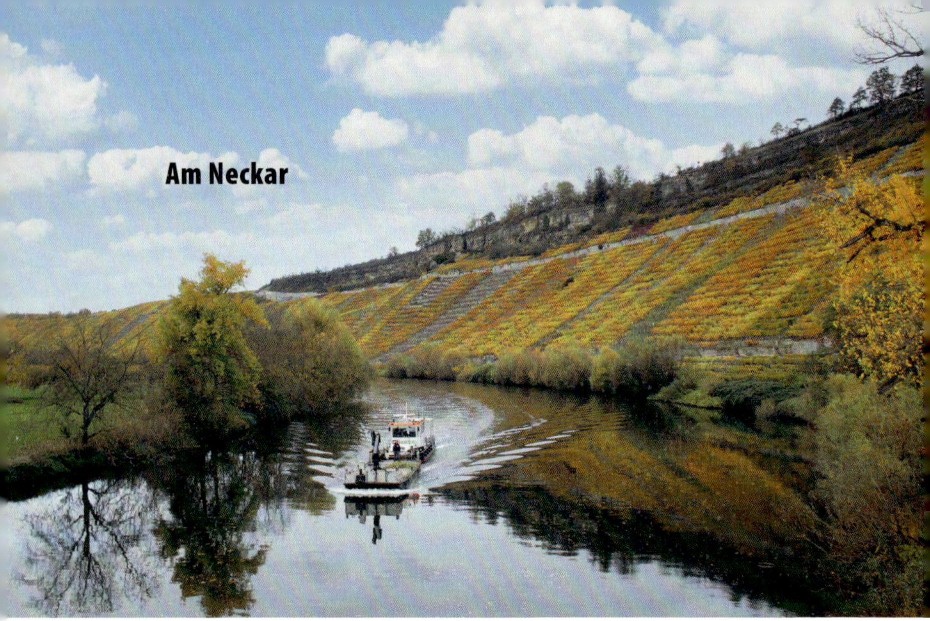

Linksbiegung mit und laufen weiter bergauf bis nach 300 Metern ein Weg fast rechtwinklig nach links abbiegt. Obst- und Walnussbäume, Pfaffenhütchen und Rosensträucher haben uns begleitet, jetzt sehen wir auf beiden Seiten Felder. Ganz wichtig ist auf dieser Wanderung: immer wieder mal zurückschauen. Hinter und bald links unter uns sind die in der Sonne glühenden Weinberge der Felsengärten zu sehen.

Unser Weg in südlicher Richtung unterhalb des **Hörnle** macht nun einige kleine Windungen, doch wir bleiben auf ihm – immer schön über dem stillen **Neckar.** Dabei geht dieser Flussname keltischen Ursprungs auf das Wort „nik" zurück, das „losstürmen" bedeutet. Doch der einst wilde Kerl ist durch Staustufen gezähmt. Damit wir vom vielen Staunen mit nach links gedrehtem Kopf keinen steifen Hals bekommen, machen wir irgendwo an einem der zumeist offenen Weinberge halt und genießen den umwerfenden Blick von einer der extrem steilen Weinbergtreppen aus. Unter uns sehen wir die Neckarauen, Felder, zahllose bunt gefärbte, wie von einem genialen Grafiker gestaltete Weinberge und die inmitten dieser traumhaften Kulturlandschaft liegenden Städtchen **Hessigheim** und **Mundelsheim.** Nachdem wir uns sattgesehen

*Mit dem **Neckar** sind Schwaben emotional ähnlich verbunden wie Tschechen mit der Moldau, auch wenn der einst reißende, von 27 Schleusen gezähmte Fluss nicht mehr überall so schön ist wie bei Hessigheim. Er entspringt im Schwenninger Moos und mündet in Mannheim in den Rhein.*

und zu viele Erinnerungsfotos gemacht haben, wandern wir weiter Richtung Neckarhäldenwald. Besigheim und die Ränder seiner aussichtsreich gelegenen Wohngebiete liegen nun rechts über uns – schöner wohnen in Reinform!

Es folgen immer mehr **Weinberghäuschen** ③, die sich am Weg aufreihen wie Perlen auf einer Kette. Sie dienten früher den Wengertschützen von der Traubenreife bis zum Ende der Traubenlese als Unterschlupf. Neben einem bunt gestrichenen Verkaufsstand mit Vertrauenskasse, wo selbst gemachte Marmelade, Traubensaft und frische Äpfel verkauft werden, können wir noch einmal auf einer Bank den Ausblick in uns aufnehmen, bevor wir, mit Blick aufs Ingersheimer Windrad, in den Wald eintauchen. Knapp 3 Kilometer lang wandern wir nun durch schönen

Für die Seele

Wir wandern durch menschengeprägte Kulturlandschaften. Hoch über dem Neckar geht es durch Wald und aussichtsreiche Weinberge rund um Hessigheim.

Kreuzberg – Blick auf Hessigheim

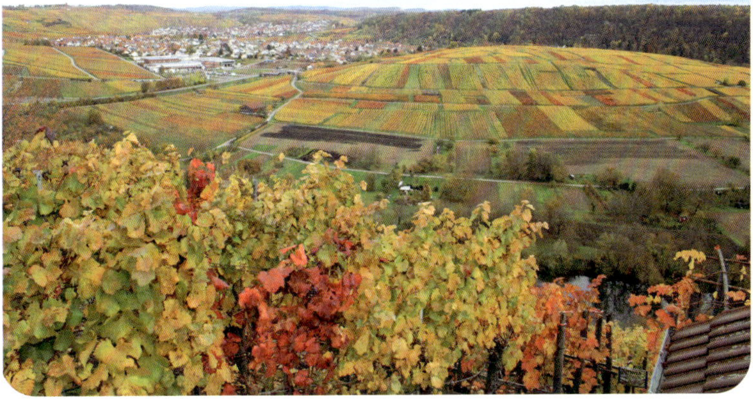

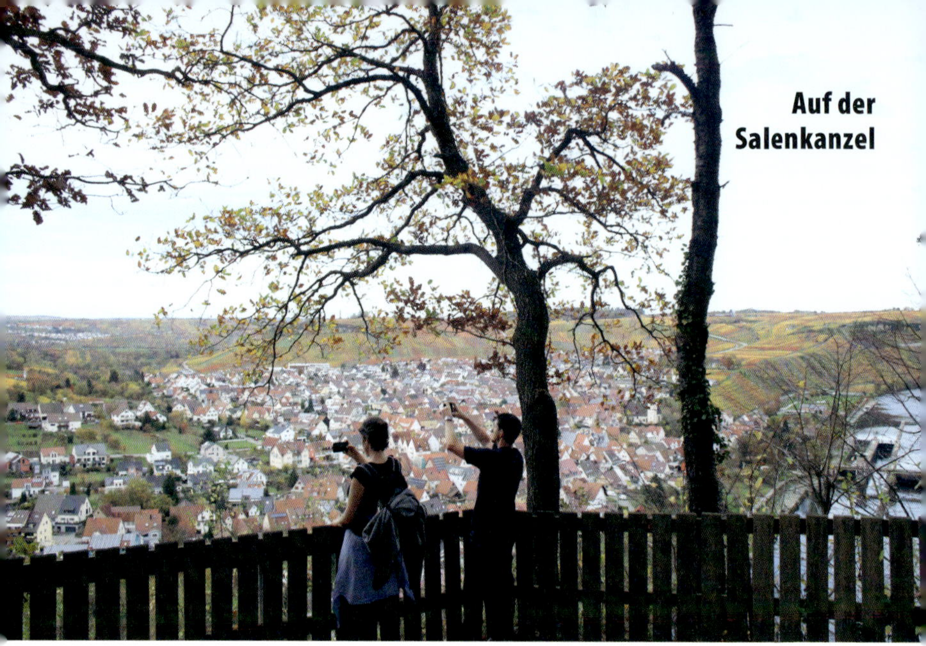
Auf der Salenkanzel

Mischwald, das **Naturschutzgebiet Neckarhalde.** Dabei begleiten uns die Wanderschilder 3B-Land und das rote Kreuz auf weißem Grund. Wir folgen ihnen Richtung Salenkanzel. Buchen und Eichen, Ahorn und Eschen, viele mit dickem Efeu bewachsen, geben uns Schatten und lassen im Spätherbst, wenn viele Blätter schon gefallen sind, den Blick frei auf den Neckar und die bunten Farben der Weinlandschaft unter uns.

An der **Salenkanzel** ④ genießen wir den Blick auf die Neckarschleife, die Neckarschleuse Hessigheim, die roten Dächer des alten Winzerortes, den blauen Himmel, die von der Sonne in fast grelle Farben getauchten Herbst-Weinberge. Einfach perfekt! Diesen herrlichen Aussichtspunkt zu verlassen, fällt uns leichter, weil wir wissen, dass der unvergleichliche Höhepunkt der Wanderung noch bevorsteht. Die Abkürzung, die wir nun den steilen und schrägen Trampelpfad hinunter zum Neckar nehmen können, ist für Wagemutige gewissermaßen auch ein Highlight mit Thrillpotenzial. Dem Schild mit der Aufschrift „Hessigheim 1 km Abkürzung – Rutschgefahr bei Nässe“ folgen sollten nur jüngere Wanderer, nur bei trockenem Untergrund – und nur, wenn sie feste Wanderschuhe tragen und Wanderstöcke dabeihaben. Bei feuchter Witterung ist die Abkürzung dagegen gar niemandem zu empfehlen! Besser, wir nehmen gleich den längeren Weg nach Hessigheim, bei dem wir über das **Landgasthaus Schreyerhof** (5) wandern und dort auf der Terrasse einkehren können.

Beide Wege führen dank guter Beschilderung aber an den Neckar und zur **Neckarschleuse Hessigheim** (6). Mit ein bisschen Glück kommt gerade ein Boot oder ein Lastenkahn und wir können das spannende Prozedere beobachten. Nach der Brücke folgen wir der Brückenstraße, biegen links in die Gartenstraße und gleich wieder rechts in die Kirchgasse, die uns zur **Martinskirche** (7) führt. Wahrscheinlich stand schon lange vor dem 12. Jahrhundert hier eine Kirche, doch historisch unzweifelhaft belegt ist die Martinskirche erst um das Jahr 1150. Für einen Moment der Stille eignet sich der Kirchhof mit seiner Rundbank unter einer Linde und den alten Epitaphien.

An der Kirchenmauer entlang geht es mit dem roten Kreuz auf weißem Grund Richtung Norden, vorbei am Friedhof hinter der Kirche. Der Pfad bleibt schmal. Umso weiter geht uns das Herz auf angesichts des unter uns liegenden Neckars und der gelb-orange

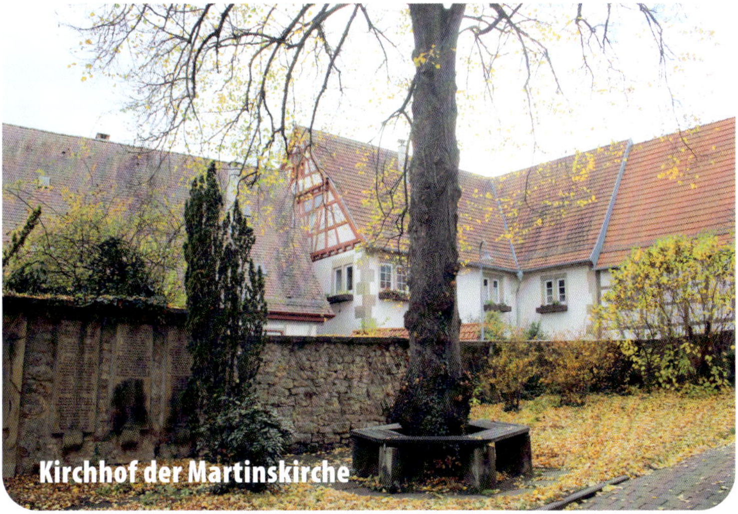

Kirchhof der Martinskirche

gefärbten Weinberge, die sich auch hier wieder über dem Flussufer in einem weiten Bogen entlangziehen. Jenseits dieser Neckarschleife liegt Mundelsheim. Eine meterhohe Mauer begleitet bald unseren Pfad und aus der Wiese links von uns wird ein Weinberg. An dessen Ende biegen wir links ab, nicht ohne einen Blick zurück Richtung Martinskirche und zum Neckar zu werfen, den wir nun fürs Erste hinter uns lassen.

Wir erreichen die Ottmarsheimer Straße und wandern wenige Meter nach rechts, dann gleich wieder links den Weg entlang der Wohnbebauung. 400 Meter später nehmen wir die erste Möglichkeit, nach rechts abzubiegen und folgen diesem Weg etwa 200 Meter bis zur übernächsten Linksabbiegung. Wir sind inmitten weiter, endlos scheinender Weinberge, und in der Abendsonne bietet sich uns ein geradezu kitschig schönes Panorama. Dem Asphaltsträßchen folgen wir, bis wir unübersehbar den Einstieg in die **Felsengärten** 8 erreichen: Wir folgen den Wegweisern, erreichen rechter Hand einen schmalen Fußpfad –

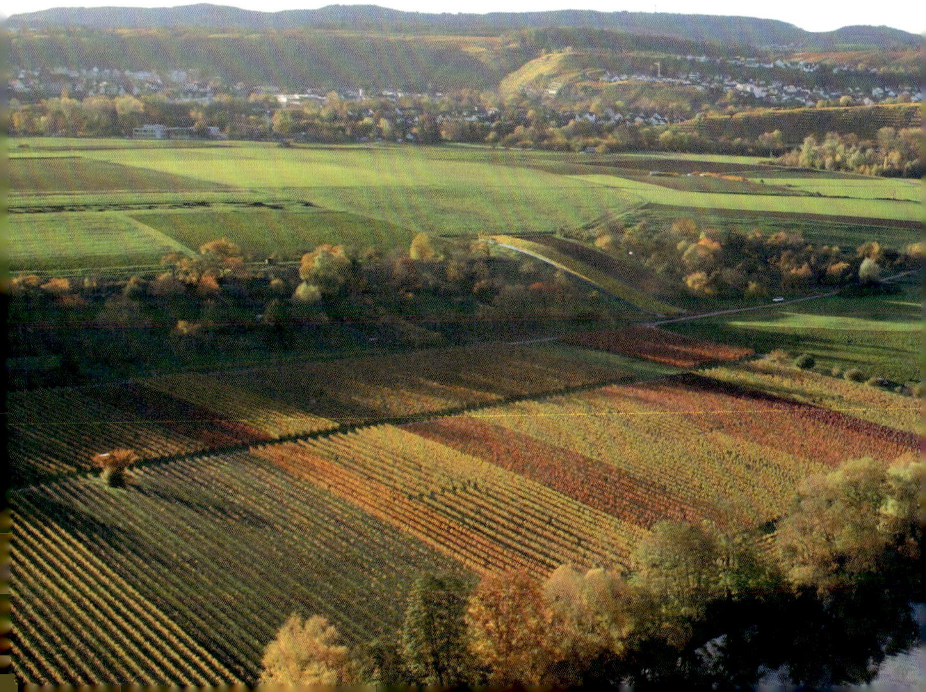

und der Neckar hat uns wieder mit einer weiteren Neckarschleife unterhalb der Felsen. Schöner als hier kann es nicht mehr werden! Deswegen suchen wir uns auf einem sicheren Felsvorsprung oder einer Bank ein Plätzchen und lassen von dort aus den Blick über dieses Naturschauspiel der Extraklasse schweifen. Nicht umsonst ist dieser Ausblick 2016 vom Deutschen Weininstitut zur **Schönsten Weinsicht** 9 gewählt worden.

Genießen wir sie ausgiebig! Hier können wir in jene Abgründe blicken, die sich zwischen spitzen Muschelkalkfelsen auftun. Der Neckar hat in dieser Region die Schichten des Oberen Muschelkalks durchschnitten und dabei die Gips- und Salzlagen des Mittleren Muschelkalks ausgelaugt: Nach und nach ist das Gestein über diesen Hohlräumen abgesackt und hat sich Richtung Tal geneigt. Schluchten und Spalten sind entstanden. Schon vor gut 100 Jahren haben Kletterer die steilen Wände der Kalkfelsen für sich entdeckt. Heute ist auf dem Felsareal mit seinen vielen Dutzend Kletterrouten immer etwas los.

Hessigheimer Felsengärten

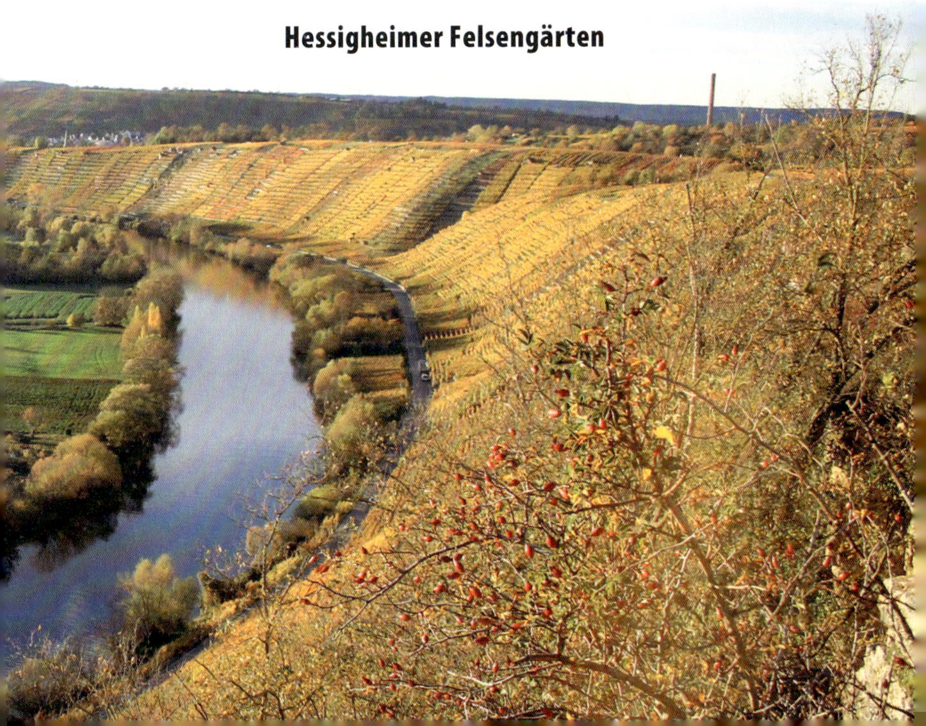

Panoramatour 5

*Wohl dem, der nicht mit dem Auto fahren muss: Bei einer Einkehr in die **Felsengartenkellerei Besigheim** lässt sich nachschmecken, warum die Kellerei auch 2021 mehrfach als beste Winzergenossenschaft ausgezeichnet wurde, etwa von Mundus Vini oder der Berliner Wein-Trophy.*

Jeder noch so schöne Wandertag neigt sich einmal dem Ende entgegen. Nachdem wir uns von der schönsten Weinsicht losgerissen haben, wandern wir weiter auf unserem schmalen Pfad und stoßen an dessen Ende auf eine kleine Treppe. Von ihr aus geht es nun scharf nach links auf einen breiten Weinwirtschaftsweg. Mancher Wanderer macht es sich auf dem Begrenzungsmäuerchen bequem und tankt eine letzte geballte Ladung Schönheit und Weite. Doch wir denken jetzt ans leibliche Wohl. Auch das ist ja nicht ganz unwichtig beim Wandern und so tröstet uns auf den letzten Metern die Aussicht auf Einkehr in eines der Weingüter, die **Felsengartenkellerei ⑩,** die Weingüter Siggi oder Eisele.

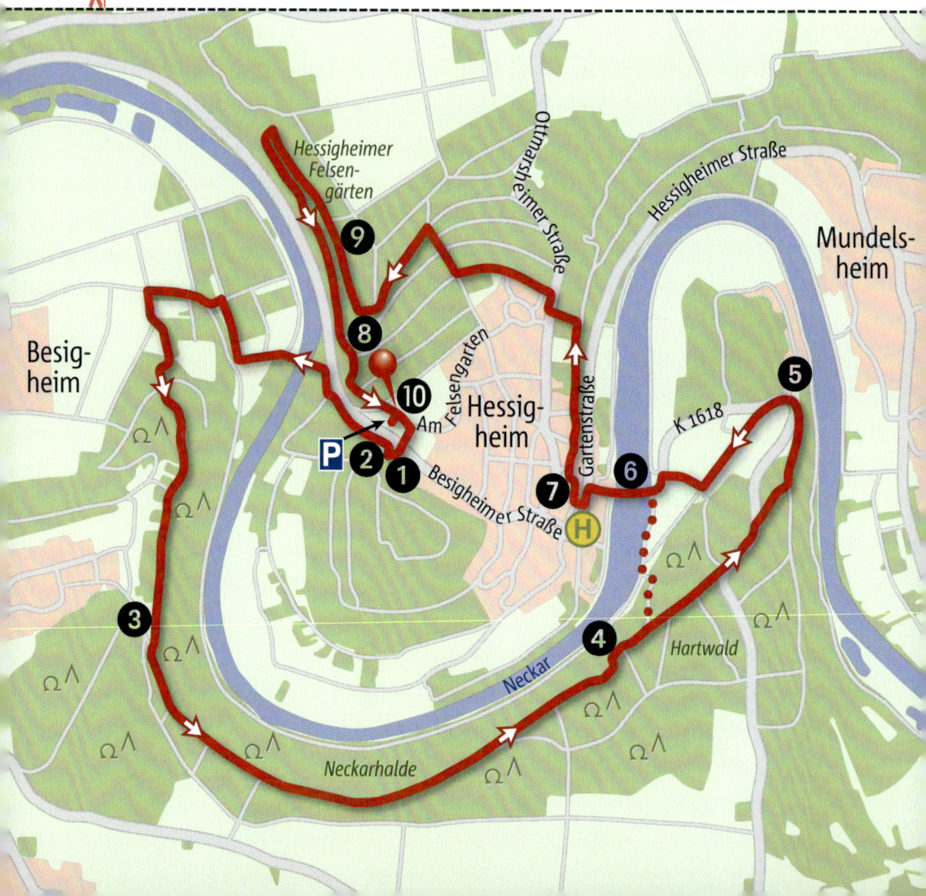

Alles auf einen Blick

WIE & WANN:
Asphaltierte Wirtschaftswege, Waldwege, Wiesenpfade.
Wanderzeit ist ganzjährig, außer bei Glätte.

HIN & WEG:
Auto: Parkplatz Felsengärten, Am Felsengarten 1, 74394 Hessigheim
(GPS: 48.995717, 9.181360)

Entspannung ✱✱✱✱✱
Genuss ✱✱✱✱✱✱
Romantik ✱✱✱✱✱

ÖPNV: Bus 459 bis Gartenstraße oder Ottmarsheimer Straße; Schiff bis Anlegestelle Hessigheim (www.neckar-kaeptn.de), Toureinstieg jeweils an der Martinskirche

ESSEN & ENTSPANNEN:
Weingut Siggi ❶ Steinbeisweg 2, 74394 Hessigheim,
Tel. (01 73) 7 05 49 70, www.siggi-weine.de
Weingut Eisele ❷ Steinbeisweg 1, 74394 Hessigheim,
Tel. (0 71 43) 27 23 99, www.weingut-eisele.de
Landgasthof Schreyerhof ❺ Schreyerhof 30, 74394 Hessigheim,
Tel. (0 71 43) 57 46, schreyerhof.de
Felsengartenkellerei Besigheim ❿ Am Felsengarten 1, 74394 Hessigheim,
Tel. (0 71 43) 8 16 00, www.felsengartenkellerei.de

ENTDECKEN & ERLEBEN:
Weinberghäuschen ❸
Aussichtspunkt Salenkanzel ❹
Neckarschleuse Hessigheim ❻
Martinskirche ❼ Kirchgasse 10, 74394 Hessigheim
Felsengärten ❽
Schönste Weinsicht ❾

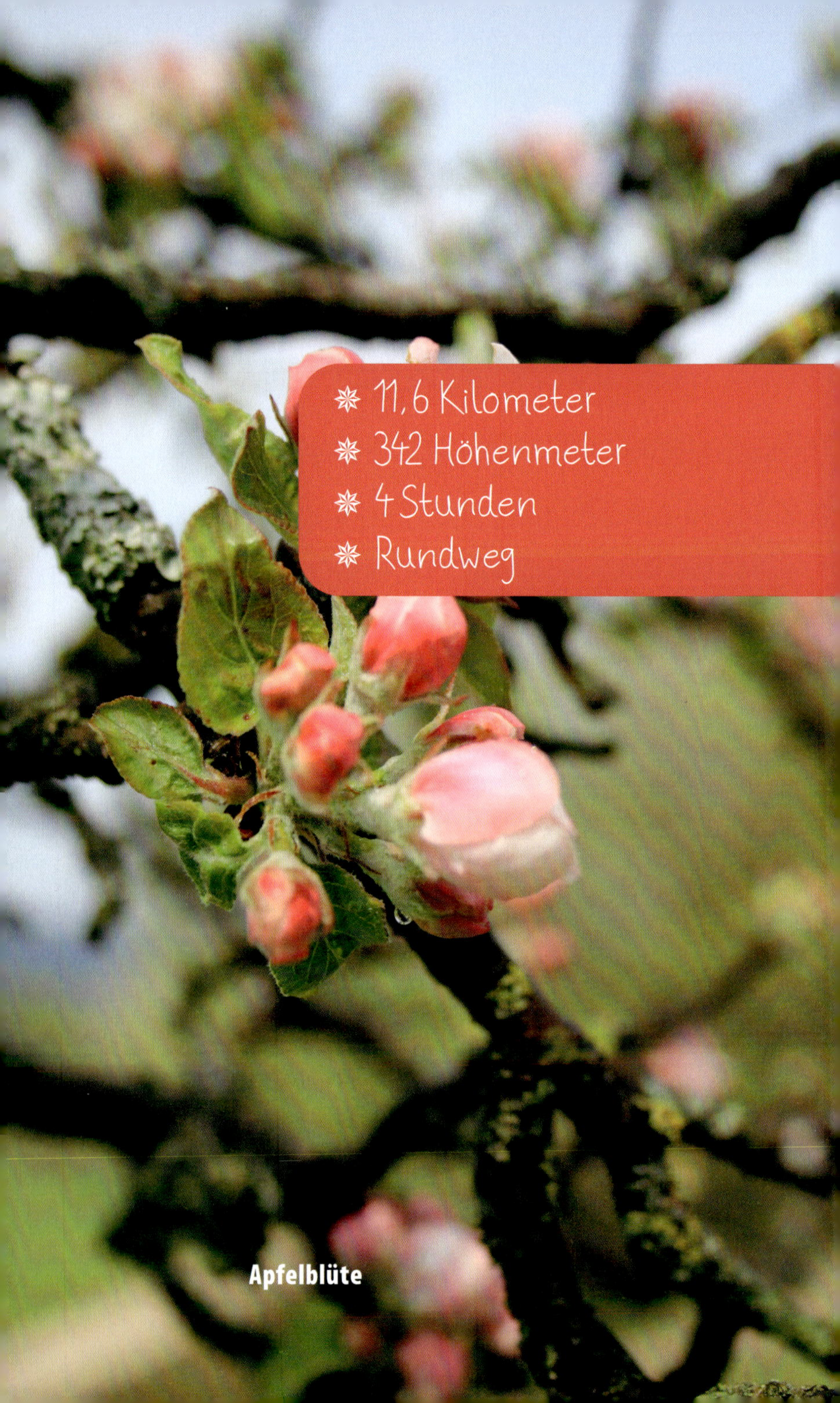

Apfelblüte

Vom Parkplatz Braike aus starten wir Richtung Neidlinger Wasserfall nach Süden. Unser Weg führt uns durchs **Lindachtal.** Wir wandern entlang von Feldern und Obstwiesen – im Frühling, wenn Tausende von Bäumen blühen, ein unvergessliches Bild! Besonders die Neidlinger Kirschen sind berühmt. Rund um

Auf zur Burgruine

Durch das Neidlinger Tal

Neidlingen blühen mehr als 20.000 Kirschbäume – bei rund 1800 Einwohnern. Damit ist der Ort eine der größten Kirschenanbaugemeinden Baden-Württembergs. Auch eine besondere Tierrasse gedeiht auf den Wiesen unter der Ruine Reußenstein: Wir kommen vorbei an wuscheligen **Schottischen Hochlandrindern** ❶, die gut mit karger Vegetation und unbeständigem Wetter klarkommen – und mit den dichten Ponys über ihren Augen.

Links über uns thront die Burgruine, rechts verläuft die Lindach. Schöner kann ein **Grillplatz** ❷ kaum liegen als jener, den wir nach 1,5 Kilometern erreichen. Der bekannte Rad- und Wanderweg entlang der Pfannensteige ist wegen Felsschlags seit Jahren gesperrt und wird es wohl noch eine Weile sein. Doch wenn wir uns an die Beschilderung **„Neidlinger Wasserfall"** ❸ halten, finden wir problemlos unser nächstes Zwischenziel. Etwa 200 Meter nach

Tierische Begegnung am Weg

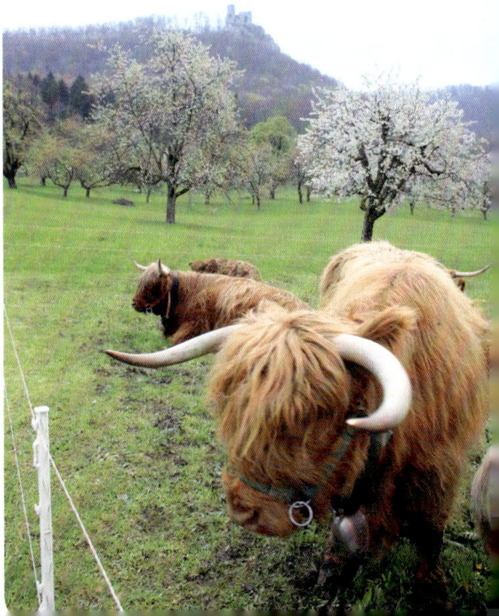

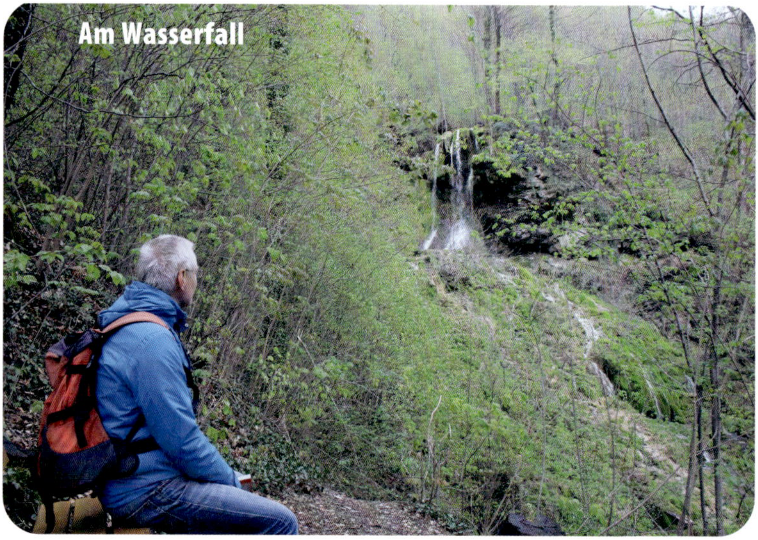

dem Grillplatz verlassen wir den asphaltierten Weg und wandern auf einem Wiesenpfad an einem alten Birnbaum nach rechts. Über uns, in 620 Metern Höhe, entspringt die Lindach, die von zwei Karstquellen gespeist wird. Sie fällt im Neidlinger Wasserfall Richtung Tal. Von einer Bank aus lässt sich das Schauspiel entspannt betrachten – in trockenen Sommern allerdings sucht man das Wasser oft vergeblich.

Weiter geht es Richtung **Bahnhöfle 4**, das wir durch Bannwald erreichen. Wir wandern auf einem Waldpfad entlang Tausender Buchensämlinge, die hier das Licht der Welt erblickt haben, und erfreuen uns am Anblick von immergrüner Haselwurz, Waldplatterbsen und Veilchen. Von einer Bank aus lässt sich entspannt die Sicht auf den Reußenstein genießen.

Unser Wanderzeichen ist von nun an das rote Dreieck, dessen Spitze nicht die Richtung zeigt, sondern immer nach Tuttlingen. Aber dank der zusätzlichen Beschriftung mit den Wanderzielen können wir nicht fehlgehen. Nach einem winzigen Stück auf dem Gehweg entlang der Straße biegen wir links in einen Waldpfad, der uns auf abenteuerlichem Fels- und

*Mit herrlichem Blick übers Neidlinger Tal thront kühn die **Ruine Reußenstein** auf hochragenden Felsen. Erbaut wurde sie wahrscheinlich Ende des 13. Jahrhunderts. Mehrfach wechselte die Burg den Besitzer und wurde im 16. Jahrhundert ganz aufgegeben. 1965 wurde sie restauriert.*

Zickzackkurz zur **Burgruine Reußenstein** ⑤ führt. Hier gilt es überall, vorsichtig zu laufen, der Abgrund ist nie weit! Auf der Burg und ihren Vorfelsen kann einem angesichts der steilen Abbrüche ebenfalls mulmig werden. Doch auch mit sicherem Abstand sind die Ausblicke von der Ruine, die wie ein Räubernest über dem Tal thront, einfach atemberaubend.

Für die Seele

Im Frühling wandern wir im Streuobstparadies Neidlingen durch ein wahres Blütenmeer. Und erleben ein schwäbisches Obstblüten-Hanami.

Burgruine Reußenstein

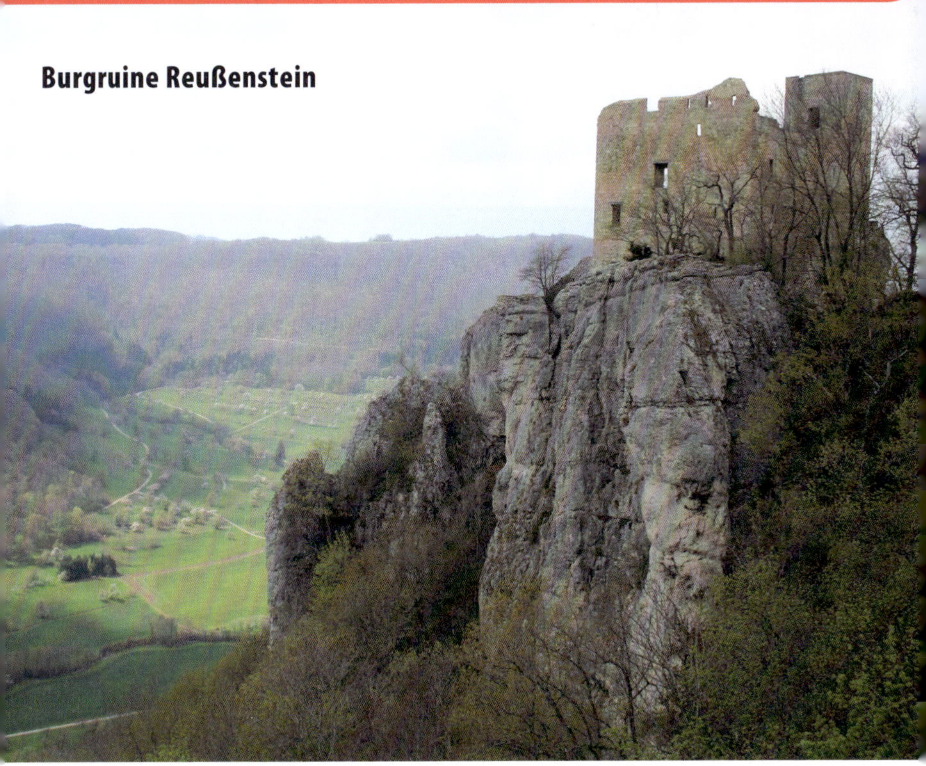

Herrschaftliche Aussichten

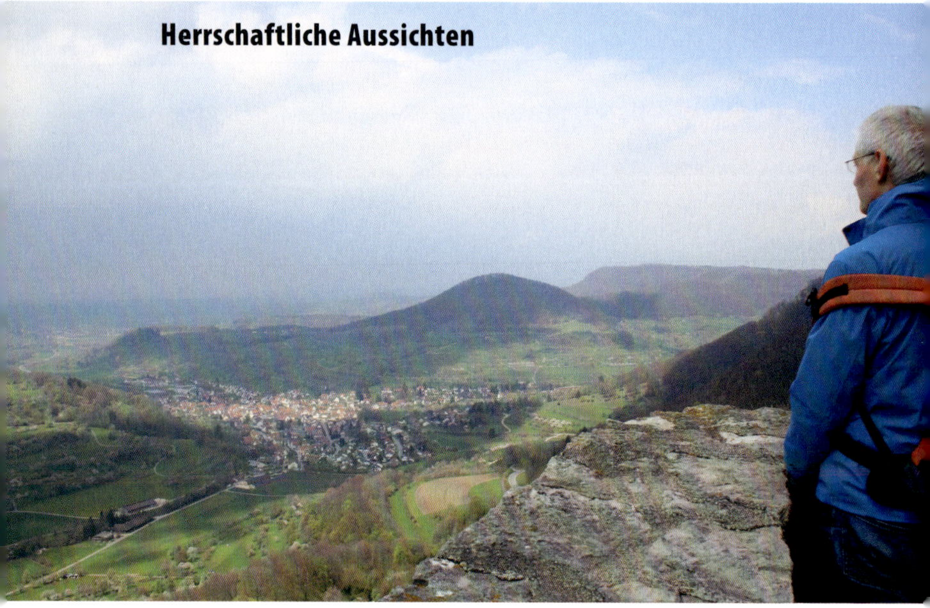

Wir folgen auf Waldpfaden weiter dem roten Dreieck und dem Schwäbische-Alb-Nordrandweg HW 1. Immer wieder genießen wir wunderbare Ausblicke hinunter ins Tal. Am **Hofgut Reußenstein** 6 kann einkehren, wer am Wochenende oder einem Feiertag in der warmen Jahreszeit unterwegs ist. Im Hofladen kann man auch Fleisch von Gallowayrindern erwerben, die im Gegensatz zu den Highlands im Tal keine Hörner haben. Kathrin Fischer und David Rothfuß halten seit 2013 Galloways, weil diese nicht nur gutmütig, sondern auch anspruchslos sind und allein dank der kräuterhaltigen Wiesen groß und kräftig werden. Weiter geht es auf dem HW 1 Richtung Boßler. Wer mag, lässt den Abstecher zum **Knaupenfelsen** 7 aus und läuft auf dem HW 1 weiter. Doch der Schlenker lohnt sich, grandiose Ausblicke sind garantiert.

Bei den Eckhöfen mit ihrem Schilderwald kommen wir an die Landesstraße 1200, die wir überqueren. Wir folgen nun für wenige Meter dem HW 7. Von ihm aus geht es bald über die leicht geschotterte

Alte Steige zurück nach Neidlingen. Wir genießen den von Moos, Lerchensporn und Waldmeister übersäten Buchenwald, der im Frühling noch Durchblicke in die Landschaft ermöglicht. Die Baumwurzeln krallen sich geradezu an den vielfach felsigen Untergrund, aber auch feuchtes Moos bedeckt den Boden wie ein feiner, kuschelweicher Teppich. So wandern wir entspannt gut 1 Kilometer durch den Wald, bevor wir wieder einen freien Blick über Neidlingen haben, über die gewundenen Wege, die blühenden Obstwiesen mit den ordentlich gestapelten Holzvorräten und die sanften Hügel.

Wo rechts der Heckenäckerweg abgeht, sehen wir links eine zauberhafte **heideartige Landschaft** 8. Ein Abstecher bringt uns zu Wacholder, knorrigen Apfelbäumen voller weißrosa Blüten, blauem Enzian und einigen alten Solitärbäumen. Auf einer Bank genießen wir noch ein letztes Mal vor der verdienten Einkehr den grandiosen Blick übers Neidlinger Tal.

Zurück auf der Alten Steige biegen wir nach wenigen Metern rechts in die Falkenstraße ab. Wer mag,

In Neidlingen gibt es eine der letzten ***Kugelmühlen*** *Deutschlands. Hier wird u. a. einheimischer Juramarmor dank Wasserkraft zu perfekten Murmeln oder Kugeln geformt, die auch verkauft werden. Erst 2005 ist die Kugelmühle wieder hergerichtet und reaktiviert worden.*

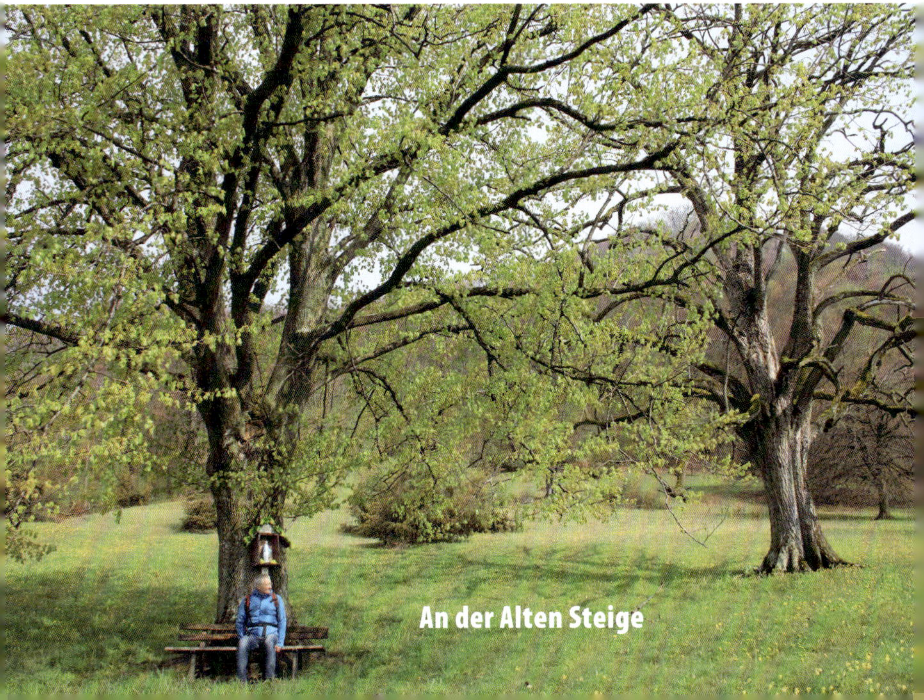

An der Alten Steige

Panoramatour 6

Im **Lädle des Cafés Alte Kass,** früher Spar- und Darlehenskasse, können wir zur Erinnerung an die schöne Landschaft Hausgemachtes kaufen: etwa Quitten- oder Holundergelee sowie Hochprozentiges aus Kirsche, Zwetschge und Nägelesbirne. Leider nur sonntags geöffnet!

kehrt in der **Gaststätte Schützenhaus** 9 ein. Wer sofort zurück zum Parkplatz marschieren möchte, wandert einfach weiter. Am einfachsten geht es nach links über den Finkenweg, dann nach rechts über die L 1200 und wieder links über die Schlossstraße, die uns nach einer lang gezogenen Rechtskurve über einen links abgehenden Fußweg zum Parkplatz Braike führt.

Einen Abstecher wert ist auch die **Kugelmühle** 10 mitten im Ort, am Seebach. Doch uns drückt nach 12 Kilometern der Hunger. Nur Sonntagsspaziergänger können in der **Alten Kass** 11 in charmantem Ambiente hausgemachten Zwetschgenkuchen oder die Neidlinger Lindachwelle kosten. Wir dagegen genießen im **Gasthof Lamm** 12 schwäbische Kost, Maultaschen, Zwiebelrostbraten und ähnlich deftige Hungerstiller.

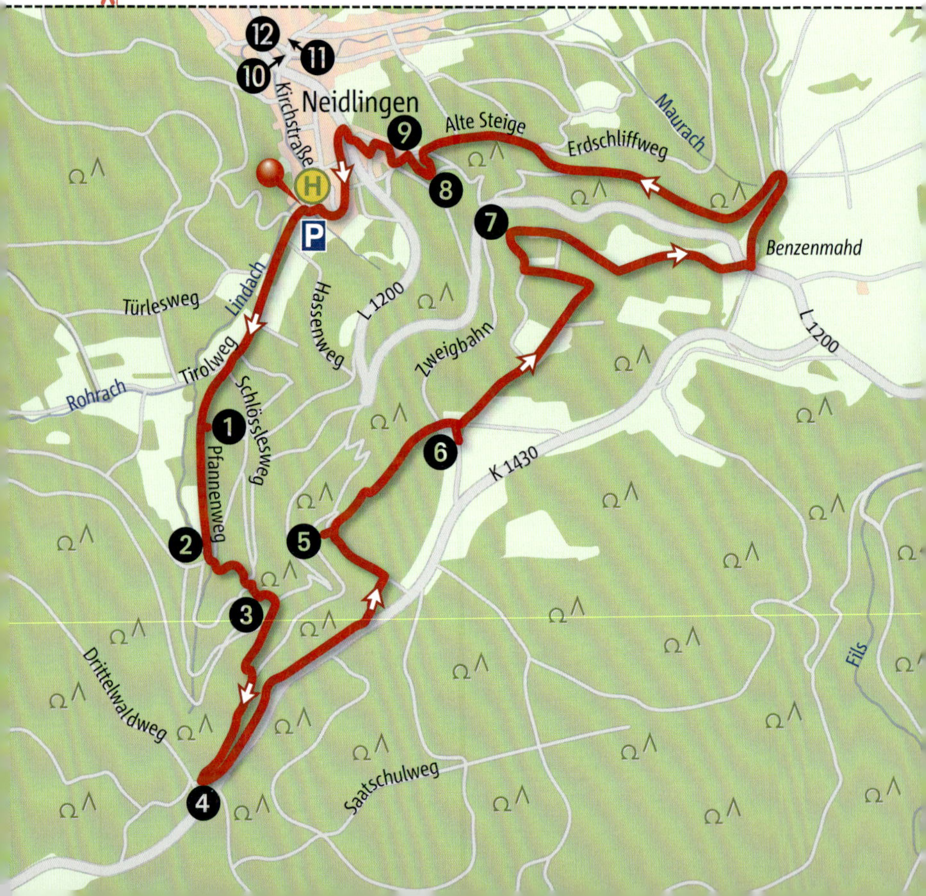

Alles auf einen Blick

WIE & WANN:

Asphaltierte Wanderwege, wenige Straßenabschnitte, Wiesen- und Waldpfade. Wanderzeit ist ganzjährig, bei feuchter und glatter Witterung besser verzichten.

HIN & WEG:

Auto: Parkplatz Braike, Kirchstraße, 73272 Neidlingen (GPS: 48.573359, 9.56606)
ÖPNV: Bus 177 von Kirchheim ZOB bis Neidlingen Schlossgärten

Entspannung ★★★★☆
Genuss ★★★☆☆
Romantik ★★★★★

ESSEN & ENTSPANNEN:

Hofgut Reußenstein ❻ K1430 1, 73349 Wiesensteig, Tel. (0 73 35) 53 35
Gaststätte Schützenhaus ❾ Falkenstraße 15, 73272 Neidlingen, Tel. (0 70 23) 21 62
Alte Kass ⓫ Gartenstraße 3, 73272 Neidlingen, Tel. (0 70 23) 9 42 35 28, www.alte-kass.de
Gasthof Lamm ⓬ Weilheimer Straße 6, 73272 Neidlingen,
Tel. (0 70 23) 90 88 72, www.lamm-neidlingen.de

ENTDECKEN & ERLEBEN:

Weide für schottische Hochlandrinder ❶
Grillplatz ❷
Neidlinger Wasserfall ❸
Bahnhöfle ❹ mit Rastplatz und Aussichtspunkt
Burgruine Reußenstein ❺
Aussichtspunkt Knaupenfelsen ❼
Heidefläche ❽ **unterhalb der Alten Steige**
Kugelmühle ❿ Gießenstraße 12, 73272 Neidlingen, www.kugelmuehle-neidlingen.de,
Führungen auf Anfrage

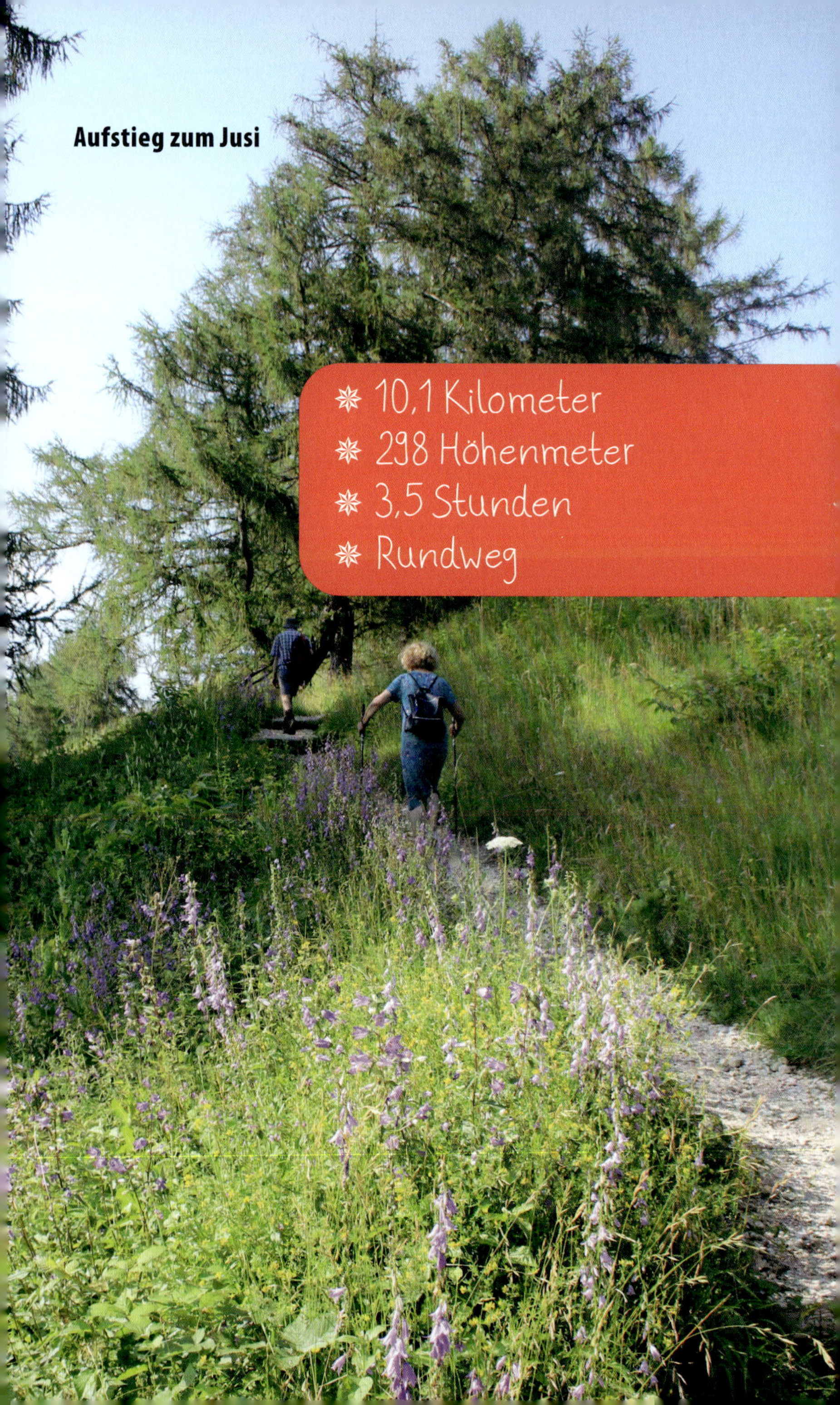
Aufstieg zum Jusi
10,1 Kilometer
298 Höhenmeter
3,5 Stunden
Rundweg

Vom Parkplatz am **Sportplatz Kappishäusern** an der L 1210 folgen wir der Beschilderung Richtung Florian, einem Vulkanschlot des Schwäbischen Vulkans. Wir laufen zwischen Tennisplatz und der **Sportgaststätte Kappishäusern** ① in den Wald und wandern geradeaus bis zum Eingang in den ältesten Teil des **Arboretums** ②, von

Waldbad mit Exoten

Hinauf auf Florian und Jusi

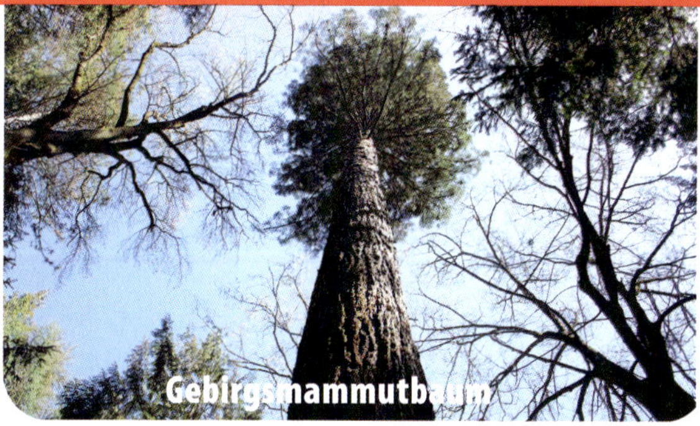
Gebirgsmammutbaum

dem wir uns einen kleinen Eindruck verschaffen wollen. Nach etwa 1 Kilometer entlang von Bäumen, die wir aus unseren Wäldern kaum kennen, stoßen wir auf verschiedene Infotafeln zum Arboretum.

Hier können wir uns für eine kurze Extrarunde durch den ältesten Teil der Baumsammlung ein wenig vom vorgezeichneten Wanderweg lösen und Richtung Norden zwischen den Baumriesen auf den schmalen Waldpfaden herumstreifen. Dann entdecken wir Gleditschien, Hickory-Nussbäume, Orient-Buchen, Baumkraftwurze, Scharlacheichen, riesige Lebensbäume, Schimmel-Fichten und vieles mehr. Wir riechen den köstlichen Duft der Baumharze. Und fühlen

*Das **Arboretum Florianswald** ist 1914 angelegt und immer wieder erweitert worden. Im ältesten Teil der Baumsammlung wurden mehr als 100 Nadel- und ähnlich viele Laubbaumarten gepflanzt. Heute gibt es 210 verschiedene Exoten-Baumarten aus vier Kontinenten im Florianswald, etwa Katsura-, Tulpen- und Mammutbäume.*

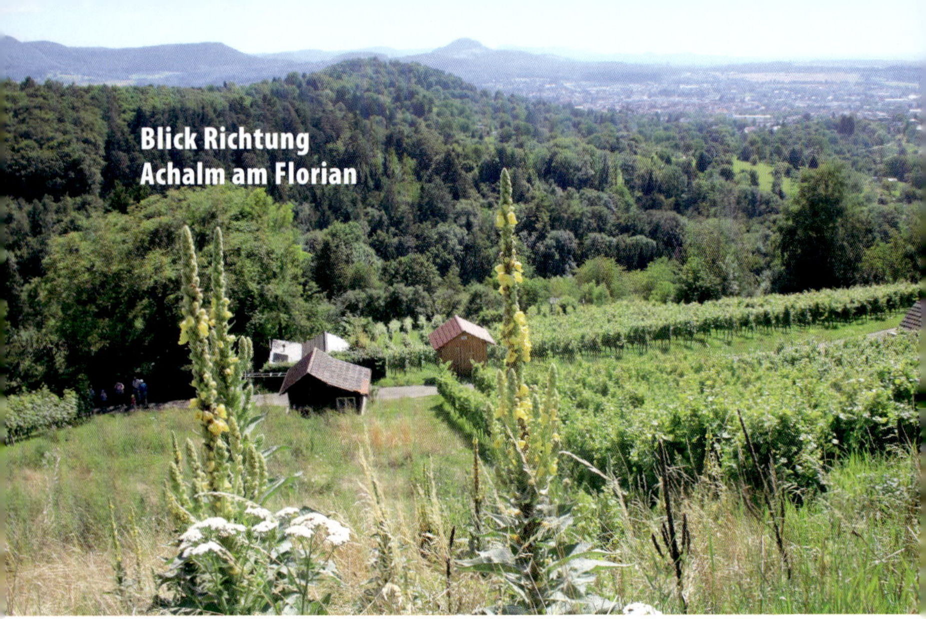

Blick Richtung Achalm am Florian

die tief gefurchten Borken der altehrwürdigen Bäume. Einige sind wahre Methusaleme und stehen hier, seitdem das Arboretum 1914 angelegt wurde. Die Krone des größten Berg-Mammutbaums thront 50 Meter über uns. Unvorstellbar, dass der höchste Baum der Welt, Hyperion, ein Küstenmammutbaum mit gut 115 Metern Höhe mehr als doppelt so hoch ist!

*Der Trend des **Waldbadens** – Shinrin Yoku – kommt aus Japan und ist dort eine anerkannte Therapie. Gemeint ist das bewusste Wahrnehmen der Natur mit allen Sinnen. Wir riechen den Wald, spüren raue Baumborken, hören Vogelgezwitscher, sehen das pralle Leben im Wald – Körper und Seele profitieren nachweislich.*

Tief beeindruckt von den außergewöhnlichen Bäumen kommen wir auf unserer Extrarunde an der Florianshütte vorbei, biegen etwa 100 Meter nach ihr links und gleich wieder rechts auf jenen Weg ab, den wir schon hierher gelaufen sind. Weitere 100 Meter weiter biegen wir rechts ab auf den Floriansweg, dem wir etwa 300 Meter weit folgen, bis er eine Linkskurve macht. Den Florian erklimmen könnten wir auf unterschiedlichen Wegen. Wir wählen nach weiteren 100 Metern den Hüttenweg, der uns rechts in einem weiten Bogen hinaufführt.

Bald verlassen wir den Wald und wandern auf einem weichen Wiesenpfad oberhalb von Streuobstwiesen und Weinbergen einmal um den Berg herum. Der Blick nach Westen über Metzingen hinweg ist umwerfend. Leicht erkennen wir die charakteristisch kegelförmig geformte Achalm, Hausberg der Reutlinger. Diesen 700 Meter hohen Zeugenberg nicht vulkanischen Ursprungs werden wir noch öfter sehen. Weiter geht es entlang der herrlich duftenden Wiesen, die seit gut zehn Jahren von Ziegen abgeweidet werden. Am abgezäunten Wiesenrand voller Oregano, Glockenblumen und Schafgarbe finden zarte Schmetterlinge, bunte Käfer und Wildbienen auch nach dem

Für die Seele

Wir wandern inmitten von alten Baumexoten, über noch ältere Vulkanschlote und durch in Jahrmillionen gewachsene Landschaften.

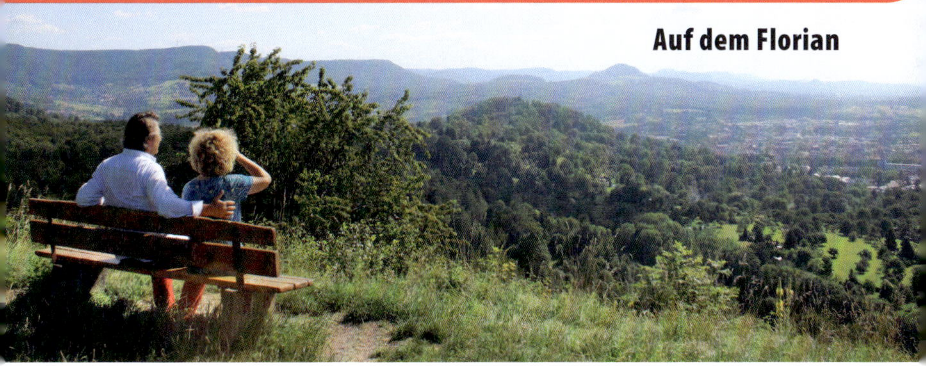

Auf dem Florian

Arbeitseinsatz der Ziegen noch genügend Nahrung. Während sie Nektar tanken und den Fortbestand der Pflanzen betreiben, genießen wir in vollen Zügen den weiten Blick und tanken eine geballte Ladung Licht.

Oben am **Florian** ③ angekommen, genießen wir eine phänomenale Rundumsicht. Auch sie haben wir tierischer Arbeit zu verdanken! Seit 2010 gibt es am Fuß des Florians dank ehrenamtlichen Engagements der Albvereins-Ortsgruppe Kohlberg-Kappishäusern eine Ziegenherde. Im Winter sind die Tiere hier in ihrem Gehege und dem **Stall** ④, im Sommer futtern sie 8 Hektar große Weideflächen am Florian und Jusi ab.

Die tierischen Landschaftspfleger knabbern selbst an dornigen Büschen und sorgen so dafür, dass wir von beiden Hügeln wunderbare Aussichten haben. Ausgiebig genießen wir den 360-Grad-Rundblick auf Schönbuch, Schurwald, ins obere Ermstal, den Albrand bis zu den Kaiserbergen und zum Jusi, den wir gleich erklimmen werden.

Wir laufen denselben Weg den Florian hinunter, halten uns aber geradeaus auf dem Floriansweg, vorbei am Ziegenstall folgen wir nun dem blauen Dreieck und dem gelben Doppelkreis. Wer mag, geht genau denselben Weg zur **Sportgaststätte Kappishäusern** zurück, wer schmale Waldpfade bevorzugt, die nach ausgiebigem Regen aber matschig sein können, folgt dem blauen Dreieck bis zum Sportplatz am Waldrand. Wir biegen nach den Tennisplätzen links ab Richtung Kohlberg. Auf einem von Obstbäumen und Wiesen gesäumten Sträßchen erreichen wir nach 1 Kilometer einen alten Birnbaum, ein Naturdenkmal, und folgen der Beschilderung Richtung Jusi.

Am **Wanderparkplatz Raupental** am Fuß des 673 Meter hohen **Jusi** 5 starten wir die nächste kleine Herausforderung. Von hier an bis fast zum Schluss folgen wir der Paradieswegrunde (gelber Ring auf weißem Grund). Der Trampelpfad steigt steil an, vorbei an Lärchen, Glockenblumen und insektenumflattertem

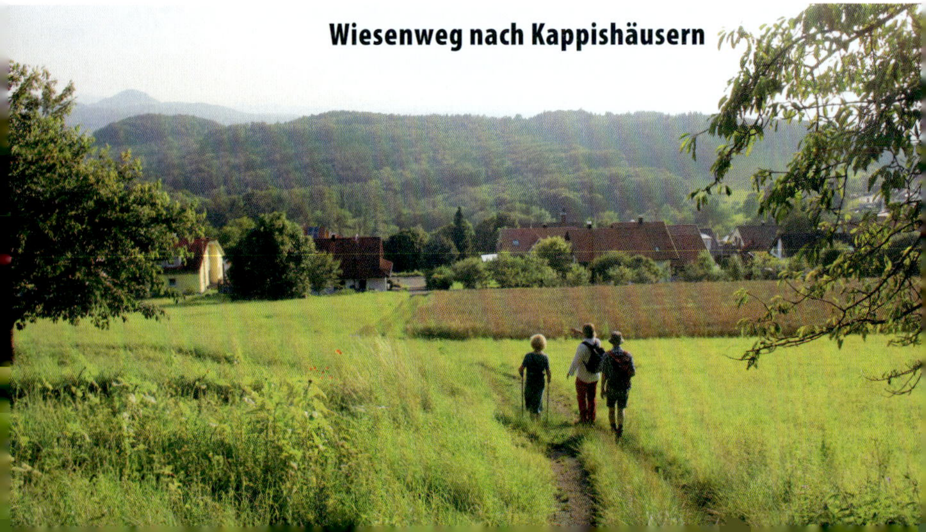

Wiesenweg nach Kappishäusern

Oregano. Schon während des Aufstiegs und erst recht auf halber Strecke, von der Plattform des Vorberges aus, genießen wir wahrhaft traumhafte Ausblicke. Vom Jusi aus sehen wir an klaren Tagen bis zu den Kaiserbergen. Ein Gipfelkreuz dagegen entdecken wir auf halber Höhe des größten Tuffschlots des Schwäbischen Vulkans. Unbekannte Scherzkekse haben das riesige Kreuz am 1. Mai 2021 aufgestellt und sogar ein Gipfelbuch untergebracht. Wer mag, hinterlässt Grüße.

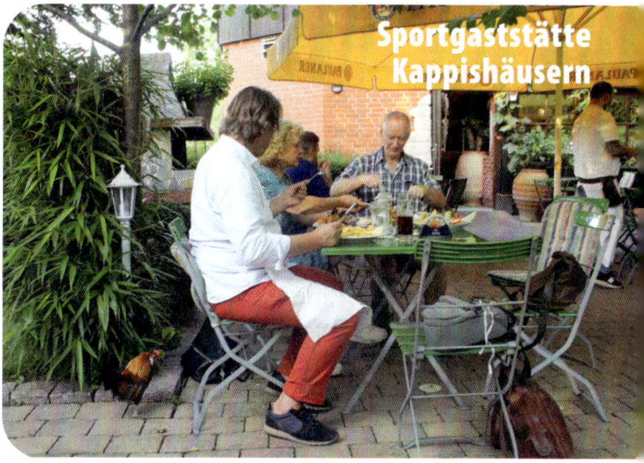

Sportgaststätte Kappishäusern

Erst ganz oben, auf der breiten Hochfläche mit **Grillstelle und Wiese** 6 angelangt, lassen wir ausgiebig die Seele baumeln und setzen uns auf eine Bank im Schatten duftender Linden. Das Leben kann so einfach sein. Zumal, wenn nun auch noch der Inhalt des Rucksacks Nachschub an Kalorien und Feuchtigkeit hergibt.

Nachdem wir ausgiebig die Beine langgemacht haben, starten wir gestärkt in die nächste Etappe. Die führt uns auf einem schmalen, bewaldeten Berggrat zwischen Neuffener Tal und Ermstal bis zum Sattelbogen. Bevor wir den erreichen, dürfen wir aber nicht den **Blick auf den ehemaligen Steinbruch Hörnle** 7 verpassen, auf den uns eine Infotafel am Wegrand hinweist. Der Steinbruch ist seit Mitte der 1970er-Jahre stillgelegt.

Etwa 600 Meter sind wir durch Buchenwald gelaufen, bevor das Wanderzeichen uns nach rechts weist. Weitere 200 Meter später machen wir dann fast eine Kehrtwendung scharf nach rechts und folgen der Paradieswegrunde weiter, hoch über dem Ermstal. Nach einer lang gezogenen Linkskurve geht der Schotterweg kurzzeitig in einen halbwegs asphaltierten Weg über. Hier halten wir Ausschau nach dem versteckten **Picknickplatz** 8 links unterhalb des Weges auf einem Bergsporn. Auch er beschert uns wunderbare Aus-

*Vor 17 Millionen Jahren gab es im Urach-Kirchheimer Vulkangebiet **Vulkanismus** mit rund 350 Schloten. Sie werden gemeinsam als „Schwäbischer Vulkan" bezeichnet. Florian und Jusi sind zwei der einstigen Vulkanschlote. Weil das Vulkangestein hier härter ist als der sie umgebende Stein, bilden sie heute kleine Berge.*

sichten, diesmal ins **Ermstal** Richtung Hohenurach. Ein wenig berauscht von so viel Panorama wandern wir weiter und achten umso mehr darauf, dass wir nicht den Abzweig verpassen, an dem wir am Wasserbehälter Kappishäusern die paradiesische Paradieswegrunde verlassen. Auf einem Wiesenweg biegen wir links Richtung Kappishäusern ab und wandern durch den Ort zurück zur L 1210 und unserem Parkplatz bei der Sportgaststätte. Bei schönem Wetter sitzen wir im Biergarten unter Sonnenschirmen. Griechischer Bauernsalat, ein Gyros oder eine gut sortierte Vorspeisenplatte kommen uns nach 10 Kilometern voller unvergesslicher Eindrücke gerade recht. Und weil alles so gut schmeckt, verweilen wir noch ein wenig in unserem euphorisierten Schwebezustand.

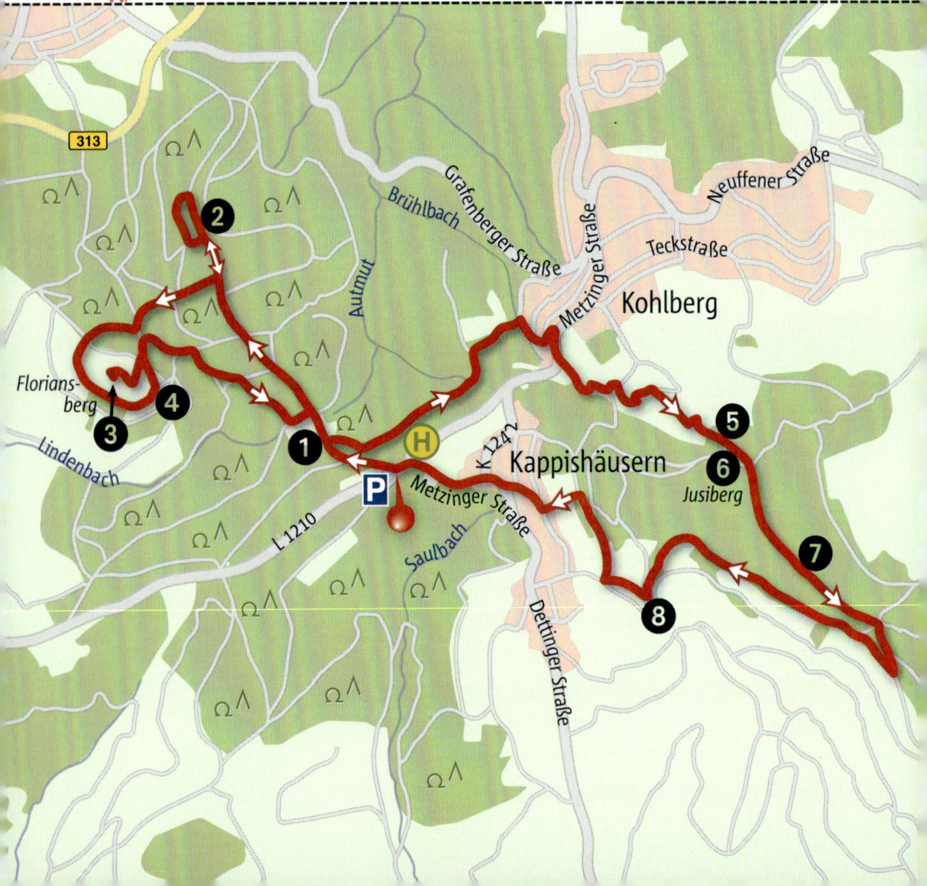

Alles auf einen Blick

WIE & WANN:
Befestigte Wege, Wald- und Wiesenpfade, kurze Straßenabschnitte, steile Bergtrampelpfade. Wanderzeit ist ganzjährig, besonders schön zur Blütezeit der Obstbäume und bis weit in den Herbst hinein.

HIN & WEG:
Auto: Parkplatz an der L 1210, Neuffener Straße, Einfahrt zur Sportgaststätte Kappishäusern (GPS: 48.551243, 9.318542)

Entspannung ✱✱✱✱✱
Genuss ✱✱✱✱✱
Romantik ✱✱✱✱✱

ÖPNV: Bus 192 von Neuffen Bf. bis Kappishäusern Linde, wenige Meter zum Parkplatz

ESSEN & ENTSPANNEN:
Sportgaststätte Kappishäusern ❶ Am Sportplatz, 72639 Neuffen-Kappishäusern, Tel. (0 71 23) 68 38

ENTDECKEN & ERLEBEN:
Arboretum ❷
Florian ❸
Ziegenstall ❹
Jusi ❺
Grillstelle auf dem Jusi ❻
Blick zum alten Steinbruch Hörnle ❼
Picknickplatz ❽ über dem Ermstal

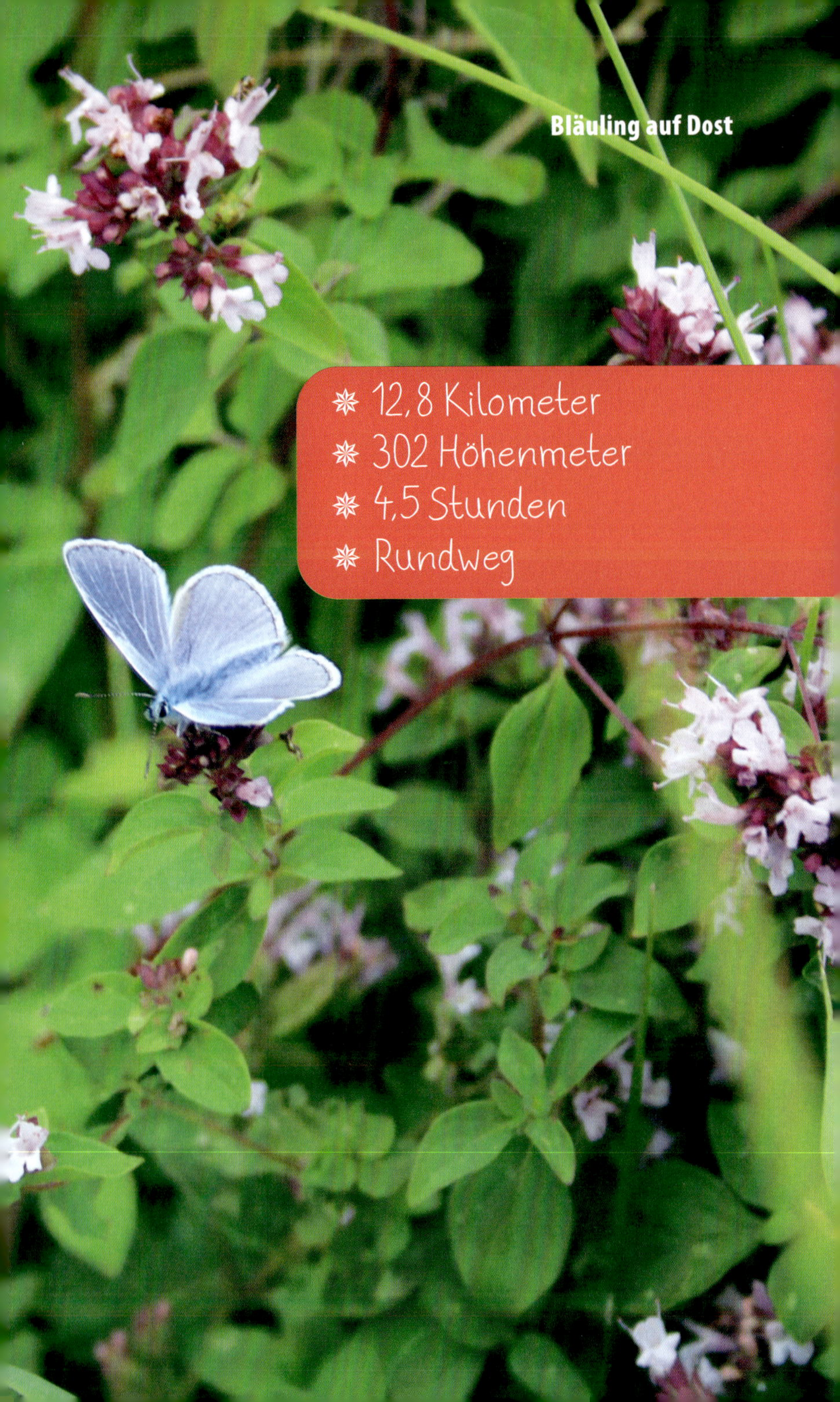
Bläuling auf Dost
✵ 12,8 Kilometer
✵ 302 Höhenmeter
✵ 4,5 Stunden
✵ Rundweg

Unsere Wanderung beginnen wir im Ortskern von **Uhlbach** am **Weinbaumuseum** ①. Wer würde angesichts dieses charmanten Weinbaufleckens, in dem die Zeit stehen geblieben scheint, denken, dass wir in Stuttgart sind! Vom Museum aus biegen wir in die Markgräflerstraße nach Rotenberg ein. Zur Grabkapelle finden wir

Liebesbeweis

Von der Grabkapelle zum Kernen

dank bester Beschilderung. Wir wandern vorbei am **Gasthaus Ochsen** ② und seinem idyllischen Weingarten und bleiben auf dem Württembergischen Weinwanderweg mit der roten Traube. Auf Höhe der letzten Häuser geht es links ab auf den steilen Wanderpfad.

Oben angekommen, genießen wir die Aussicht nach Westen über den Mönchberg bis zum Fernsehturm. Vorbei am **1819 Bistro** ③ mit der gemütlichen Terrasse wandern wir hoch zur **Grabkapelle** ④. Jeder Stuttgarter kennt die Inschrift „Die Liebe höret nimmer auf". König Wilhelm I. hat das Monument für seine 1819 nach drei Jahren Ehe gestorbene Gemahlin Katharina bauen und dafür sogar die Stammburg der Württemberger abtragen lassen. Mehr als 200 Jahre lang wurde kolportiert, Katharina sei an einer Erkältung verstorben, nachdem sie ihren Gatten mit einer Geliebten erwischt hatte und in einem offenen Wagen zurück nach Stuttgart gefahren war. Ganz neue Forschungen zeigen indes, dass sie den Folgen einer Sepsis im Zusammenhang mit einer Gürtelrose erlag. Außerdem war die Mutter zweier Töchter wieder schwanger, als sie starb.

*Das **Bistro** (vom russischen „bystro", schnell) wurde 2020 im früheren Psalmistenhaus eingerichtet. Dort lebten nach Katharinas Tod zwei Sänger, die täglich in der Grabkapelle für sie beteten und sangen. Jetzt kann man hier kleine Leckereien bei wunderschönem Ausblick genießen. Auch Picknickkörbe für eine Pause in den Weinbergen kann man ordern.*

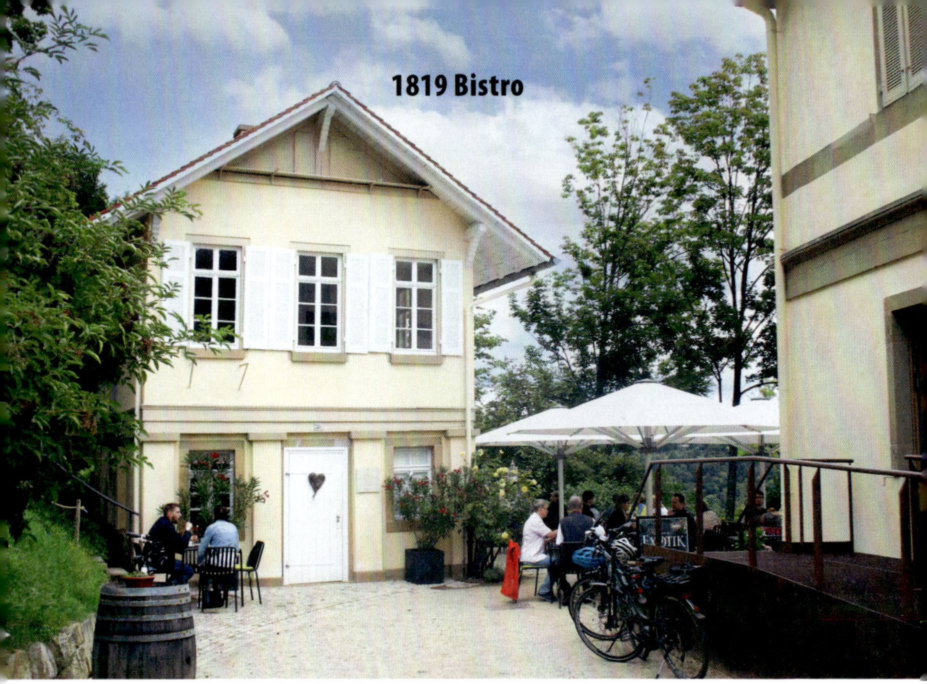

1819 Bistro

So traurig diese Geschichte, so phänomenal ist der Rundumblick vom 411 Meter hohen **Württemberg,** von Einheimischen auch Rotenberg genannt. Und so umrunden wir die Grabkapelle natürlich, bevor wir einen Blick ins klassizistische Gebäude werfen.

Wir wandern denselben Weg vorbei am 1819 Bistro hinunter. Wer mag, genießt hier eine Kleinigkeit, schon der Aussicht wegen.

Wir folgen der roten Traube des Württembergischen Weinwanderwegs in die Ortschaft. Vorbei am **Rotenberger Weingärtle 5,** dem schwäbischen Lokal mit der unbezahlbaren Aussicht, wandern wir unterhalb des Krähbühls in einem weiten Bogen durch herrliche Weinberglandschaft. Nachdem unser Weinwanderweg jeweils scharfe Links-, Rechts-, dann wieder Linksabbiegungen gemacht hat, befinden wir uns inmitten der wunderbar weitläufigen **Egelseer Heide 6.** Nun ist es natürlich schön, quer über die Spiel- und Grillwiesen mit der wundervollen Aussicht zu spazieren. Dabei müssen wir aber darauf achten, dass von der Kreuzung mit der Stettener Straße an vorerst nicht mehr der Württembergische Weinwanderweg,

*Der Entwurf für die 1824 gebaute klassizistische **Grabkapelle** stammt von Giovanni Battista Salucci. Der ließ sich vom Pantheon in Rom und Palladios Villa Rotonda inspirieren. Noch heute werden hier russisch-orthodoxe Gottesdienste gefeiert. Wilhelm und Katharina ruhen im Doppelsarkophag unter dem Kapellenraum.*

sondern der Rotenbergweg FE 2 mit dem blauen Unendlich-Zeichen uns leitet.

Nach einer Wegschranke sehen wir einen uralten verrotteten Baumstumpf inmitten des Weges nach rechts. Wir gehen hier geradeaus und folgen FE 2 durch eine Wald-, Wiesen- und Gartenlandschaft, die uns bald wieder weite Fernsichten beschert. Am

Für die Seele

„Die Liebe höret nimmer auf" – auf dieser Wanderung umrunden wir die letzte Ruhestätte einer bemerkenswerten jungen Zarentochter.

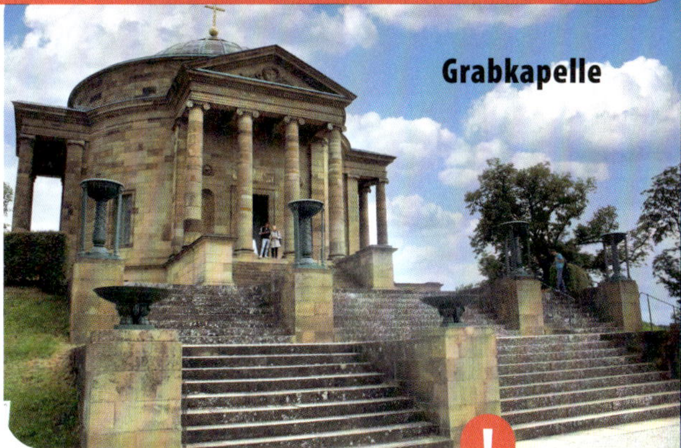

Grabkapelle

Wegrand blühen im Spätsommer Kanadische Goldrute und Lupinen. Wieder im Wald, kommen wir an ein Wege-Ypsilon mit Turnstangen und nehmen den Weg nach links, vorbei an einer Schranke, und halten uns danach rechts. Diesem Weg folgen wir geradeaus, nehmen an der nächsten Gelegenheit also den weiter unten liegenden Weg abseits der FE-Zeichen. Verwunschene, manchmal auch sich selbst überlassene steile Gärten, Blicke weit ins Land und rüber zur Grabkapelle begleiten uns – nicht zu vergessen die Weinberge, die zur schwäbischen Landschaft gehören wie das Viertele zum Vesper.

Unser Weg macht weite Bögen und bald treffen wir auf einen besonderen Baum: Ein Künstler hat sich hier mit Weinranken und Trauben auf einem toten Holzstamm verewigt. Unter uns sehen wir die

!

*411 Meter hoch ist der **Württemberg,** der bis 1907 Rotenberg genannt wurde – und noch heute im Volksmund so heißt. Auf seinem Gipfel stand die 1083 mehrfach zerstörte und wieder aufgebaute Burg Wirtemberg. Ein Modell der Burg, wie sie kurz vor ihrem Abbruch aussah, findet man in der Grabkapelle.*

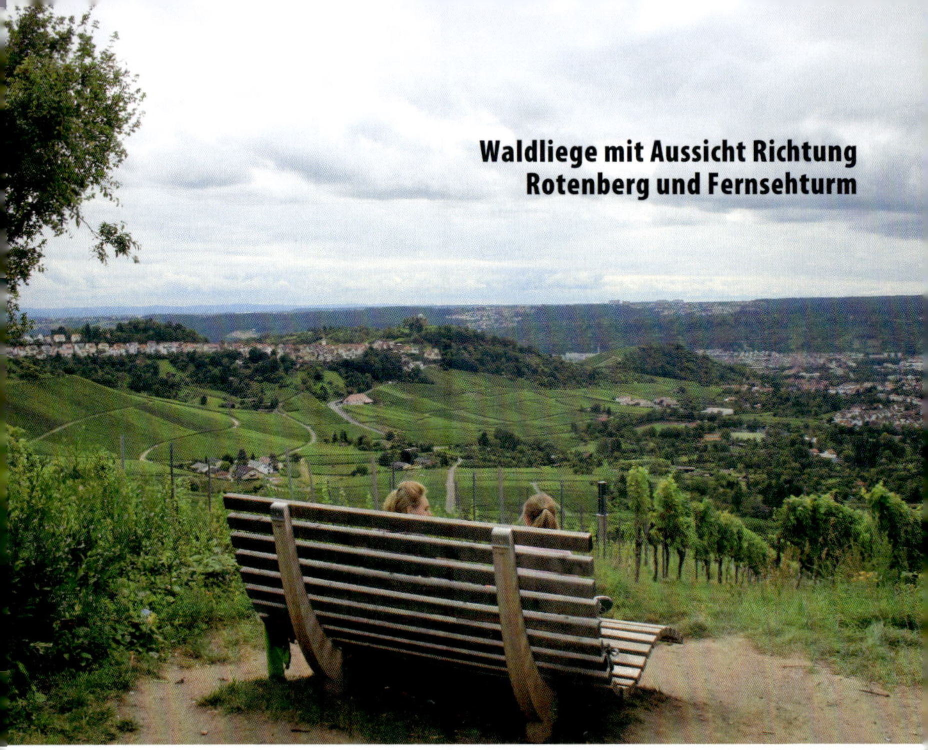

Waldliege mit Aussicht Richtung Rotenberg und Fernsehturm

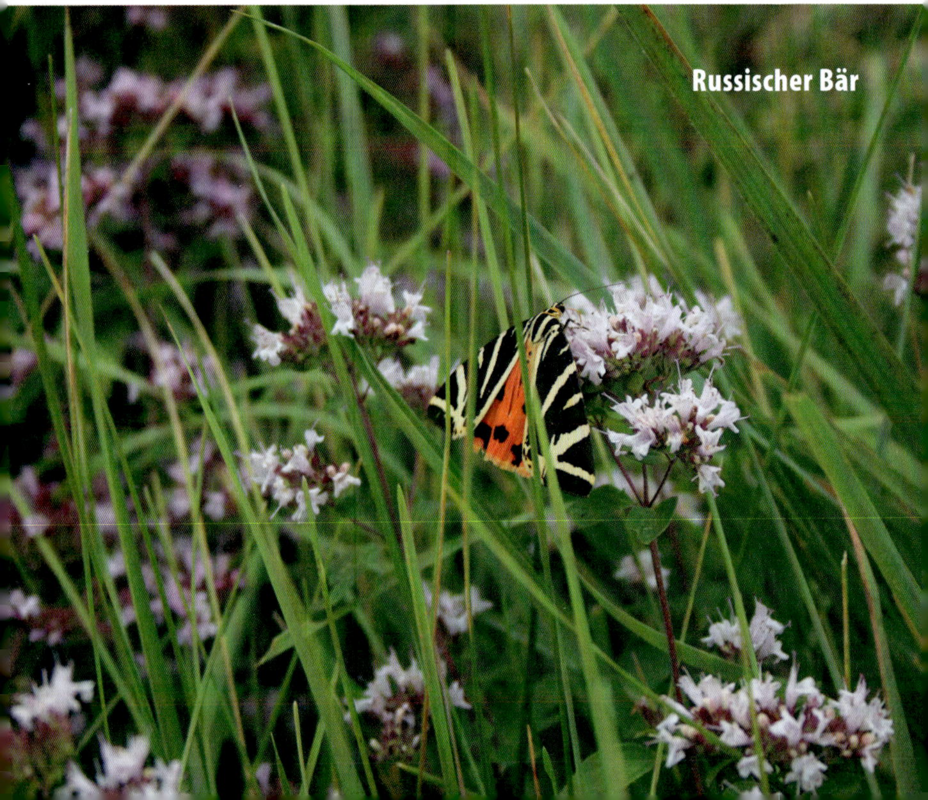

Russischer Bär

Rotenberger Kelter und ganz hinten das blaue Band der Schwäbischen Alb. Wir gelangen an ein asphaltiertes Sträßchen mit Schranke und herrlichem **Aussichtsplatz ⑦**. Wer Glück hat, findet den Waldliegestuhl unbesetzt vor und macht die Beine lang. Genuss pur! Grillen zirpen, ein Bläuling und ein Russischer Bär schwirren um die Blüten und selbst die industriell geprägten Ecken zu unseren Füßen machen sich zwischen so viel Weinberg und Wald überraschend adrett.

Die Aussicht bleibt uns erhalten, denn nun laufen wir oberhalb des Weges, den wir gerade gekommen sind: Der Kernenturm ist unsere nächste Destination und zu ihm gelangen wir über den schmalen Pfad rechts durch die **Steppenheide am Kappelberg ⑧**. Durch zarte gelbe, lilafarbene, pinke und weiße Blüten hindurch sehen wir die Weinberge unter uns liegen. Infotafeln klären uns auf über den Stubensand, Flora und Fauna, den Bau von Trockenmauern und vieles mehr. Wieder im Wald, folgen wir der Beschilderung zum Kernenturm. Es geht vorbei am Esslinger Tor mit dem Pilzbaum-Kunstwerk, einer besonderen Sitzbank. Wir halten uns an den Remstalweg und wandern geradeaus. Bald stehen wir vor den Wegzeichen bei der abgebrannten Linde. Wer mag, folgt weiter geradeaus dem Württembergischen Weinwanderweg. Wer auf Abwechslung setzt und weicheren Untergrund vorzieht, nimmt den schmaleren Pfad links des Wanderwegs und läuft

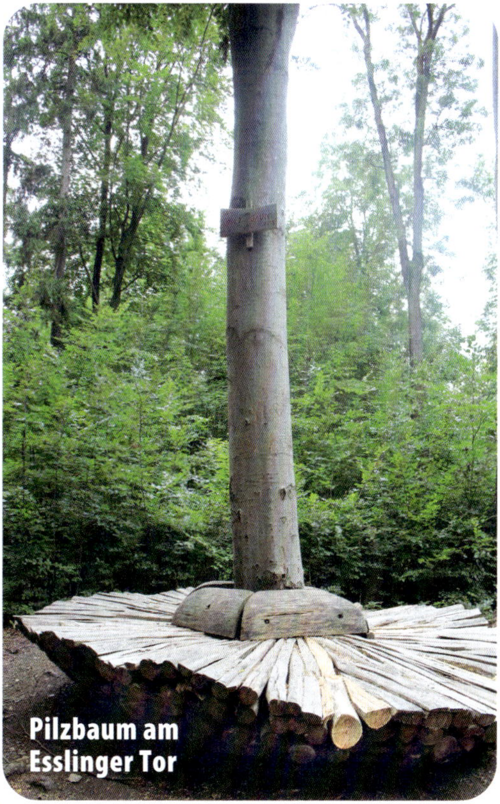

Pilzbaum am Esslinger Tor

auf dem Wein- und Waldweg weiter Richtung **Kernenturm ⑨.**

Am Turm, 1896 von der Ortsgruppe Stuttgart des Schwäbischen Albvereins gebaut, haben wir uns eine ordentliche Rast verdient. Es gibt viele Sitzgelegenheiten und einen Kiosk. Jetzt einen Birnenmost oder eine Tomatensuppe? Nach einer Pause und einer Stärkung erklimmen wir den 27 Meter hohen Turm, angeblich 158 Stufen. Von oben hat man eine fantastische Rundumsicht nahezu übers ganze württembergische Unterland. Bei klarem Wetter sehen wir bis zu den Löwensteiner Bergen, dem Odenwald, Nordschwarzwald und Welzheimer Wald.

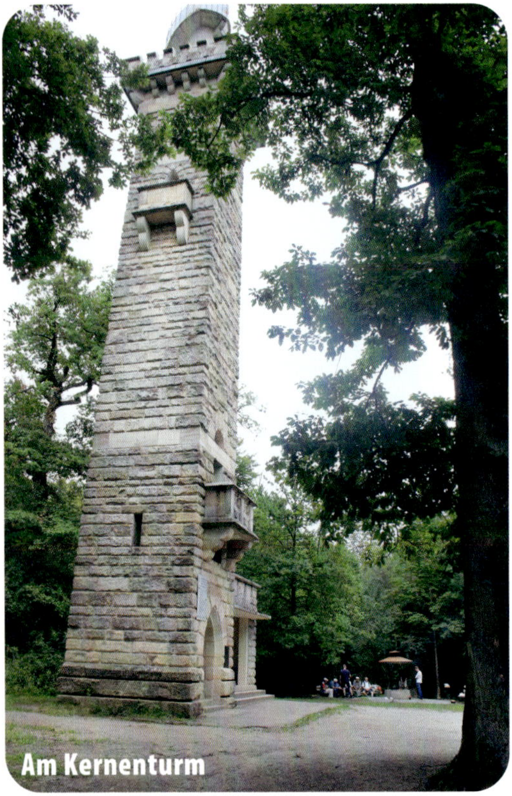
Am Kernenturm

Nach der stärkenden Pause wandern wir mit der roten Traube etwa 100 Meter auf dem Württembergischen Weinwanderweg Richtung Osten, biegen dann an der ersten Abzweigung rechts ab. Bis zur Wegkreuzung „Am Tor" in etwa 2 Kilometern folgen wir dem Wein- und Waldweg FE 6. Wunderschöne alte Buchen, Waldmarbel am Wegesrand, einige Schutzhütten, feuchte Klingen und Schluchten: Auch im Wald gibt es viel zu sehen für jene, die etwas sehen wollen. „Am Tor" haben wir die **Waldschenke Sieben Linden ⑩** erreicht.

Wer jetzt nicht mehr eine Einkehr in der Uhlbacher Ortsmitte abwarten kann, der lässt sich hier Deftiges wie Gulaschsuppe, Wurstsalat oder ein

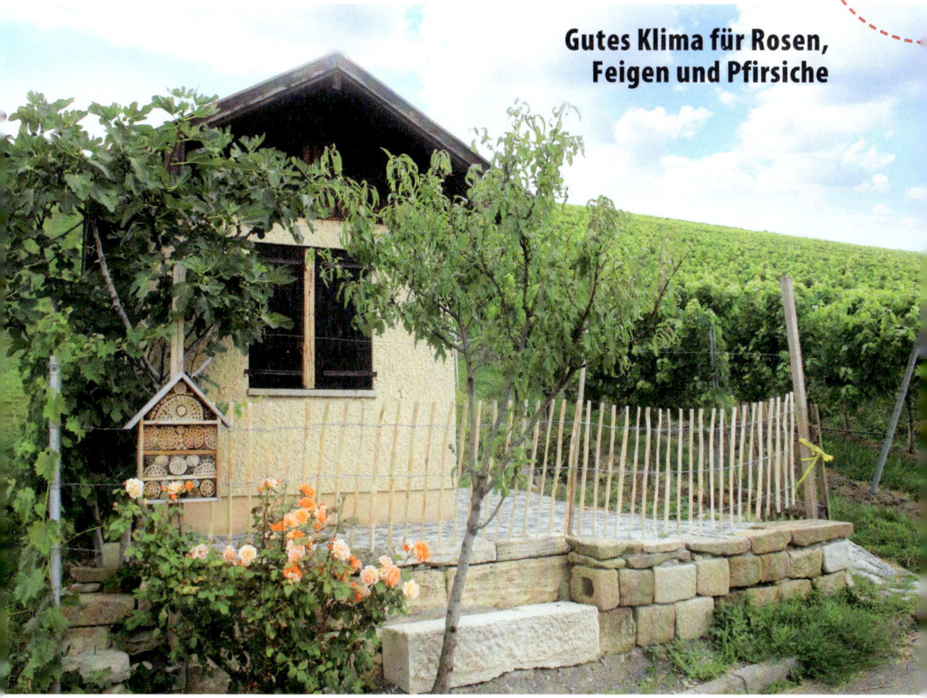
Gutes Klima für Rosen,
Feigen und Pfirsiche

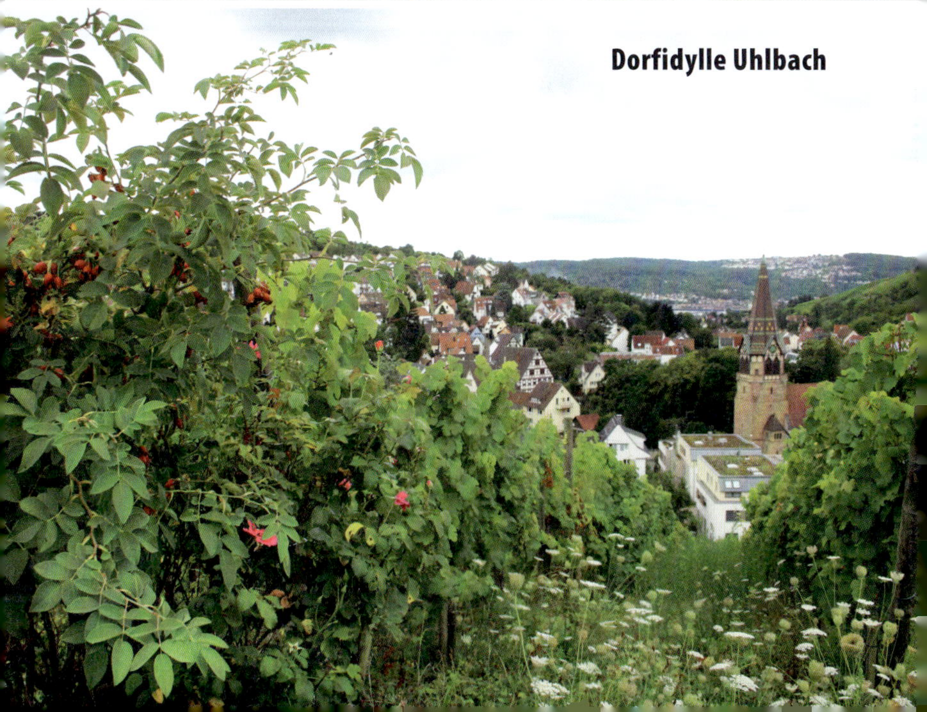
Dorfidylle Uhlbach

Rumpsteak schmecken – alles serviert mit toller Aussicht for free!

Auch die letzte Etappe ist auf dieser beflügelnden Tour ein traumhaft schönes Wegstück. Wir spazieren durch propere Weinberge, in deren Zwischenzeilen häufig bunte Wildblumen blühen. Uns geht zuletzt noch einmal das Herz auf, als wir das asphaltierte Weinbergsträßchen nach links verlassen und auf einem uralten Pflasterweg Richtung Ortsmitte wandern. Unter Rosen, Hagebutten, Schafgarben und Weinbergen liegt der Uhlbacher Kirchturm. Hinter ihm weitere Hügel – eine Bilderbuchlandschaft. Den landschaftlichen Genuss verlängern wir nur zu gern in einem der Uhlbacher Gasthöfe bei kulinarischen Genüssen.

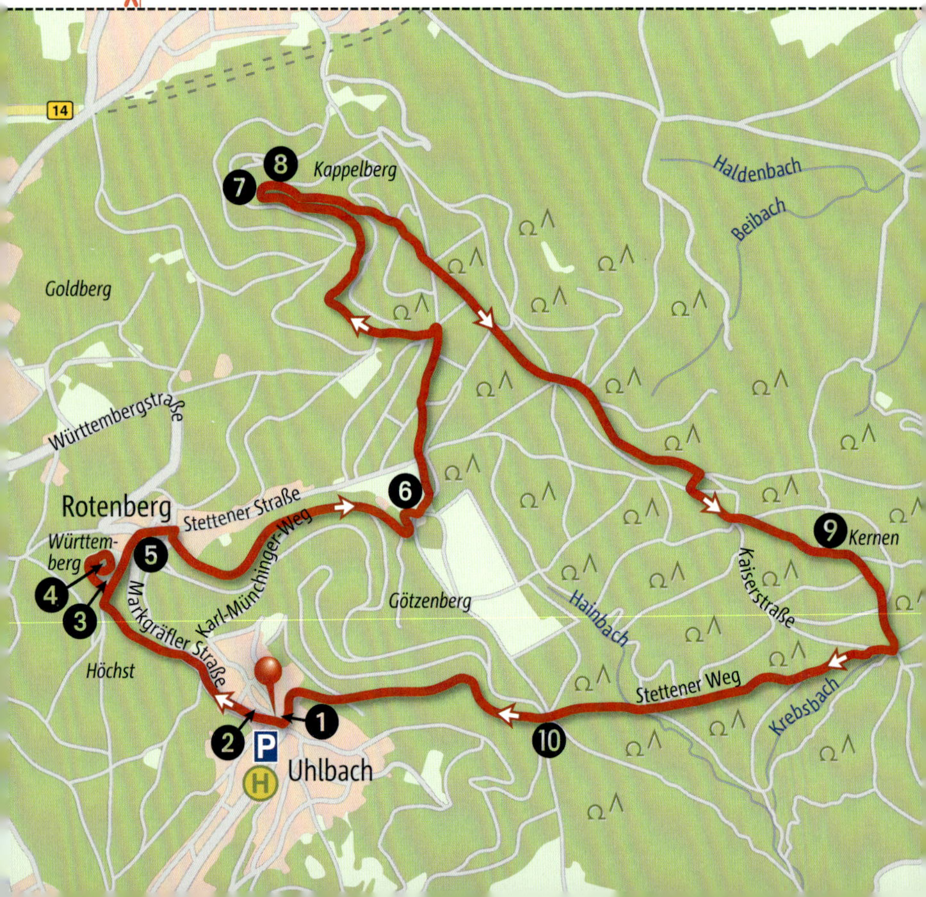

Alles auf einen Blick

WIE & WANN:
Asphaltierte Wirtschafts- und Weinbergwege, Wald-, Wiesenpfade, kurzer Pflasterweg. Wanderzeit ist ganzjährig, nicht bei Schnee- und Eisglätte, besonders empfehlenswert zur Blütezeit im Frühling und im Herbst.

HIN & WEG:
Auto: Parkplätze beim Weinbaumuseum, Uhlbacher Platz 4, 70329 Stuttgart (GPS: 48.776371, 9.2791248)

Entspannung ✱✱✱✱✱
Genuss ✱✱✱✱✱
Romantik ✱✱✱✱✱

ÖPNV: S1 von Stuttgart Hbf. bis Obertürkheim, dann Bus 62 bis Uhlbach-Terlanerstraße

ESSEN & ENTSPANNEN:
Gasthaus Ochsen ❷ Markgräflerstraße 6, 70329 Stuttgart, Tel. (07 11) 32 29 03, www.ochsen-uhlbach.de
1819 Bistro am Wirtemberg ❸ Württembergstraße 340 A, 70327 Stuttgart, Tel. (01 77) 8 70 62 62, www.1819bistro.de
Rotenberger Weingärtle ❺ Württembergstraße 317, 70327 Stuttgart, Tel. (07 11) 33 40 15, www.rotenberger-weingaertle.de
Waldschenke Sieben Linden ❿ Finsterklinge Gewann 1/1A, 70327 Stuttgart, Tel. (07 11) 37 36 16, www.sieben-linden-waldschenke.de

ENTDECKEN & ERLEBEN:
Weinbaumuseum ❶ Uhlbacher Platz 4, 70329 Stuttgart, www.weinbaumuseum.de
Grabkapelle ❹ Württembergstraße 340, 70327 Stuttgart, www.grabkapelle-rotenberg.de
Egelseer Heide ❻
Aussichtsplatz ❼
Steppenheide am Kappelberg ❽
Kernenturm ❾

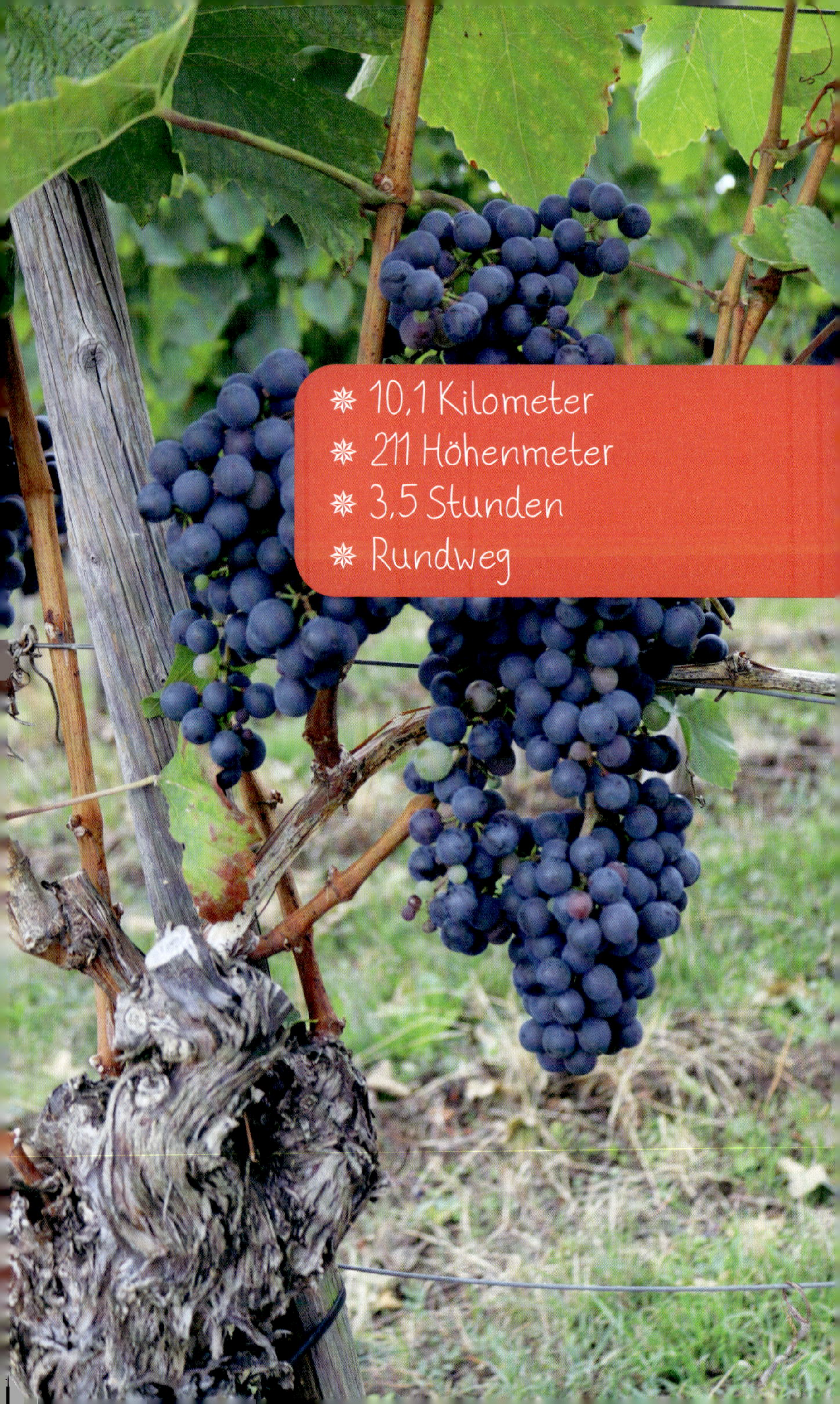

- 10,1 Kilometer
- 211 Höhenmeter
- 3,5 Stunden
- Rundweg

Wir starten an der **U-Bahn-Haltestelle Wagrainäcker** in der Mühlhäuser Straße. Auf dem Gehweg laufen wir Richtung Neckar, überqueren die **Aubrücke 1**, die wir links über eine Treppe Richtung Austraße verlassen. In die biegen wir rechts ab und folgen dem Ufersträßchen. Nach etwa 200 Metern zweigt ein Fußweg auf der lin-

Stadtterrassen

Durch Weinberge zum Max-Eyth-See

ken Straßenseite ab. Über einige Stufen, die bekannten **Stäffele 2**, geht es hoch. Oben angelangt, wenden wir uns nach links und gleich wieder nach rechts. Und haben, wow, eine phänomenale Aussicht! Wie viele Weinberge, wie viele Hügel, wie viel geballte Schönheit!

Der Blick reicht über die Stadtbezirke Münster und Bad Cannstatt, den Stuttgarter Talkessel und den Fernsehturm bis hin zum Schurwald und, bei bester Sicht, zur Schwäbischen Alb. Unter uns das brausende Stadtleben, durchbrochen von viel beruhigendem Grün. Wir glauben angesichts dieser Aussicht gern, dass ein Viertel des Stuttgarter Stadtgebiets von Wald bedeckt ist und immerhin gut 2 Prozent der Stadtfläche von Weinbergen. Den Weinbau hier am Südhang des Schnarrenbergs erwähnen Urkunden schon im frühen Mittelalter: Er war wichtigster Wirtschaftszweig. Im 14. Jahrhundert, berichtet die Stadtchronik, floss Wein in Württemberg in solchen Mengen, dass man ihn zum Anrühren von Mörtel nutzte.

Nachdem wir uns sattgesehen haben, folgen wir dem Weg bis zur **Station des Deutschen Wetterdienstes 3**. Sie liegt auf 316 Metern, dem höchsten Punkt des

*Heute wird in 16 von 23 Stadtbezirken Stuttgarts auf 430 Hektar Fläche **Weinbau** betrieben. Selbst direkt am Hauptbahnhof der sechstgrößten deutschen Stadt wachsen nach wie vor Rebstöcke.*

Schnarrenbergs. In direkter Nachbarschaft steht seit 2018 ein mobiles, laserbasiertes **Weltraumschrott-Observatorium.** Wer sich beim Wandern dank der Arbeit von Satelliten im Weltraum mithilfe von GPS leiten lässt, ist jedenfalls dankbar für die Arbeit der Forscher.

Vergleichsweise schlicht sind dagegen unsere Fragen: Nehmen wir jetzt den oberen oder den unteren Weg? Wir nehmen den linken und spazieren weiter entlang der gepflegten Rebenreihen, an denen mal blaue, mal weiße Trauben prangen. Sehr verlockend! Rechts von uns liegen Tennisplätze und das Aufploppen der Bälle begleitet uns eine Weile. Ein **Gedenkstein** ❹ erinnert an die Rebflurbereinigung der Jahre 1978 bis 1980. Gab es bis dahin zahllose Mäuerchen und Querterrassen und handtuchgroße „Stückle", auf denen schwere Handarbeit angesagt war, so ist das Arbeiten heute dank breiter Wirtschaftswege (wir wandern ja auf einem solchen) und Rebzeilen mit Maschinenhilfe viel leichter und wirtschaftlicher geworden.

*Ohne **Satelliten** läuft in Sachen Navigation und Kommunikation auf der Erde nichts. Der sowjetische Sputnik hat 1957 als erster Satellit erfolgreich eine Erdumlaufbahn erreicht. Seither hat der Weltraum ein Müllproblem. Weltraumschrott-Observatorien arbeiten daran, die Gefahr von Kollisionen im All zu minimieren.*

Wir biegen an diesem Wegkreuz scharf rechts ab auf den leicht ansteigenden Weg und erreichen die Straße Am Wolfersberg, die wir am Fußgängerüberweg überqueren. Auf der anderen Seite biegen wir links ab in einen Spazierweg, der parallel über der Wolfersbergstraße liegend hinunterführt in den

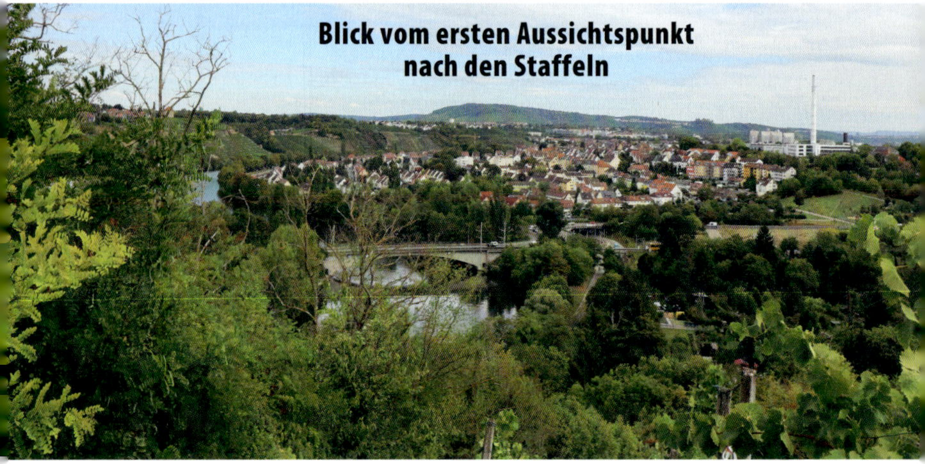
Blick vom ersten Aussichtspunkt nach den Staffeln

Stadtteil Hallschlag. Dort, wo rechts vom Gehweg ein schmaler Pfad mit Treppen abgeht, biegen wir ein – es sei denn, wir wollen 50 Meter weiter geradeaus gehen, um am **Weingut Jägerhof** (5) eine kurze Rast einzulegen.

Der schmale Pfad führt uns vorbei an lauschigen Schrebergärten. Bald erreichen wir wieder Weinberge, können links unter uns in der Ferne das Daimler-

Für die Seele

Wir genießen wundervolle Aussichten: Wie schön Stuttgart doch ist, das wie ein riesiges Vogelnest in herrliche Natur gebettet ist.

stadion erkennen, rechts über den Weinbergen die Turmspitze des Aussichtsturms am Burgholzhof. Wir nähern uns dem inmitten von Reben liegenden Robert-Bosch-Krankenhaus – hier sind genesungsbefördernde Ausblicke inklusive. Vor dessen Nebengebäuden bleiben wir auf dem ansteigenden Weg und biegen links ab. Die Abbiegung nach dem „Aktionsreich" ignorieren wir und folgen dem Weg am Ende nach rechts. Nach 200 Metern und einer Linkskurve entdecken wir ein weiteres Denkmal für die Rebflurbereinigung. Nach diesem Gedenkstein folgen wir diesem Weg rund ums Krankenhaus. Wir sehen von hier aus Stuttgarts „andere Seite". Unter uns liegt der viel befahrene Pragsattel, wir entdecken die Wahrzeichen des Killesbergparks und schauen Richtung Feuerbach und Zuffenhausen. Und erst dort ganz unten, wo die

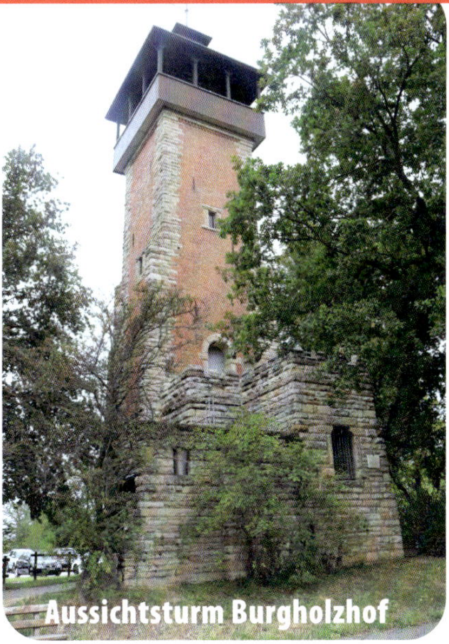
Aussichtsturm Burgholzhof

Verkehrskarawane an den Ampeln steht oder zäh vorbeifließt, scheinen auch die Reben haltzumachen.

Nach einem kleinen Rechts-links-Zickzack erreichen wir den Paul-Hahn-Weg. Wer vorher auf eine Jause verzichtet hat, der kann die wenigen Meter nach links zum Lokal **Distelfarm** 6 gehen, in dem es sich idyllisch mit Aussicht sitzen lässt. Zumindest ein Getränk gönnen wir uns nach der Hälfte des Weges. Nach dieser Erfrischung folgen wir dem Paul-Hahn-Weg nach rechts, erreichen die Auerbachstraße und den Kreisel vor dem Krankenhaus. Der Auerbachstraße folgen wir nun auf einem Nebenpfad entlang der Weinberge, der uns an einem Aussichtsplatz mit Picknicktischen vorbei zum **Aussichtsturm Burgholzhof** 7 bringt. Der Turm ist nur an Wochenenden und Feiertagen geöffnet – und Vereine bewirten die Gäste. Bei klarem Wetter lohnt der Aufstieg bis zur Plattform des 27 Meter hohen Turms allemal.

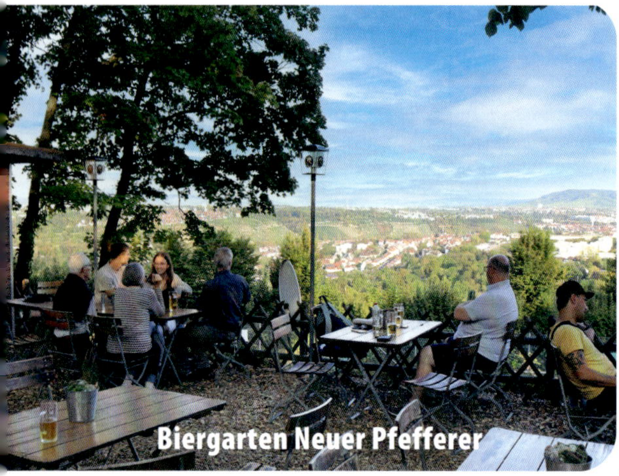
Biergarten Neuer Pfefferer

Der Rundumblick bis in die Löwensteiner Berge, den Welzheimer Wald und das Neckartal beflügelt uns und ganz berauscht von so viel Panorama – vielleicht auch einem Gläschen Wein – wandern wir weiter. Wir folgen dem Linksbogen der Auerbachstraße und erreichen am Wolfersberg erneut jenen Fußgängerüberweg, den wir schon zu Beginn der Wanderung überquert hatten. Doch für den Rückweg wählen wir eine etwas andere Route. Wir biegen an den Sportplätzen in das Sträßchen Am Schnarrenberg ein und stehen gleich vor dem Lokal **Neuer Pfefferer** 8 und seinem Biergarten. Gut 8 Kilometer sind geschafft. Höchste Zeit, leiblichen Genüssen zu frönen und frische Kraft mithilfe wohlschmeckender Kalorien zu tanken!

Wir genießen ausgiebig all das, was der Neue Pfefferer zu bieten hat, Getränke, Liegestühle, leckere schwäbische Spezialitäten und eine grandiose Aussicht. An der sieht man sich so schnell nicht satt! Trotzdem: Irgendwann müssen wir weiter. Auf dem Weg erreichen wir bald wieder jene Stelle, wo die Wetter- und Weltraumschrottexperten ihr Tag- und Nachtwerk verrichten. Wenige Meter später sehen wir links ein Schild, das uns über die Spiel- und Grillplätze des **Tapachtals** 9 informiert. Wir folgen der Einladung in diese von Obstbäumen geprägte Landschaft nach links, laufen auf einem Wiesenweg 200 Meter hinunter, biegen dann nach rechts und 200 Meter später wieder nach links ab. Der Weg wird immer steiler und nachdem ein einsames Haus hinter uns liegt, halten wir uns dort rechts, wo der Weg links durch einen Fußgängertunnel unterhalb der Eisenbahnstrecke führt. Unserem Pfad durch ein schattiges, schmales Tal folgen wir bis zum Neckar. Die Austraße hat uns wieder. Schon von Weitem sehen wir linker Hand die über dem Neckar schwebende filigrane Hängebrücke für Fußgänger, den **Max-Eyth-Steg,** von den Schwaben liebevoll „Golden Gatele“ genannt. Seit 1989 verbindet die mit dem Hugo-Häring-Preis ausgezeichnete Brücke das Wohngebiet Freiberg oberhalb der Weinberge mit dem Max-Eyth-See.

Riverhouse

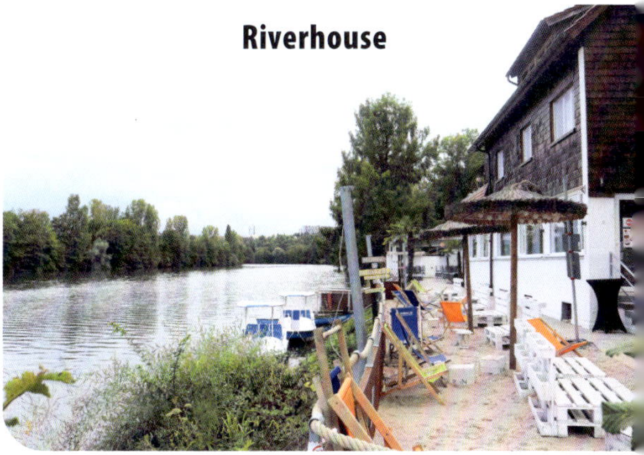

Dieses Naherholungsgebiet ist unsere letzte Station. Auf dem Weg zur Brücke sehen wir weitere Lokale. Links die **Zaißerei** 10 und rechts, direkt am Neckar mit Strand, Spielplatz und Liegestühlen, das **Riverhouse** 11. Wir nehmen uns vor, beim nächsten Mal unbedingt da einzukehren und die Wanderung dann von hier aus, vielleicht in umgekehrter Richtung zu machen. Doch unser heutiges Ziel liegt hinter dem **Max-Eyth-See** ⑫, den wir nun sehen wollen. Wir überqueren den mit Liebesschlössern bunt dekorierten **Max-Eyth-Steg** ⑬ und stehen inmitten eines weitläufigen, von Nilgänsen bevölkerten Parks. Schräg rechts ist unsere U-Bahn-Haltestelle.

Hier im Landschaftsschutzgebiet kann nun jeder diesen aussichtsreichen Wandertag so ausklingen lassen, wie es ihm gefällt: nicht beim Baden oder Schwimmen. Aber vielleicht bei einer Runde mit dem Tretboot, in einem der Biergärten und Restaurants am Seeufer oder im Vogelschutzgebiet. Hier lassen sich trefflich Kormorane, Schwäne, Blesshühner, Graugänse und Graureiher beobachten.

*Der **Max-Eyth-See** ist von 1914 an durch den Abbau von Sand und Kies entstanden und 1936 nach dem Ingenieur und Schriftsteller Max Eyth benannt worden. Seit 1961 ist das Gelände Landschaftsschutzgebiet und es darf nicht mehr gebadet werden.*

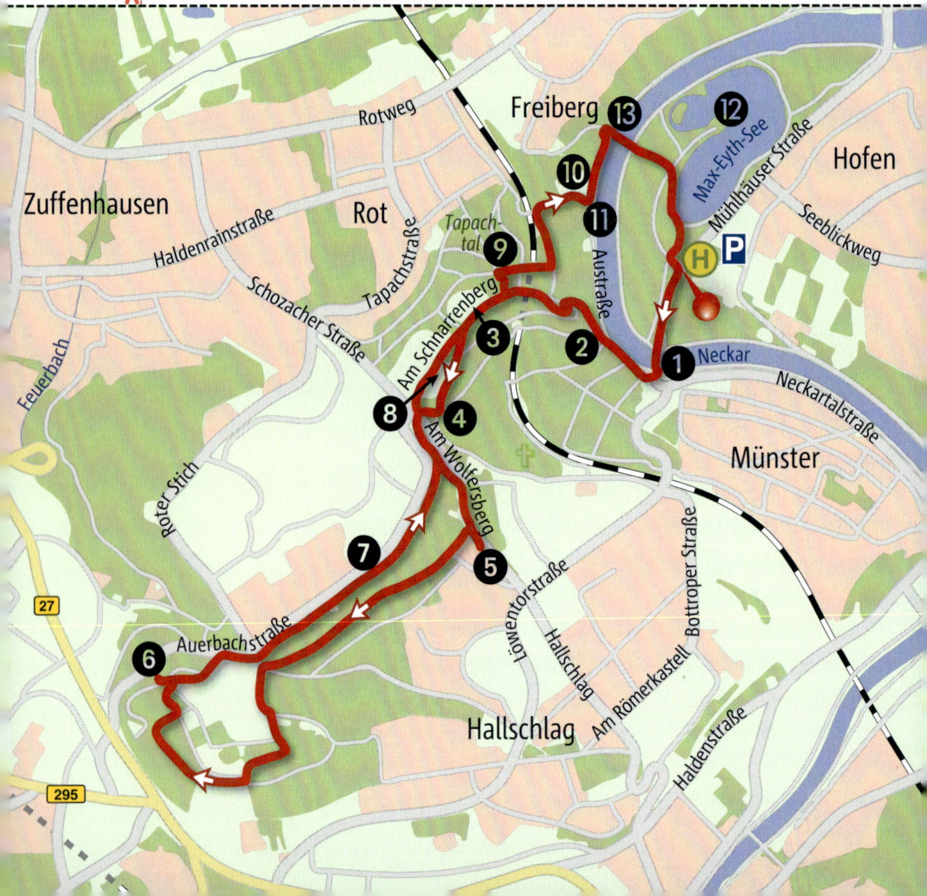

Alles auf einen Blick

WIE & WANN:

Asphaltierte Weinbergwege, Treppen und Stufen, Wiesenpfade, Parkwege. Wanderzeit ist ganzjährig, außer bei Schneeglätte.

HIN & WEG:

Auto: Max-Eyth-See-Parkplatz, Mühlhäuser Straße, 70378 Stuttgart (GPS: 48.830986, 9.215509)
ÖPNV: Stadtbahn U14 bis Wagrainäcker

Entspannung ★★★☆☆
Genuss ★★★★★
Romantik ★★☆☆☆

ESSEN & ENTSPANNEN:

Weingut Jägerhof ❺ Am Wolfersberg 17, 70376 Stuttgart, Tel. (07 11) 54 43 04, https://jaegerhof-mayer.de
Gaststätte Distelfarm ❻ Paul-Hahn-Weg 10, 70376 Stuttgart, Tel. (07 11) 85 17 82
Neuer Pfefferer ❽ Am Schnarrenberg 14, 70376 Stuttgart, Tel. (07 11) 54 13 39, www.neuer-pfefferer.de
Zaißerei Weingut ❿ Austraße 371, 70376 Stuttgart, Tel. (07 11) 8 70 97 09, www.zaisserei-weingut.de
Riverhouse ⓫ Austraße 370, 70376 Stuttgart, Tel. (07 11) 5 50 42 24 44, www.riverhouse.de

ENTDECKEN & ERLEBEN:

Aubrücke ❶
Stäffele ❷
Deutscher Wetterdienst ❸
Gedenkstein Rebflurbereinigung ❹
Aussichtsturm Burgholzhof ❼
Obstwiesenlandschaft im Tapachtal ❾ mit Grillplätzen
Max-Eyth-See und Park ⓬
Max-Eyth-Steg ⓭

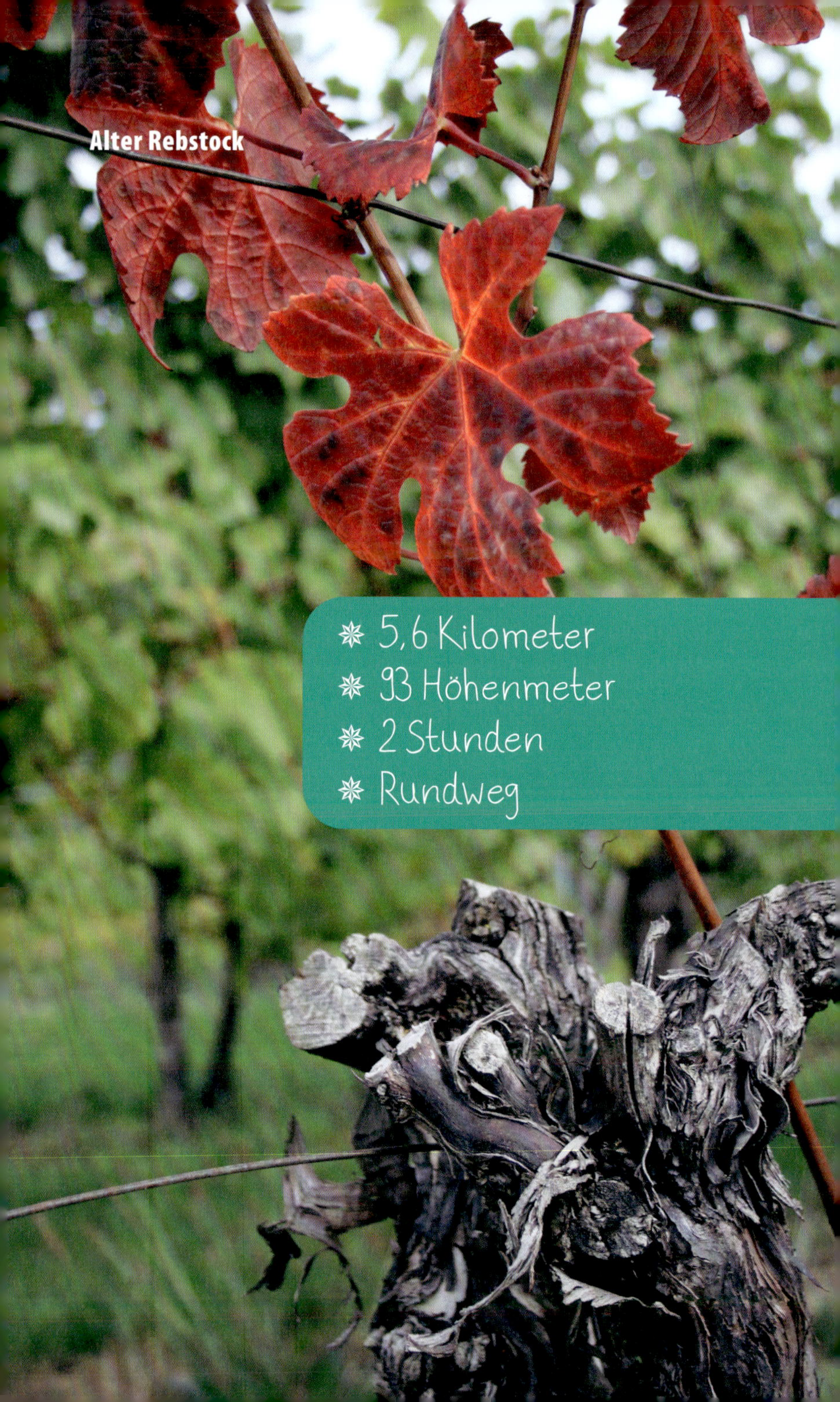

Alter Rebstock

- 5,6 Kilometer
- 93 Höhenmeter
- 2 Stunden
- Rundweg

Besigheim kann mit jeder Menge Auszeichnungen punkten – schönster Weinort, schönstes Winzerfest, schönste Weinsicht. Wir starten vom Parkplatz an der Enz aus über die **Enzbrücke** **1** Richtung Altstadt. Wir wandern über die Brücke und werden hier von zwei Skulpturen von Gunther Stilling in Empfang genommen, die uns den Weg weisen. Der Titel lautet „Ingresso", Eingang oder Zugang.

Am Ende der Brücke laufen wir wenige Meter nach links und biegen nach rechts in die Bügelestorstraße ein. Von dieser Straße aus klettert seit 2008 unübersehbar der Flossenmann der Künstlerin Rosalie, genannt „Flossi", die Stadtmauer Richtung Rathaus hoch. Wir machen es ähnlich wie das rote Fantasie-

Zur Himmelsleiter

Über den Dächern von Besigheim

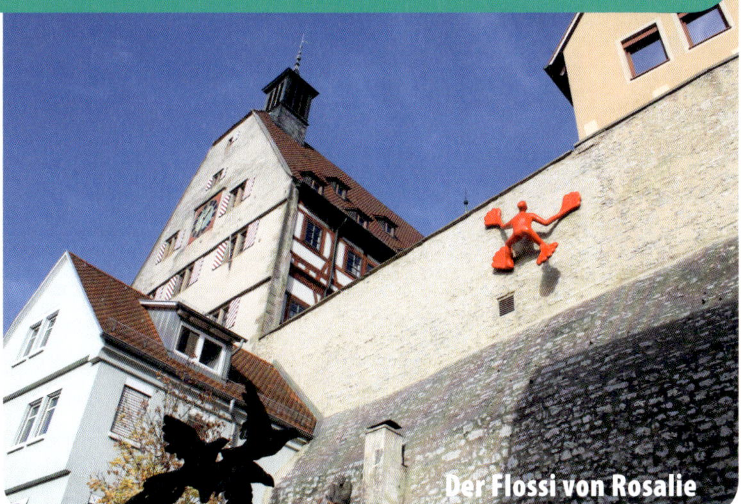

Der Flossi von Rosalie

*Ein Vorfahr des 44. US-Präsidenten **Barack Obama,** Conrad Wölfflin, stammt wohl aus Besigheim, wurde in der Türkengasse 6 geboren und wanderte 1750 aus. Über verschlungene Wege gelangten die Nachfahren Wölfflins, der sich Wolfley nannte, nach Hawaii, wo Generationen später Obama geboren wurde.*

wesen und steigen nach 100 Metern linker Hand eine steile **Treppe in der Stadtmauer** ❷ hoch, die uns auf kürzestem und spektakulärem Weg nach oben, mitten ins Herz der Altstadt, führt. Oben biegen wir links ab und folgen dem engen Gässchen Auf der Mauer, von dem aus wir den ersten großartigen Blick Richtung Weststadt und den Niedernberg mit seinen steilen Weinbergen haben. Nun führt uns das Gässchen nach rechts zum **Marktplatz** ❸. Wir wandern seitlich am Fachwerk-Rathaus vorbei, das 1459 als Kaufhaus gebaut wurde. Und beschließen, am Ende unserer kurzen Wandertour unbedingt noch einmal zum Marktplatz zu kommen, einen zweiten Blick auf das Rathaus und seine im Erdgeschoss eingemauerten römischen Reliefplatten mit Szenen aus dem Mithras-Kult zu werfen. Und auf den alemannischen Marktbrunnen mit dem Schildhalter und seinem badischen Wappen. Badisch? In der Tat, Besigheim gehörte bis 1595 zum badischen Herrschaftsgebiet. Und wer weiß, vielleicht stöbern wir im Anschluss an die Wanderung ein we-

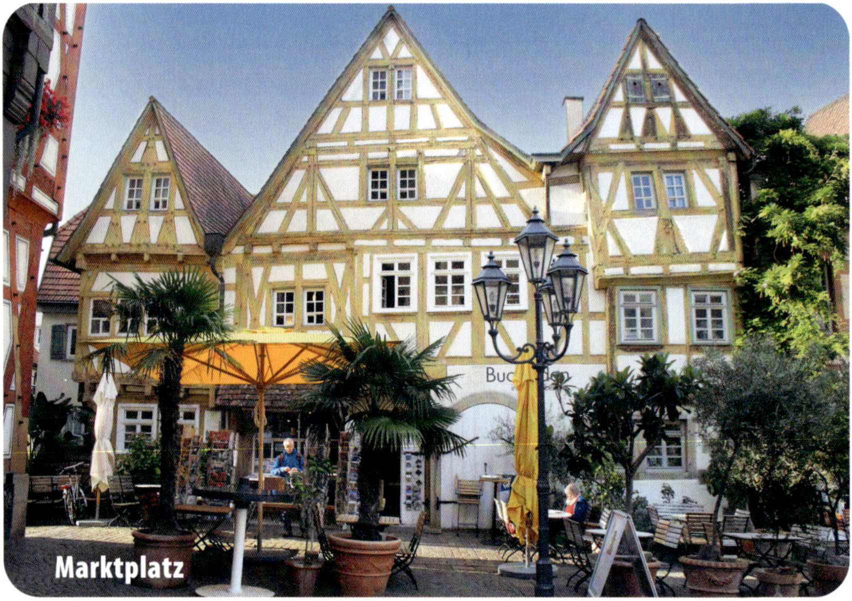

Marktplatz

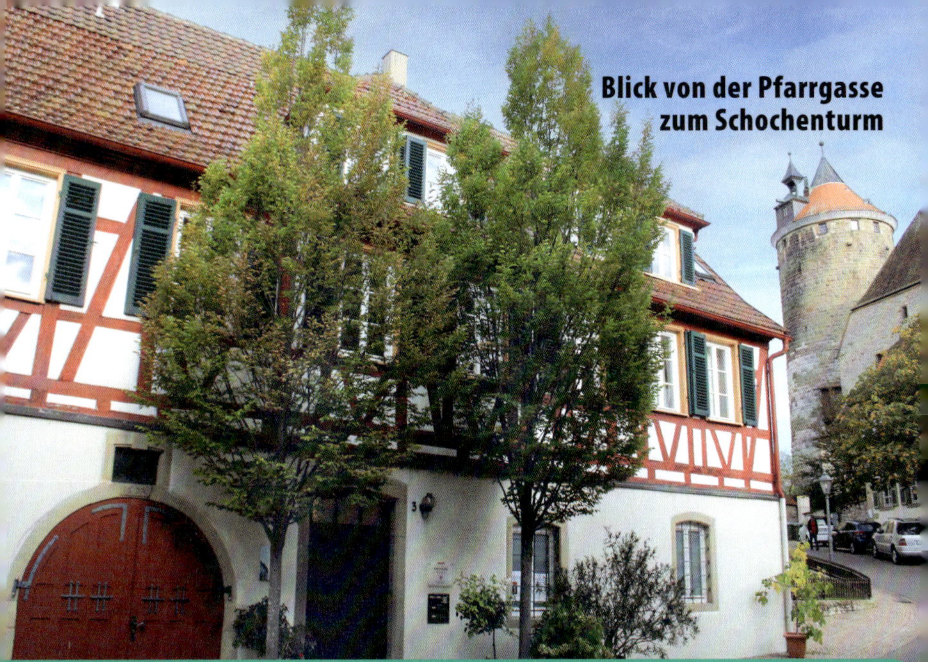

Blick von der Pfarrgasse zum Schochenturm

Für die Seele

Wir machen es anders als Orpheus und Eurydike: Wir drehen uns beim Wandern um – vorsichtig auf der Himmelsleiter, tiefenentspannt im schönsten Weinort.

nig im zauberhaft windschiefen und liebevoll renovierten Buchladen im Dreigiebelhaus. Der Buchhändler ist Charli Pflumm-Hölderlin – der Ur-Ur-Ur-Ur Großvater seiner Frau und Friedrich Hölderlins Großvater waren Geschwister.

Vorerst verlassen wir den Marktplatz und spazieren vor unserer eigentlichen Wanderung wenigstens eine kleine Runde durch das bezaubernde Städtchen – gewissermaßen als Appetitmacher für das Einkehren nach der Wanderung. Wir biegen also nach rechts und folgen der Kirchstraße bis hinauf zum **Schochenturm 4**, einem Relikt aus der Stauferzeit. Die strategischen Möglichkeiten dank der Topografie Besigheims hatten die Markgrafen von Baden schnell erkannt und sie bauten den Fronhof, 1153 erstmals in einer Schenkungsurkunde erwähnt, gegen 1220 festungsartig mit gleich zwei Burganlagen innerhalb weniger 100 Meter aus. Ein Überrest der südlich gelegenen, größeren Burganlage ist der Schochenturm und das ähnlich hohe Steinhaus, das wohl als Palas diente. In ihm soll sich Eberhard der Erlauchte 1312 während des Reichskriegs versteckt haben. Um 1500 hat der Turm ein Dach bekommen und eine Türmerwohnung – der letzte Bewohner und Turmwärter war Paul Reuschle. Er hat bis in die Mitte der 1960er-Jahre mit seiner Familie hier gewohnt.

Vom Turm aus laufen wir zurück Richtung Norden, über die Pfarrgasse, Auf der Mauer und von dort rechts ab in die Schulbrunnengasse. Jetzt biegen wir nach links in die Kirchstraße, die uns zu den Resten der nördlichen Burganlage, dem Waldhornturm führen wird. Wir merken uns unterwegs für alle Fälle die eine oder andere Einkehrmöglichkeit für nachher: etwa das

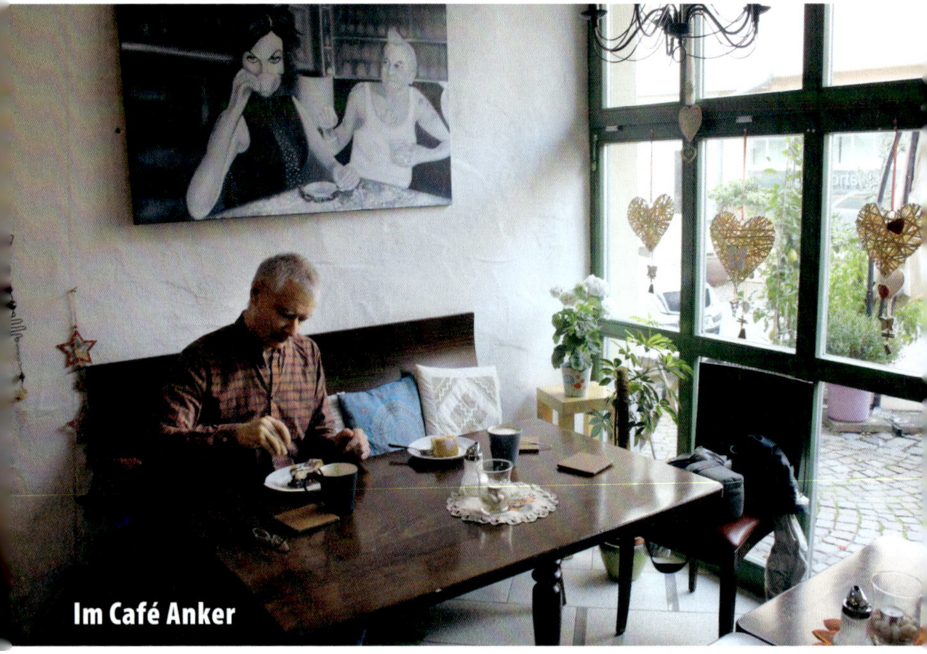

Im Café Anker

Café Anker ⑤ in der Kirchstraße 30, die **Marktwirtschaft** ⑥ am Marktplatz, das **Ratsstüble** ⑦ in der Kirchstraße 22 oder das **Restaurant Café Hirsch** ⑧ in Nummer 16.

Es geht weiter geradeaus, bis wir linker Hand der Hauptstraße auf den 1989 schick umgestalteten Kelterplatz stoßen. Die 1591 errichtete Kelter, von 1938 bis 1973 Sitz der Weingärtnergenossenschaft Besigheim, wird seit 1989 als Stadthalle genutzt. Wir wandern vorbei am **Waldhornturm** ⑨ aus staufischen Zeiten, der so heißt, weil direkt an ihn das Gasthaus Waldhorn angrenzt.

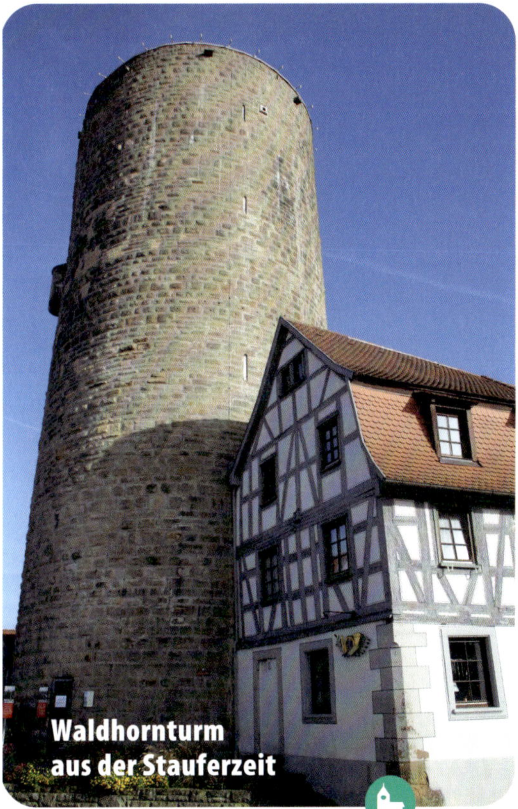

Waldhornturm aus der Stauferzeit

Nach dem Turm biegen wir links ab ins Sträßchen Vorstadt und gleich wieder rechts in die Jakobstraße, von der nach wenigen Metern linker Hand ein Trampelpfad abzweigt, der uns Richtung Mühlkanal und Enz führt. Wir folgen nun dem Fluss nach rechts und wandern zwischen Fluss und imposanten Steillagen voller Reben auf der einen und Vorgärten und Häuserreihen auf der anderen Seite. Wir überqueren die Brücke über die Enz und werfen dabei einen Blick nach rechts Richtung Osten, wo die Enz in den Neckar mündet: Beneidenswertes Zweistromland Besigheim!

Nach der Brücke biegen wir gleich ab nach links und laufen auf der anderen Enzseite zurück nach Westen. Nach gut 300 Metern sehen wir rechter Hand einen betonierten Durchgang, der uns unter der Eisenbahnlinie Richtung **Himmelsleiter** ⑩ führt. Während

*Der **Waldhornturm** blieb erhalten, nachdem 1693 die Untere Burg zerstört und 1750 vollends abgerissen wurde. Vom Obergeschoss des direkt angrenzenden Gasthauses Waldhorn aus gab es früher einen Zugang zum Turm, der jetzige Eingang wurde nach dem Zweiten Weltkrieg geschaffen.*

wir die angeblich 411 „Stäffele" der Himmelsleiter mitten in den Weinbergen zwischen Mauern und Reben erklimmen, denken wir darüber nach, welch harte Arbeit selbst heute noch der Weinbau in solchen Steillagen erfordert. Schließlich haben wir 60 Höhenmeter geschafft. Lohnende Höhenmeter! Der Blick zurück ist umwerfend. Dabei haben wir die **Schönste Weinsicht 2012** ⑪ von Württemberg noch gar nicht erreicht. Die liegt rechter Hand von uns auf der Gemarkung Walheim: Wir wandern für diesen Abstecher rund 300 Meter weiter entlang der Weinberge bergan und erreichen den Aussichtsplatz über dem Zusammenfluss von Enz und Neckar.

Hier, hoch über den spitzen roten Dächern von Besigheim, wollen wir ein wenig verweilen und den atemberaubenden Blick genießen: Bei guter Sicht

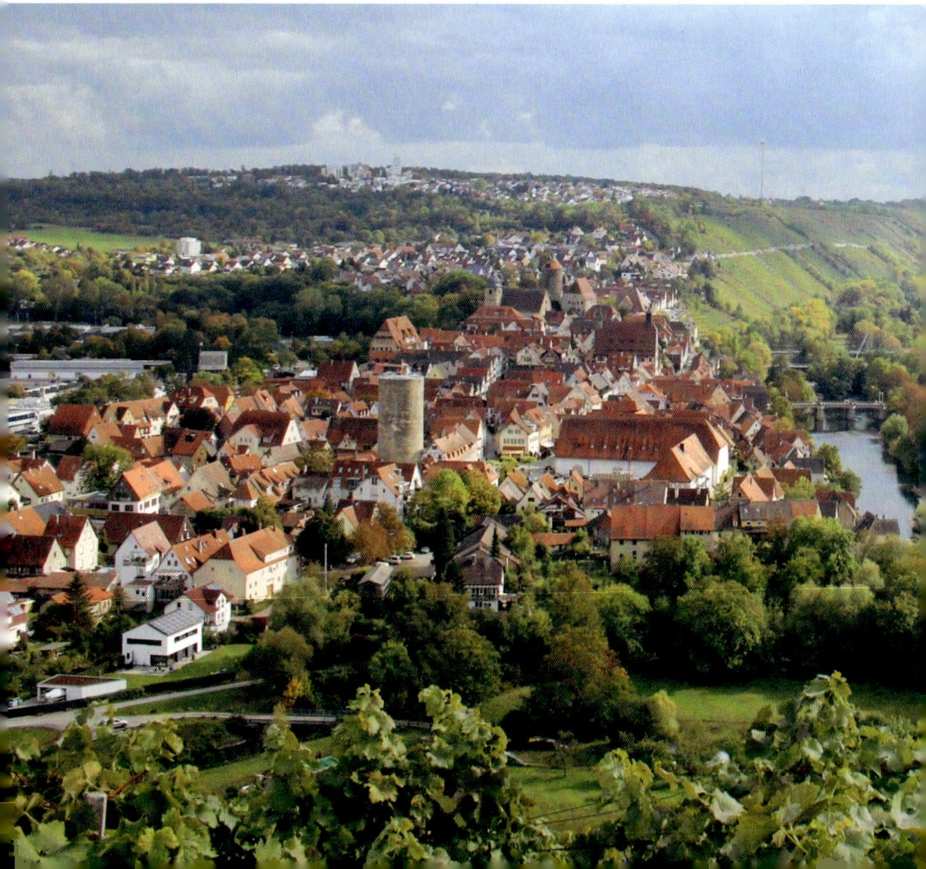

können wir am Horizont vielleicht den Stuttgarter Fernsehturm erkennen. Richtung Osten sehen wir die Hänge der Hessigheimer Felsengärten, nach Südwesten ziehen sich die terrassierten Steillagen des Niedernbergs und der Enzhälde.

Leichter von diesem Anblick losreißen können wir uns, weil wir wissen, dass wir auch von der Weinkanzel aus bald einen herrlichen Blick haben werden. Wir laufen also unseren Weg zurück bis zum oberen Ende der Himmelsleiter und folgen dem Weinbergweg, der Burgstraße. An einem Abzweig halten wir uns links und erreichen, schon von Weitem sichtbar, die **Weinkanzel ⑫,** auf der meist schon einige andere Wanderer den formidablen Ausblick genießen. Eine Infotafel hilft uns, die Sehenswürdigkeiten zu unseren Füßen zuordnen zu können. Eine Bilderbuchlandschaft aus

An der Weinkanzel

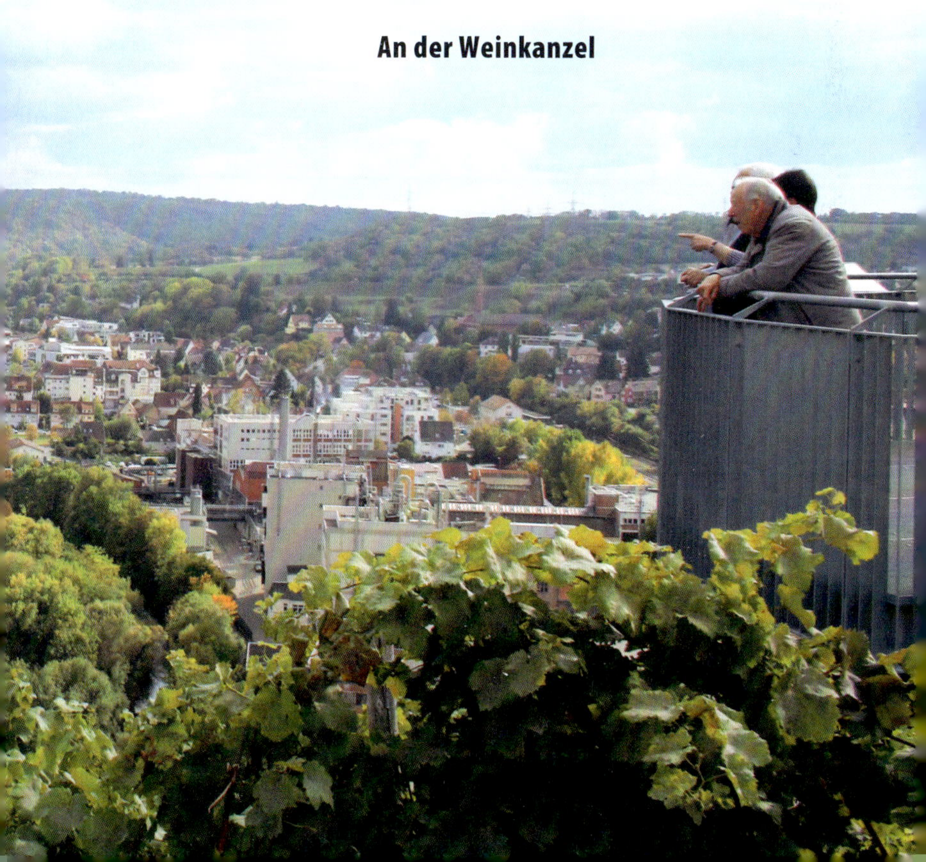

Verwöhntour 10

Stadt, Land und Fluss, eine charmante, irgendwie perfekte Mischung aus Natur und Kultur!

Nachdem wir uns sattgesehen haben, wandern wir weiter auf unserem aussichtsreichen Weinbergweg und erreichen nach etwa einem halben Kilometer die Löchgauer Steige, in die wir bergab nach links einbiegen. Aus der Löchgauer Steige wird die Freudentaler Straße, die mit einer Linkskurve zur Löchgauer Straße wird. Ihr folgen wir, bis links die Weinstraße und wenig später rechts die Bahnhofstraße abgeht. Diese führt geradewegs zu unserem Parkplatz beziehungsweise zur Enzbrücke. Von hier aus nehmen wir nur zu gern ein zweites Mal eine weitere, ausgedehnte Runde durch das sehenswerte kleine Städtchen in Angriff.

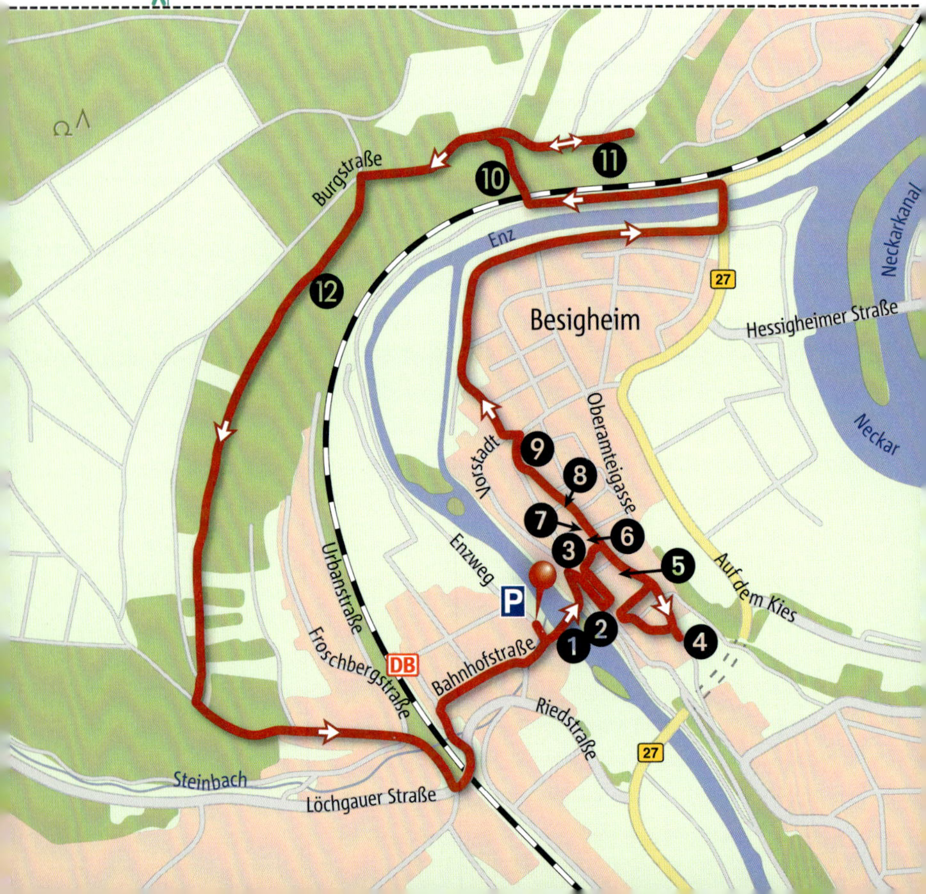

Alles auf einen Blick

WIE & WANN:

Asphaltierte Straßen und Weinbergwege, Pflasterstraßen, Weinbergtreppen, Schotterpfade. Wanderzeit ist ganzjährig, außer bei Schneeglätte.

HIN & WEG:

Auto: Parkplatz an der Enz bei der Enzbrücke, Enzweg, 74354 Besigheim (GPS: 48.999481, 9.138766)
ÖPNV: Regionalzüge aus Stuttgart/Heilbronn bis Besigheim Bf., Toureinstieg an der Weinstraße/Bahnhofstraße Richtung Enzbrücke

ESSEN & ENTSPANNEN:

Café Anker ❺ Kirchstraße 30, 74354 Besigheim, Tel. (0 71 43) 9 65 82 34
Marktwirtschaft ❻ Markplatz 2, 74354 Besigheim, Tel. (0 71 43) 9 09 90 91, www.marktwirtschaft-besigheim.de
Ratsstüble ❼ Kirchstraße 22, 74354 Besigheim, Tel. (0 71 43) 3 59 41, www.ratsstueble-besigheim.de
Restaurant Café Hirsch ❽ Kirchstraße 16, 74354 Besigheim, Tel. (0 71 43) 3 17 18

Entspannung ✱✱✱
Genuss ✱✱✱✱✱
Romantik ✱✱✱✱✱

ENTDECKEN & ERLEBEN:

Enzbrücke ❶
Treppe in der Stadtmauer ❷
Marktplatz mit Rathaus und Dreigiebelhaus ❸
Schochenturm ❹ Pfarrgasse 26, 74354 Besigheim
Waldhornturm ❾ Hauptstraße 34, 74354 Besigheim
Himmelsleiter ❿
Schönste Weinsicht 2012 ⓫
Weinkanzel ⓬

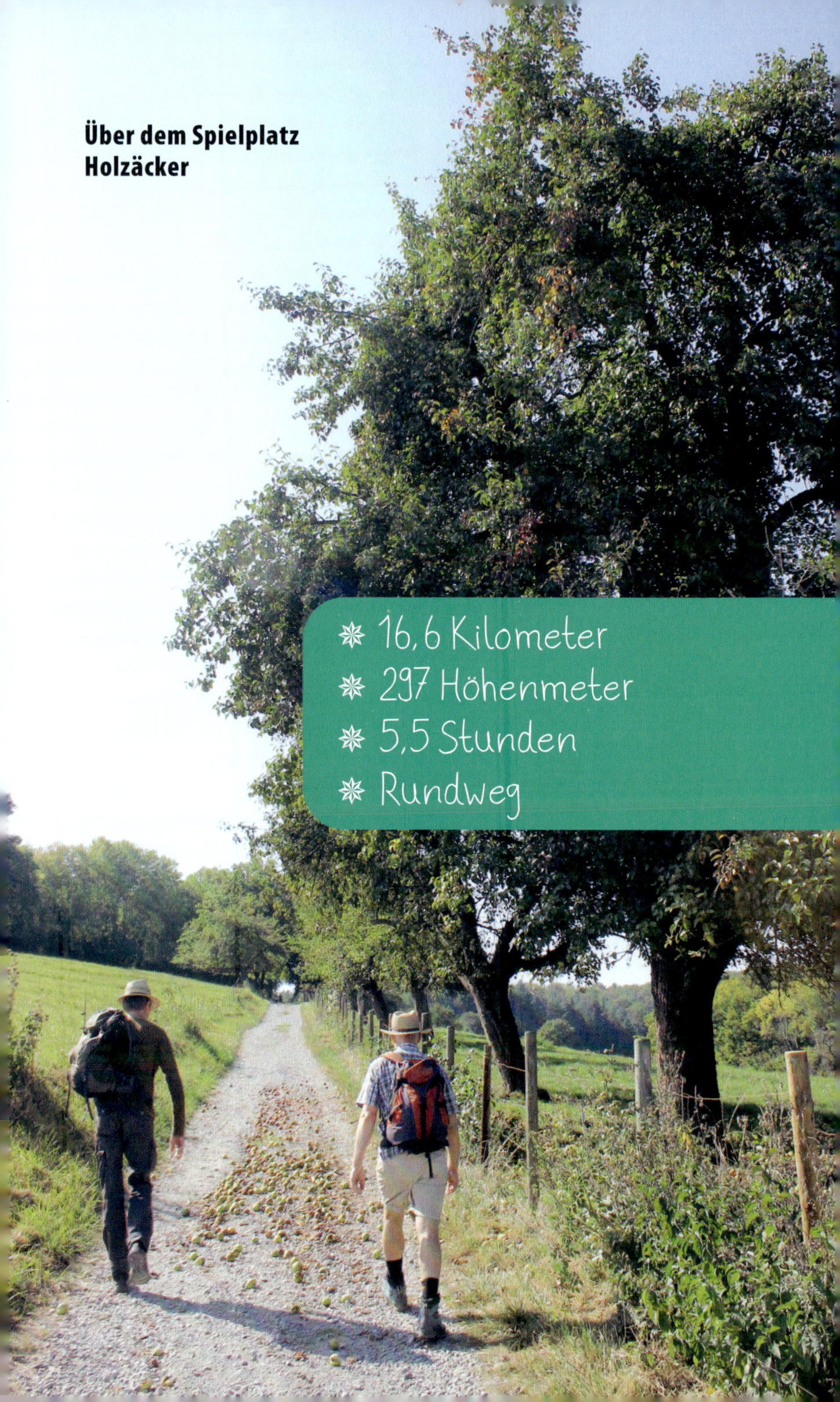

Über dem Spielplatz Holzäcker

- 16,6 Kilometer
- 297 Höhenmeter
- 5,5 Stunden
- Rundweg

Unsere Wanderung auf den Spuren des Dichters, Juristen und Politikers Ludwig Uhland starten wir in **Tübingen** an der **Eberhardsbrücke 1**, an jener Stelle, wo Uhland 1837 mit seiner Frau Emilie ein Haus bezog, das im Zweiten Weltkrieg zerstört wurde. Bevor wir die Neckargasse hochgehen, genießen wir von der Brücke aus die schon fast kitschig schönen Postkartenmotive auf beiden Seiten.

Kaum weniger romantisch wandern wir hinter diesen Häusern nun die kopfsteingepflasterte Neckargasse hoch bis zum Abzweig der Bursagasse. Vom **Bursaplatz 2** aus haben wir einen phänomenalen Blick hinunter auf den **Neckar**, die Stocherkahnfahrer und die Neckarinsel mit der Platanenallee. Uhland ist in

Auf Uhlands Spuren

Unterwegs zur Wurmlinger Kapelle

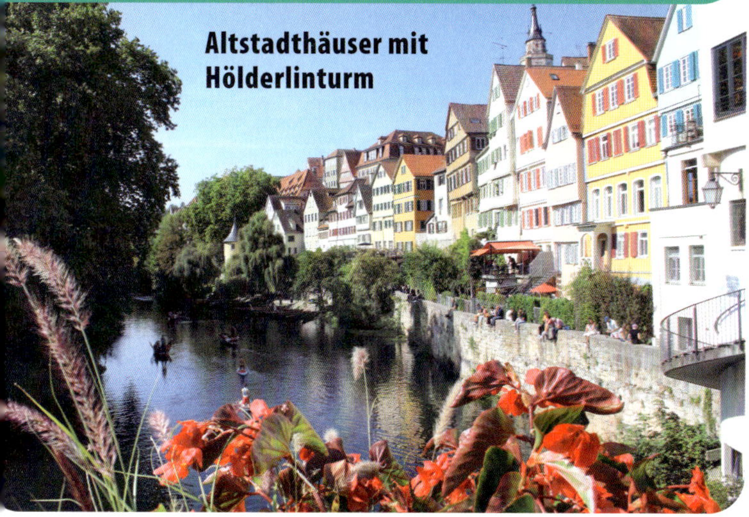
Altstadthäuser mit Hölderlinturm

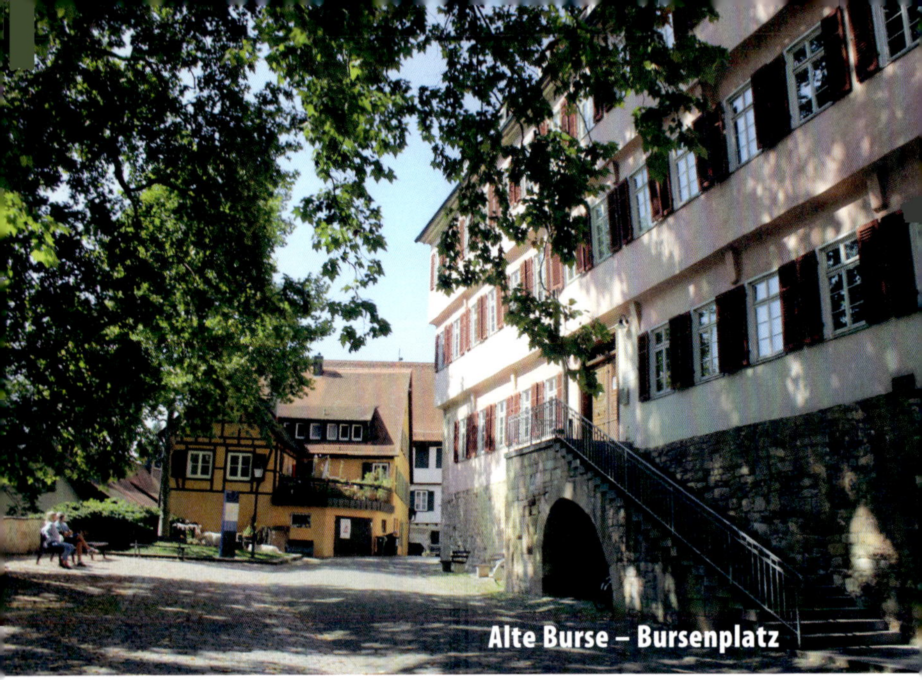

Alte Burse – Bursenplatz

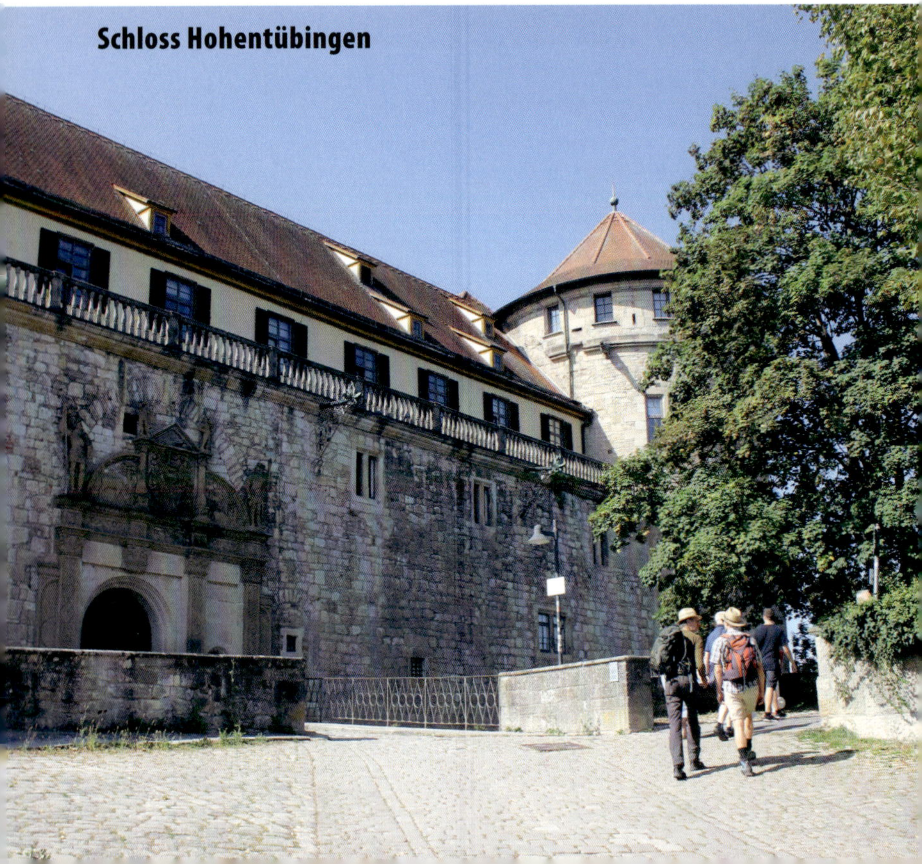

Schloss Hohentübingen

Tübingen vielfach verewigt: Im Uhland-Gymnasium, der Uhlandstraße, dem Uhlandbad – und gleich tauchen wir auf einem Teilstück des Ludwig-Uhland-Liederwegs ein wenig in die poetische Welt des Dichters und passionierten Wanderers ein.

Von der Bursagasse aus gelangen wir zum Klosterberg, vorbei am **Evangelischen Stift** ③. Der Astronom Johannes Kepler, Friedrich Hölderlin, Friedrich Schlegel und auch Hegel haben hier studiert. Wenige Meter und einige Stufen weiter biegen wir links in die Burgsteige ein. Von hier aus gelangen wir über das Untere Schlossportal, ein von Heinrich Schickhardt geplantes Renaissancebauwerk, zum **Schloss Hohentübingen** ④. Vom Vorplatz mit Resten der alten Sternwarte aus genießen wir den atemberaubenden Fast-Rundumblick auf Tübingen.

*Friedrich Hölderlin oder Hermann Hesse mögen als Tübinger gegenwärtiger sein als **Ludwig Uhland** (1787–1862). Doch ist er der bekannteste Dichtersohn der Stadt, der hier geboren und gestorben ist. Begraben ist Uhland, dessen Lyrik vielfach vertont wurde, auf dem Stadtfriedhof – unweit von Hölderlin.*

Für die Seele

Geist, Körper und Seele bekommen auf dem Weg von Tübingen durch Wald und Weinberge zur Wurmlinger Kapelle viel Nahrung.

Auf die Wurmlinger Kapelle weist uns ein Schild an einem Steinportal in der Schlossmauer am Ende des Innenhofs hin. Wir folgen dem Pfeil und laufen durch den tunnelartigen Gang. Und weiter über den Schlossgraben, die Schlossbergstraße mit ihren schicken Villen und den burgartigen Verbindungshäusern und schließlich den Lichtenberger Weg. An der Haußerhöhe stoßen wir auf die erste Uhland-Liedertafel mit „Schäfers Sonntagslied" und folgen der Beschilderung Hauptwanderweg 3, HW 3, auf dem wir bald den **Bismarckturm** ⑤ erreichen.

Fast alle Wege führen nun zur Wurmlinger Kapelle, doch wir bleiben dem HW 3 treu und folgen immer

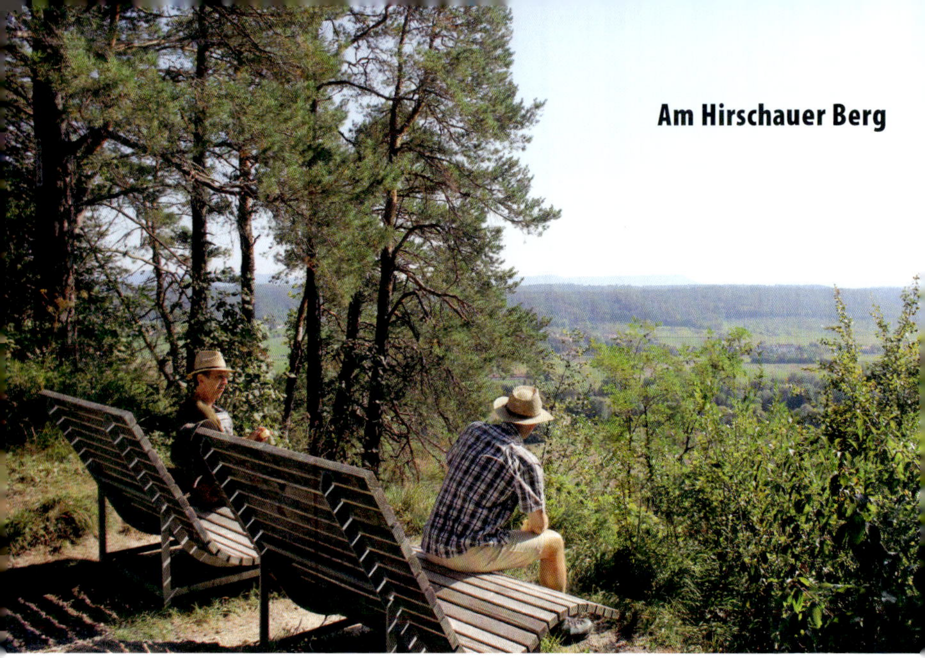

Seit 1980 ist der ***Hirschauer Berg*** *Naturschutzgebiet. Wo früher viel Wein angebaut wurde, werden die Flächen heute von Landschaftspflegern von Buschwerk frei- und für seltene, wärmeliebende Tiere und Pflanzen offen gehalten. 376 Pflanzenarten und 83 Wildbienenarten wurden hier gezählt.*

dem stilisierten grünen Baum über einem roten Balken. Mit ihm biegen wir knappe 2 Kilometer nach dem Bismarckturm auf den linken, abwärts führenden Weg ab, der sich durch den Wald schlängelt. Wir umrunden einen Picknickplatz am Waldrand und wandern zwischen Wald und Weide. Vor dem **Spiel- und Grillplatz Holzäcker** ⑥ biegen wir scharf nach rechts und folgen dem HW 3.

So können wir unterwegs entspannt das besondere Flair des **Hirschauer Bergs** genießen, an dessen sonnenbeschienener Südflanke wir entlangwandern. Für einen Moment wenigstens lassen wir uns auf den Holzliegen am Wegesrand nieder, genießen die zauberhafte Aussicht Richtung Schwäbische Alb und gönnen uns ein Schlückchen aus der Wasserflasche: Im Sommer kann es auf dem Hausberg der Hirschauer, seit 1980 Naturschutzgebiet, ordentlich warm werden! Bis zu 70 Grad Celsius heiß werden die Böden des steilen Südhangs, wie uns eine Infotafel verrät. Wie gut, dass wir Wanderschuhe an den Füßen haben.

Auf dieser Wärmeinsel im Neckartal können wir besonders an die Hitze angepasste Tiere und Pflanzen entdecken. Und die aus Stubensandstein gebauten

Trockenmauern bewundern, die den steilen Hang abfangen. Bis zu 150 Kilogramm schwer sind die einzelnen Steine!

Weil die heideartige Anmutung des Hirschauer Bergs mindestens so wunderbar ist wie der Blick ins Tal, sind wir beim Wandern immer wieder von Schönheit überwältigt. Bald sehen wir von Weitem die Wurmlinger Kapelle still auf ihrem Berg thronen – und spätestens jetzt haben wir Uhlands Lied im Kopf, vielleicht sogar auf den Lippen: „Droben stehet die Kapelle, schauet still ins Tal hinab. Drunten singt bei Wies und Quelle, froh und hell der Hirtenknab."

Wir stoßen nun auf eine Weggabelung mit Bank und Schildern, die uns auf den **Aussichtspunkt Unterm Hirsch** 7 hinweisen. Nach einer Rechtskurve und einer Infotafel zu eingeschleppten Pflanzen („Neigschmeckte: eingeschleppt, hängengeblieben oder importiert") sehen wir einen unscheinbaren Trampelpfad, der schräg rechts den Berg hinaufführt. Als naturliebende Wanderer halten wir uns an den Pfad und stiefeln nicht kreuz und quer über die Magerwiesen. Schließlich haben hier Arten wie Zottige Fahnenwicke oder Ungarische Platterbse die letzte Eiszeit

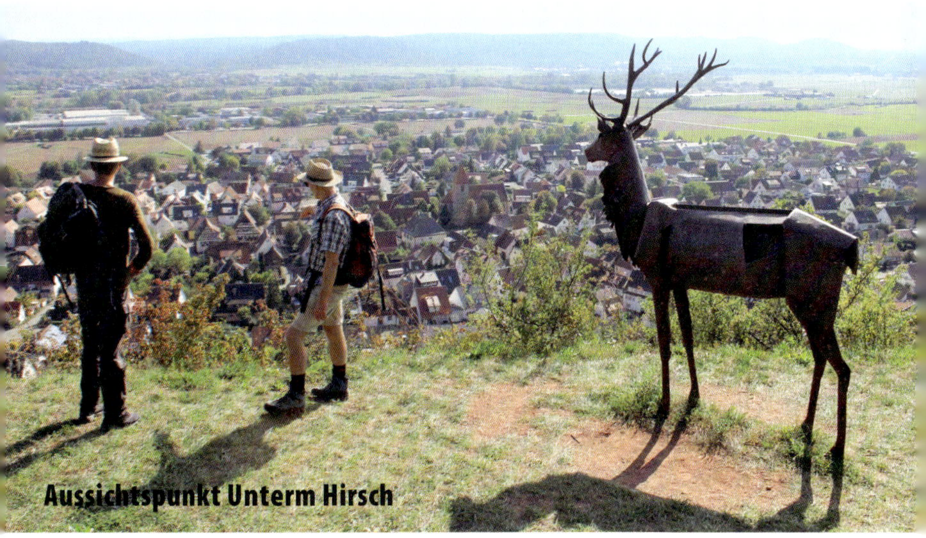

Aussichtspunkt Unterm Hirsch

überstanden, und wir werden jetzt nicht auf der tapferen Flora herumtrampeln. Oben angekommen, sehen wir ihn schon, den kapitalen, stolz über Hirschau blickenden Vierzehnender, den mancher Wanderer von Weitem für ein echtes Tier gehalten hat! Wilfried Rexze hat ihn 2004 zum 800-jährigen Dorfjubiläum von Hirschau nach dem Vorbild eines Karpatenhirschs aus einem alten Öltank geschaffen. Welch erhebendes Gefühl, neben diesem Stahltier die herrliche Aussicht ins Neckartal und auf die Schwäbische Alb zu bestaunen und vielleicht, bei guter Sicht und guten Augen, auch die Burg Hohenzollern zu entdecken!

Nachdem wir den Trampelpfad zurück zum Wanderweg gelaufen sind, folgen wir weiter der Beschilderung zur **Wurmlinger Kapelle 8**, die immer wieder hinter Hagebutten oder Wildem Wein hervorlugt. Über einen steilen Pfad erreichen wir die 1685 geweihte Kapelle. Und genießen vom Kapellenberg einen Rundblick auf Schönbuch, Schwäbische Alb, Rammert und Schwarzwald, bei bester Fernsicht bis zur Hornisgrinde. Mehr Aussicht geht nicht! Und vielleicht sind wir sogar alleine auf dem Kapellenberg und wollen das

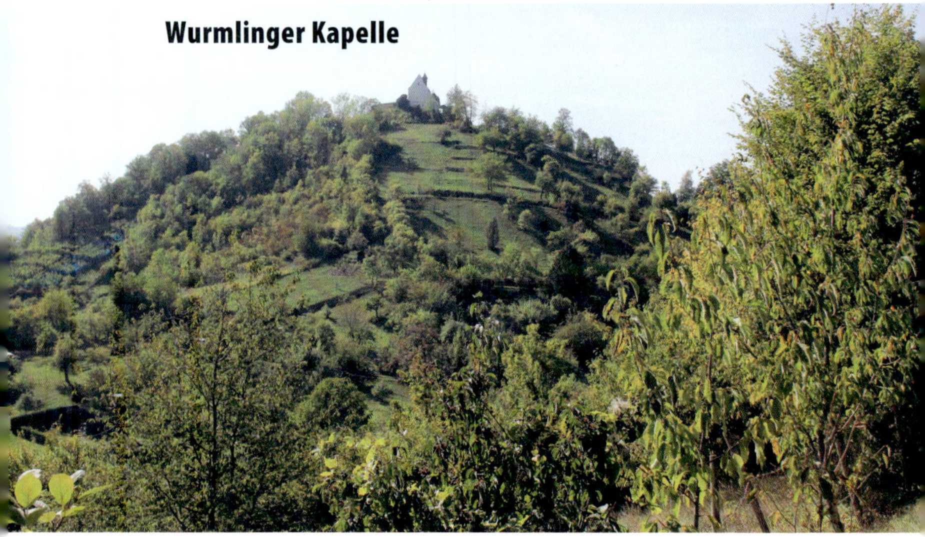

Wurmlinger Kapelle

melancholisch-schöne Uhlandlied, diesen Höhepunkt romantischen Liedguts anstimmen? Die passende Liedertafel des Uhlandwegs finden wir hier und so gibt es eigentlich keine Ausrede.

Oder wir summen das Lied auf dem Rückweg, der uns denselben Pfad hinunterführt, den wir hochgeklettert sind. Unten, am Rastplatz am Sattel, halten wir uns nur wenige Meter lang links, folgen dann der rechten Abzweigung für einige Meter, bevor wir erneut nach rechts abbiegen, wo wir bald entlang des Waldes wandern. Wir verfolgen diesen Weg, der mal geschottert, mal ein Wald- oder Wiesenpfad ist. Er führt zum Teil durch den Wald, zum Teil zwischen Wald und Obstwiesen oder Feldern entlang Richtung Schwärzloch. Nachdem wir von der Kapelle aus etwa 3 Kilometer gewandert sind und wieder auf einen befestigten Weg stoßen, sehen wir bald linker Hand den **Ammerhof** 9 mit Pferdekoppeln, Pferdepension, Tierklinik und Tierpraxen für Kleintiere, Pferde, Schafe, Ziegen und Kameliden.

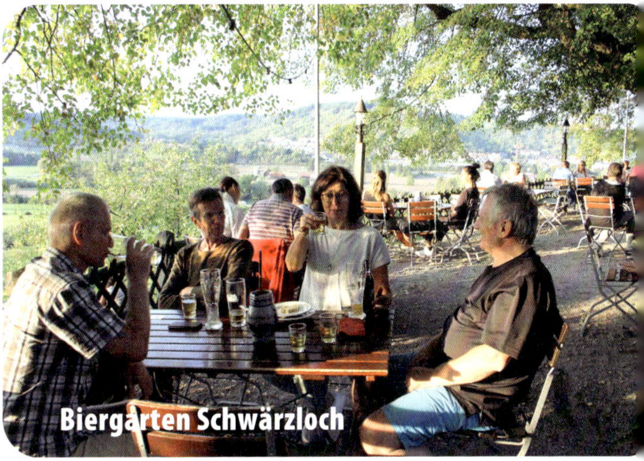
Biergarten Schwärzloch

Der Wanderweg wird zu einem kleinen Fahrweg unter Stromleitungen. Wir laufen vorbei an abgeernteten Feldern, Heckensäumen und Blumenfeldern und erreichen den **Schwärzlocher Hof** 10. Hier im lauschigen Biergarten unter Linden oder im Lokal, einem ehemaligen Kirchenschiff, lassen wir das Erlebte Revue passieren. Eine ordentliche Stärkung haben wir uns nun verdient. Vielleicht mit Kaffee und Kuchen? Oder doch lieber etwas Deftiges wie Mostbraten und Maultaschen? Schon Mörike, Hauff und natürlich Uhland haben es sich hier gut gehen lassen.

Verwöhntour 11

In der warmen Jahreszeit kann man beim ***Neckarmüller*** *unter alten Kastanien die müden Wanderbeine ausstrecken und die Stocherkahnfahrer auf dem Neckar beobachten. Im Gastraum stehen die kupfernen Sudkessel: Hier wird noch vor den Augen der Gäste gebraut!*

Die letzten 3 Kilometer nach Tübingen sind unkompliziert. Sie führen uns über die recht ruhige Schwärzlocher Straße (wer rechtzeitig den Busfahrplan der Linie 11 konsultiert hat, kann auch am Übergang der Schwärzlocher Straße in den Schleifmühlenweg den Bus 11 nehmen und gemütlich zur Eberhardsbrücke oder dem Hauptbahnhof gondeln) und die Haaggasse ins Herz von Tübingen, den blumengeschmückten Marktplatz. Über Kirchgasse, Clinicumsgasse und den Hölderlinturm – oder auch ganz anders, denn fast alle Wege führen von der Haaggasse aus zum Neckar – erreichen wir die Eberhardsbrücke und lassen diesen schönen Tag beim **Neckarmüller** ⑪ ausklingen.

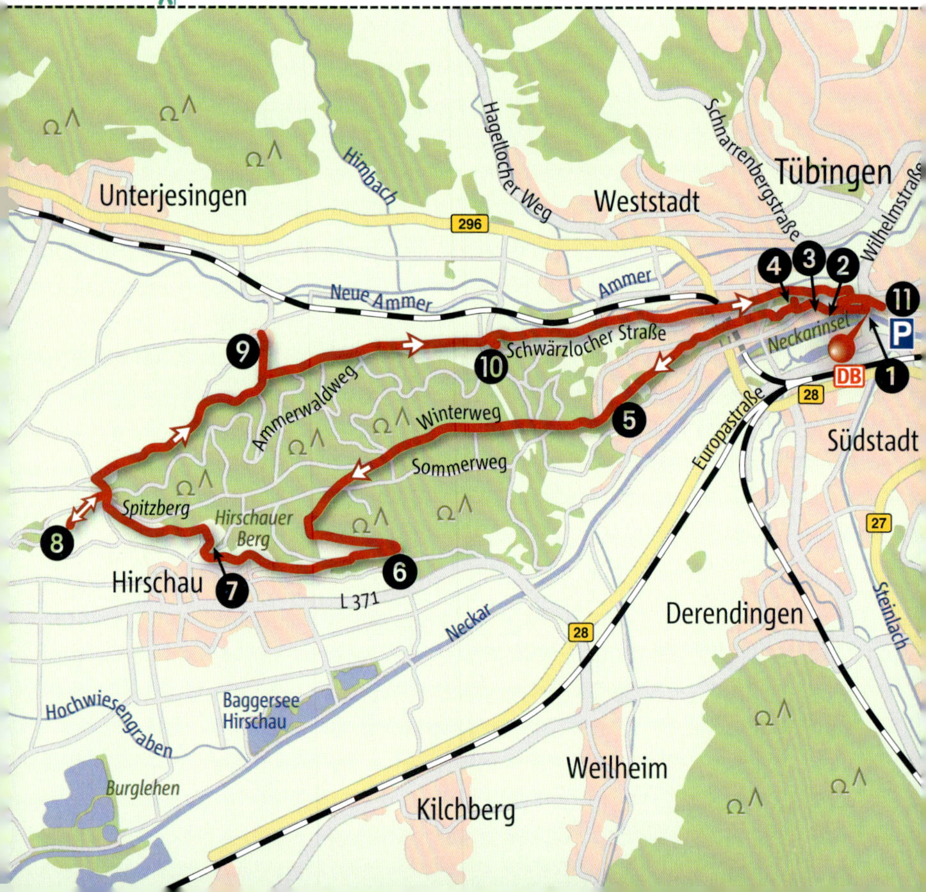

Alles auf einen Blick

WIE & WANN:

Wald- und Wiesenwege, asphaltierte Straßen, Kopfsteinpflaster, Treppen, Feldwege. Wanderzeit ist ganzjährig.

HIN & WEG:

Auto: Neckar-Parkhaus, Wöhrdstraße 11, 72072 Tübingen (GPS: 48.518085, 9.05975)
ÖPNV: IRE 3259 von Stuttgart Hbf. bis Tübingen Hbf., wenige Meter über die Europastraße zur Eberhardsbrücke

ESSEN & ENTSPANNEN:

Schwärzlocher Hof ❿ Schwärzloch 1, 72070 Tübingen, Tel. (0 70 71) 4 33 62, www.hofgut-schwaerzloch.de
Gasthausbrauerei Neckarmüller ⓫ Gartenstraße 4, 72074 Tübingen, Tel. (0 70 71) 2 78 48, www.neckarmueller.de

Entspannung ★★★★☆
Genuss ★★★★★
Romantik ★★★★★

ENTDECKEN & ERLEBEN:

Eberhardsbrücke ❶ mit Blick auf den Hölderlinturm
Bursaplatz ❷
Evangelisches Stift ❸ Klosterberg 2, 72070 Tübingen
Schloss Hohentübingen ❹
Bismarckturm ❺
Spiel- und Grillplatz Holzäcker ❻
Aussichtspunkt Unterm Hirsch ❼
Wurmlinger Kapelle ❽
Ammerhof ❾

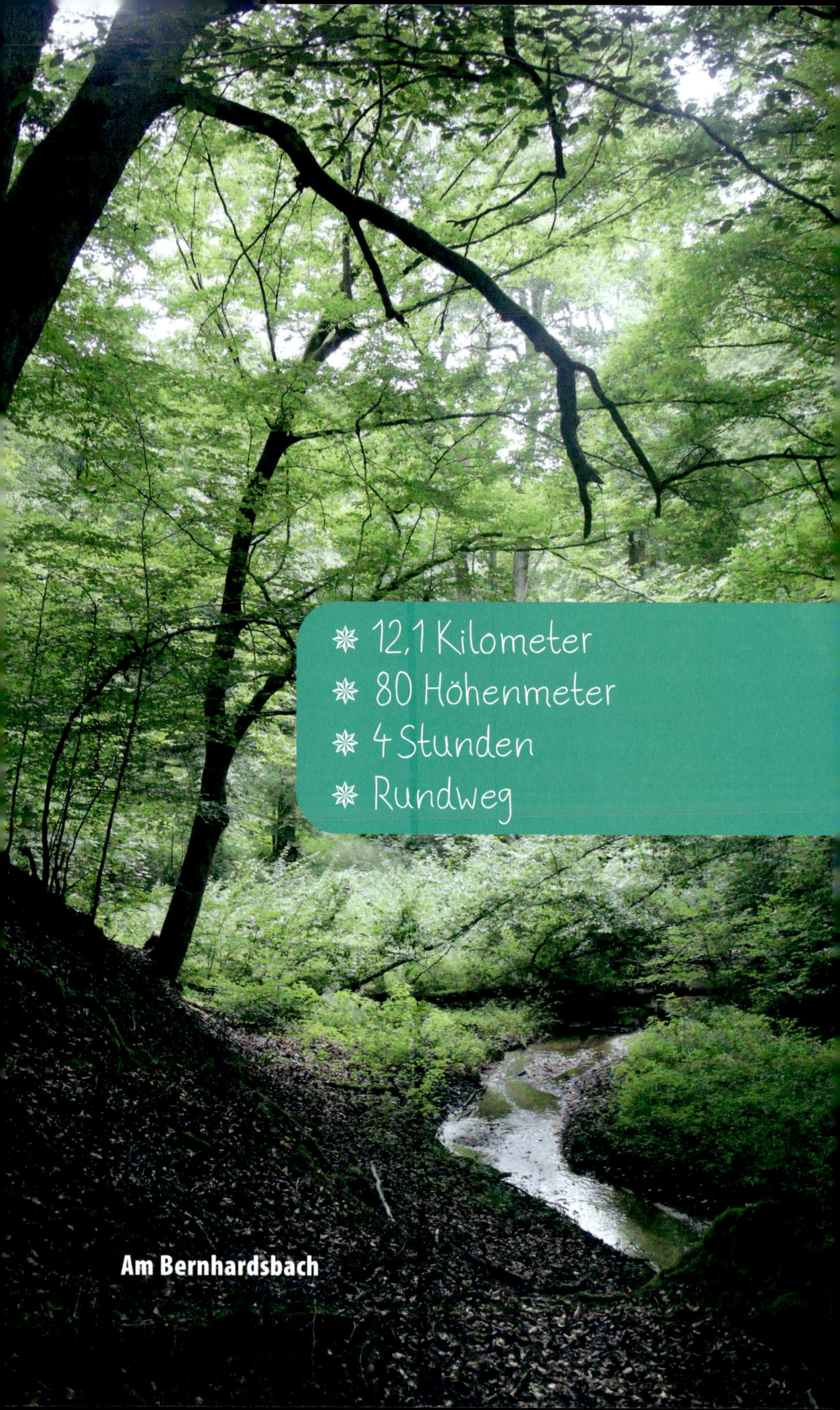
✵ 12,1 Kilometer
✵ 80 Höhenmeter
✵ 4 Stunden
✵ Rundweg
Am Bernhardsbach

Wir starten am **Schloss Solitude** ❶ Richtung Südosten und laufen auf der Kastanienallee an den Kavaliershäuschen vorbei zum **Graevenitz-Museum** ❷. Ein Blick in den Garten voller Skulpturen des Bildhauers lohnt sich. Fritz von Graevenitz lebte mit seiner Familie im sogenannten Äußeren Pavillon und hatte 1921 angefangen, hier als freier Künstler zu arbeiten. Wir folgen dem seitlichen Pfad entlang der Allee, vorbei an der für den damaligen baden-württembergischen Ministerpräsidenten Hans Filbinger gebauten Dienstvilla. Nicht jeder Nachfolger wollte dort, 10 Kilometer von der Landeshauptstadt entfernt, residieren. Sowohl Erwin Teufel als auch Winfried Kretschmann winkten ab.

Magie alter Bäume

Durch den Wald zum Bärenschlössle

Vorbei an der Pferdekoppel erreichen wir die Kreuzung und überqueren sie in einem leichten Linksbogen Richtung **Solitude-Friedhof** ❸. Fans des Stuttgarter Balletts wissen, dass auf diesem winzigen Friedhof neben anderen Prominenten der Leiter des Stuttgarter Balletts John Cranko begraben ist, der in einem der Kavaliershäuschen wohnte.

Wir wandern die paar Meter zur Straße zurück und wenden uns nach links. Auf der rechten Straßenseite der Kreisstraße Richtung Süden gibt es einen Trampelpfad, dem wir – mit einem Schlenker entlang des Parkplatzes Biegel – geradeaus folgen bis zur Schnellstraße. Diese überqueren wir auf der Brücke und – vorsichtig – über die abzweigenden Auf- und

Auf der Pirsch hatte Herzog Carl Eugen sich in eine Lichtung verliebt und ließ zwischen 1763 und 1774 eine ***Schlossanlage*** *mit 42 Gebäuden in einer Stilmischung aus Rokoko und Frühklassizismus bauen. Irrgarten, Theater, Orangenallee, Volieren, See, Reithalle – es gab alles.*

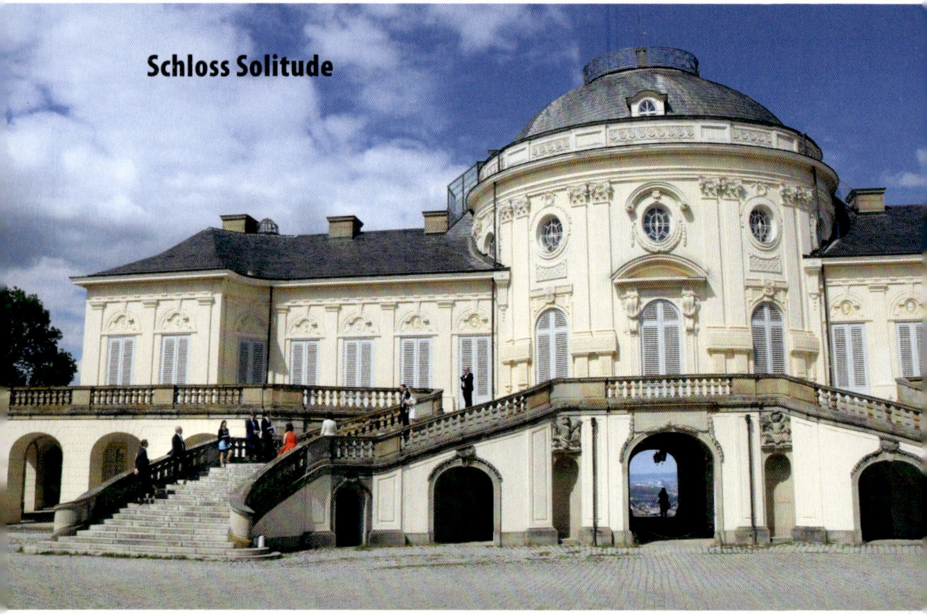

Schloss Solitude

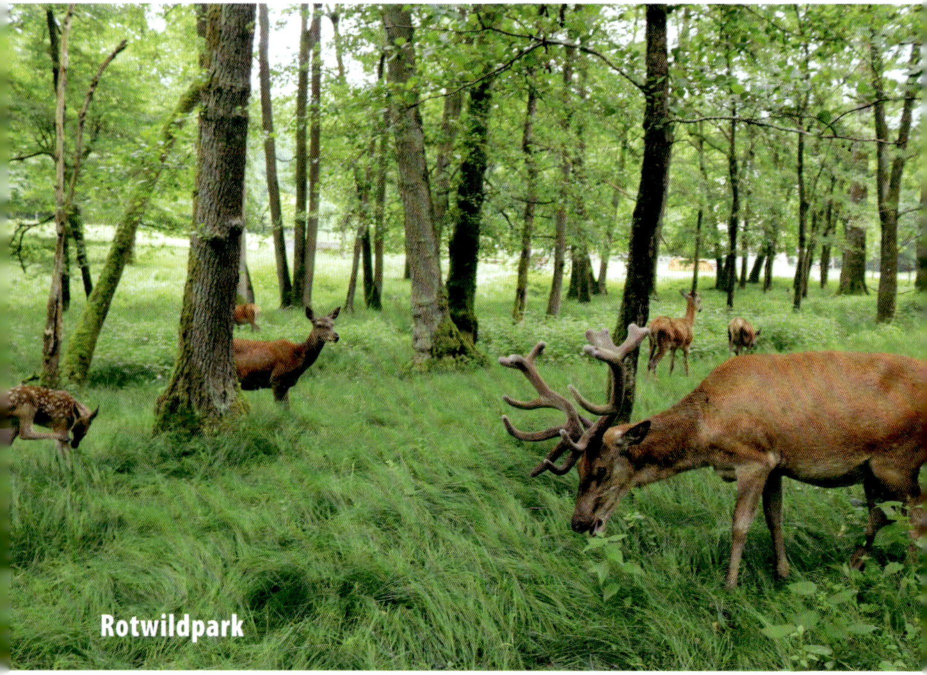

Rotwildpark

Abfahrten hinweg. Am Ende des Parkplatzes Solitude-Tor folgen wir dem Bärensträßle bis zur ersten Abzweigung links Richtung Wildgehege. Es geht durch herrlich alten Mischwald, vorbei an saftigen Wiesen. Nur hier mischt sich unter das fröhliche Vogelgezwitscher noch das Rauschen der Schnellstraße. Bald stoßen wir auf ein Wegekreuz mit fünf Abzweigungen. Schon von Weitem sehen wir inmitten eines schräg rechts verlaufenden Trampelpfades eine riesige umgestürzte Eiche, die den Pfad fast blockiert. Doch der alte Baum lässt sich umrunden und wir folgen dem Pfad, bis wir auf einen breiteren Weg stoßen: Es geht nach rechts entlang des **Rotwildparks** ④.

Wir freuen uns über bemooste Holzstümpfe und Holunderzweige und die im Sommer aus dem Gras

Für die Seele

Ein Ausflug von Schloss Solitude durch den alten Wald zu Bärenseen und Bärenschlössle hat etwas magisch Entspannendes.

hervorleuchtenden Fingerhüte. Baumkenner werden Stiel- und Traubeneichen unterscheiden, Hain- und Rotbuchen, aber auch Schwarz-Erlen, Elsbeeren, Kiefern und Winterlinden. Ein Waldtraum voller uralter Bäume! Manchmal äsen kapitale Rothirsche ganz nah am Zaun. Im Frühling werfen die Männchen ihr Geweih ab. Es wächst jedes Jahr neu und größer heran. Schon im Juli fegen die alten Hirsche dann die Basthaut vom Geweih. Es ist nun viel härter als das Skelett und bereit für die Kämpfe während der Brunftzeit im Herbst. Am

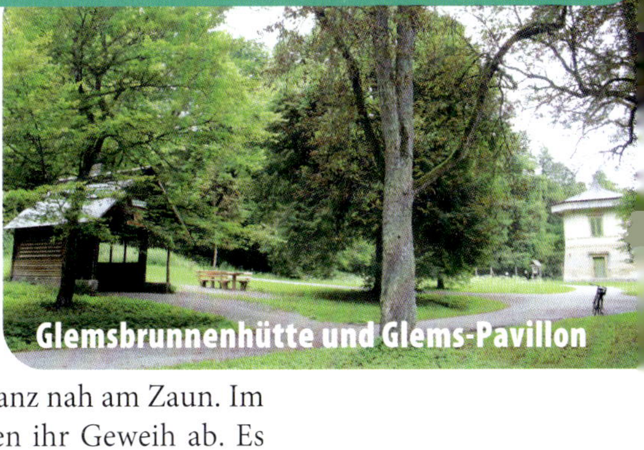
Glemsbrunnenhütte und Glems-Pavillon

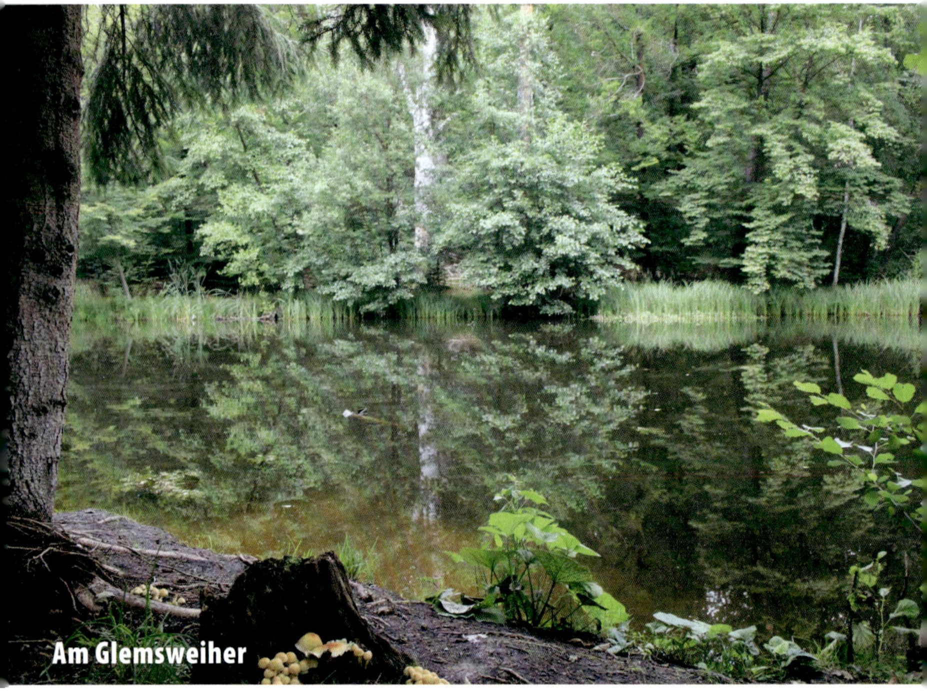
Am Glemsweiher

Glems-Pavillon haben wir einen guten Blick auf den Rotwildpark und die Infotafeln.

Weiter geht es in südlicher Richtung auf dem Königsweg, vorbei am Glemsbrunnen. Nach etwa 200 Metern biegen wir links ab in den Wapitiweg, dem wir folgen, bis es weitere 200 Meter erneut links abgeht. Hier treffen wir auf den stillen **Glemsweiher 5**, an dem wir Frösche, Libellen & Co. bestaunen können.

Vom Waldpfald und Weiher aus wandern wir geradeaus weiter auf dem Calwer Sträßchen. Und entdecken nach wenigen Metern das **Römische Haus 6**, das uns in eine andere Zeit zurückversetzt. Eine Bank lädt dazu ein, sich für einen Moment niederzulassen und sich vorzustellen, auf welch uralten menschlichen Pfaden wir hier wandeln. 1921 ist das Bauwerk, wahrscheinlich ein Kultbau der einheimischen Bevölkerung aus dem 2. Jahrhundert nach Christus, entdeckt worden.

Weiter geht es auf dem Calwer Sträßle Richtung Süden. Wir überqueren den Damm zwischen Pfaffensee und Neuem See und folgen dem Südufer des Pfaffensees Richtung Osten. Auch hier treffen wir auf viele Baumveteranen, stumme Zeugen von Jahrhunderten. Manche sind schon vollkommen vertrocknet und dienen Tieren als Unterschlupf und Nahrung. Andere sind in den See gestürzt und werden von mutigen Spaziergängern als Balancierbalken genutzt. Allerdings ist das Baden in den Bärenseen nicht erlaubt … Wo rechts der Pfaffeneichenweg abgeht, sehen wir die **Pfaffeneiche 7,** eine 29 Meter hohe uralte Stieleiche. Auf die toten Baumstämme an der Nordseite des Sees lohnt ein intensiver Blick: Ausgesetzte Rotwangen-Schmuckschildkröten haben sich hier zur Großfamilie entwickelt, genießen Sonnenbäder und ihre Freiheit.

Wir umrunden den Pfaffensee, vorbei am Metzgerhau-Stollen, der 28 Meter hohen **Adlereiche 8,** und lassen uns für einen Moment auf einer der Bänke an der Halbinsel im vorderen Drittel des Pfaffensees nieder. Eine Oase der Ruhe! Eine Blesshuhn-Mutter

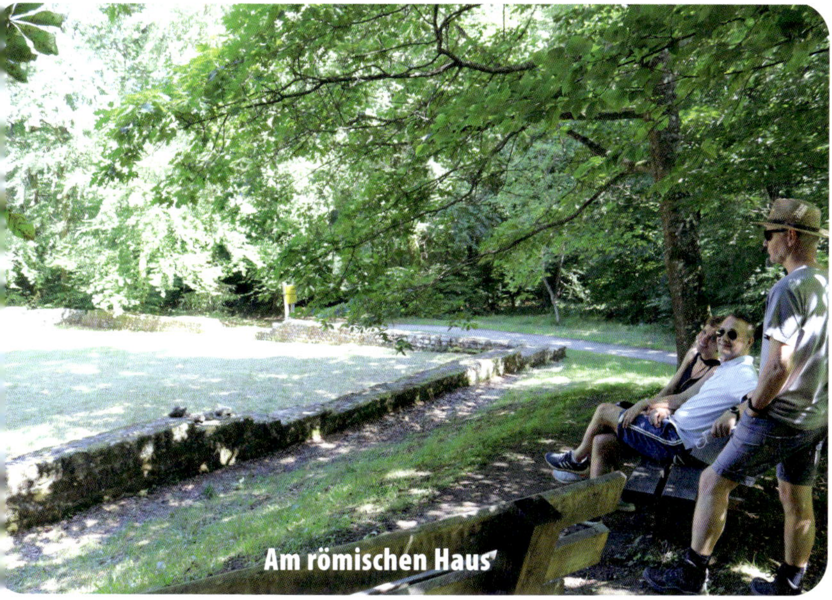

Am römischen Haus

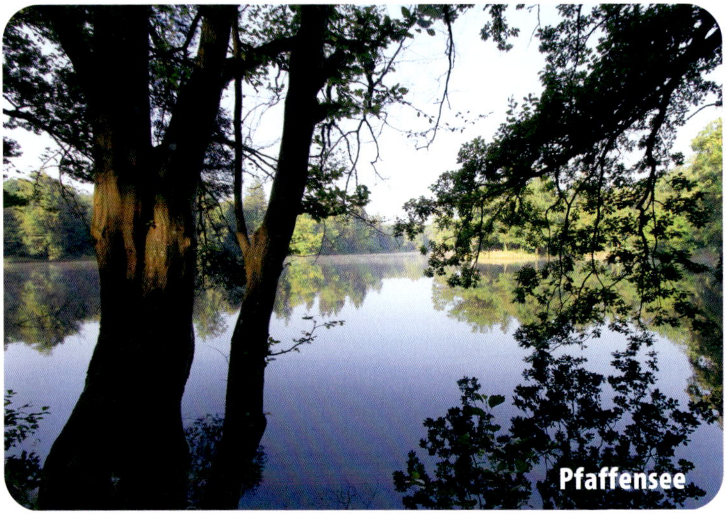

Pfaffensee

paddelt ihren Jungen voraus und weiter hinten hat ein Reiher sich auf einem umgestürzten Baum niedergelassen. Auf unserem Weiterweg an den Nordseiten von Pfaffen- und Neuem See genießen wir den Blick auf herrliche alte Rotbuchen und Kiefern. In den glatten Buchenrinden haben Generationen von Liebespaaren ihre Initialen hinterlassen.

*1768 ließ Carl Eugen den Jagdpavillon mitsamt Bootshaus für seine venezianischen Gondeln bauen. Ein achteckiger Pavillon unter Wilhelm I. ersetzte 1817 das Gebäude. Noch zweimal wurde das **Bärenschlössle** zerstört. 1997 wurde es nach historischem Vorbild wieder aufgebaut.*

Nach dem nächsten Damm sind es nur noch wenige Meter zum **Bärenschlössle** ⑨. Es liegt unübersehbar auf einer Erhöhung über dem See, die wir über einige Treppen erreichen. Und ist für viele Stuttgarter ein geradezu magischer Ort, an dem Kultur, Natur und Kulinarik eine wundervolle Liaison eingehen. Daran wird es wohl liegen, dass wir hier ausschließlich gut gelaunte Menschen antreffen. Für viele Stuttgarter ist das Schlössle wie ein zweites Wohnzimmer. Auch wir genießen nun eine Pause, nachdem wir uns für eine der Leckereien der formidablen Speisekarte entschieden haben. Entspannt verweilen wir auf der Terrasse mit Blick über den Bärensee.

Gestärkt steigen wir die breiten Grasstufen unterhalb des Schlössles hinunter zum See und folgen seinem Ufer nach rechts. Wenige Meter nach dem Ende des Sees führt der Weg uns nach links Richtung **Bernhardsbach.** Nach einer Rotbuche mit riesigen Baumgeschwüren folgen wir den Schildern Richtung Weilimdorf/Botnang. Auf diesem schattigen Weg wandern wir mit dem mäandernden Bernhardsbach bis zu einer Schutzhütte. Etwa 200 Meter danach biegen wir nach rechts auf den Wiesenweg ab, der uns zu einem toten Baumstamm führt. Der Holzbildhauer Thomas Rappaport hat im Jahr 2000 die 300 Jahre alte, tote Eiche in Form eines Kettenglieds mit ihrem Stamm verbunden und so als **Baumkunstwerk** ⑩ erhalten.

Grillen zirpen, aus der Wiese leuchten im Sommer gelber Klappertopf und blauer Wiesensalbei. Nun schlängelt sich der Weg in östlicher Richtung vorbei am Schießhaus auf der Damgarten-Wiese, bis wir wieder das Bärensträßle erreichen. Den Weg zum Parkplatz Solitudetor und Richtung Solitude wandern wir zunächst auf demselben Weg zurück, auf dem wir gekommen sind. Am Parkplatz Biegel aber biegen wir links in den Gerlinger Weg Richtung Schloss ein. Nach einem halben Kilometer geht es rechts und wir

*Die von den Stuttgartern **Bärenseen** genannten drei Parkseen sind künstlich angelegt. Schon 1566 beschloss Herzog Christoph die Glems zum Pfaffensee aufzustauen. 1618 folgte der Bärensee und 1826 wurde der Neue See als Wasserspeicher angelegt.*

Am Bärenschlössle

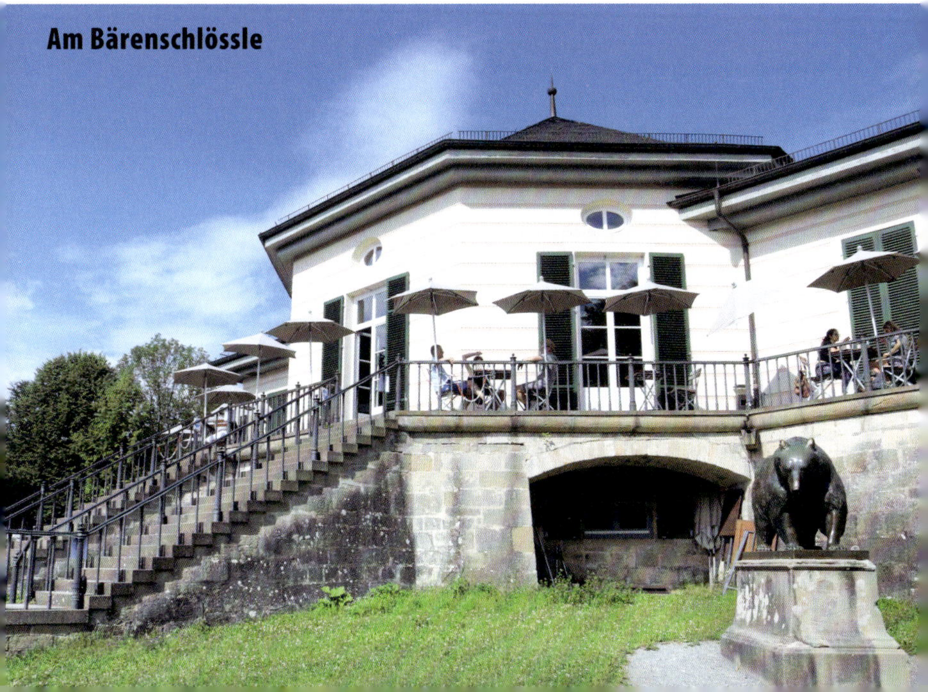

wandern vorbei an den zauberhaften Gärten der Kavaliershäuschen von Schloss Solitude.

Hier haben wir die Qual der Wahl: Wie wäre es mit einer kalorienträchtigen Auszeit beim Besuch des **kleinen Cafés 11** gegenüber der Schlosskapelle? Mit süßem Nichtstun auf der von uralten Bäumen gesäumten Schlosswiese? Mit einer Führung durchs Graevenitz-Museum oder durchs Schloss Solitude auf den Spuren von Herzog Carl Eugen? Auch Friedrich Schiller lebte einst hier, besuchte die Hohe Karlsschule und flüchtete 1782 von diesem heute so schönen Ort. Wir verweilen gern hier und genießen ausgiebig den fantastischen Blick hinunter über die schnurgerade Solitudeallee, die einst die Solitude mit dem Ludwigsburger Schloss verband.

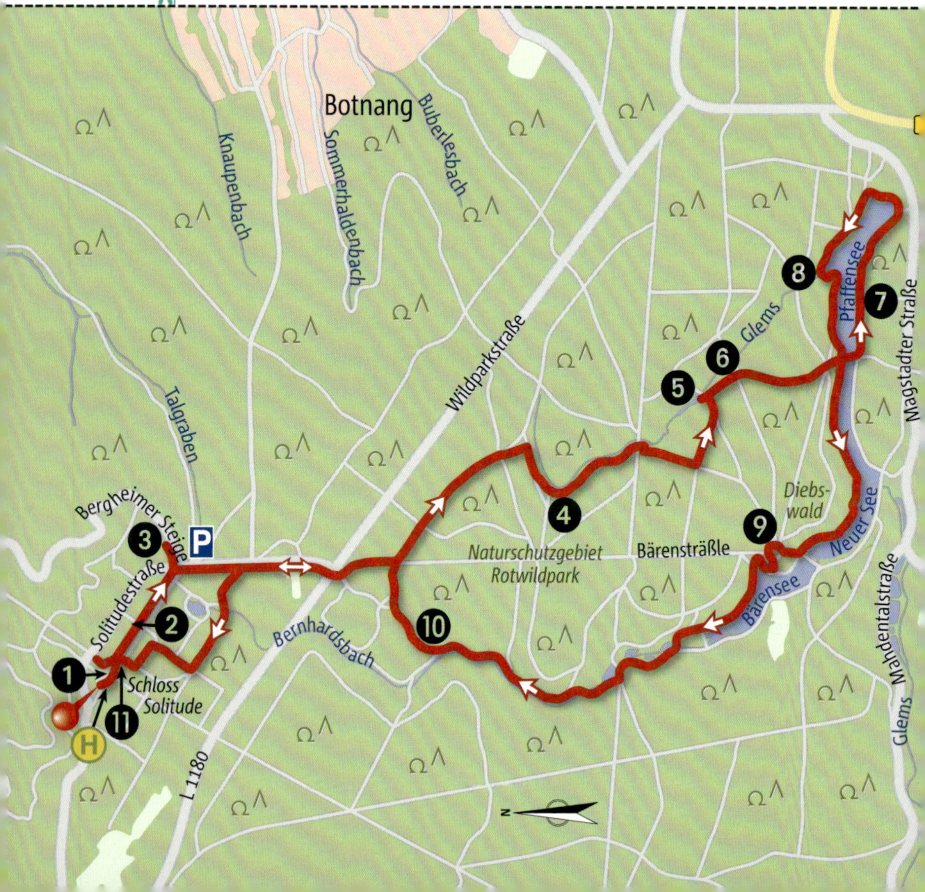

Alles auf einen Blick

WIE & WANN:
Wald-, Schotter- und Asphaltwege, Wiesenpfade, wenige Straßenmeter. Wanderzeit ist ganzjährig, nach langanhaltenden, ausgiebigen Regenfällen matschige Uferwege, besonders eindrucksvoll im Herbst und im Winter bei zugefrorenen Seen.

HIN & WEG:
Auto: Parkplätze rund um Schloss Solitude, etwa entlang der Hauptallee zum Schloss, 70197 Stuttgart (GPS: 48.786834, 9.084342)
ÖPNV: Alle S-Bahn-Linien ab Stuttgart Hbf. bis Feuersee, dann Bus 92 bis Solitude

ESSEN & ENTSPANNEN:
Bärenschlössle ❾ Mahdentalstraße 14, 70569 Stuttgart, Tel. (07 11) 69 25 50, www.baerenschloessle-stuttgart.de (direkte Zufahrt nicht erlaubt)
Kleines Café ⓫ Solitude 2, 70197 Stuttgart, Tel. (07 11) 4 69 07 70, www.schloss-solitude-gastronomie.de

Entspannung ✱✱✱✱✱
Genuss ✱✱✱✱✱
Romantik ✱✱✱✱✱

ENTDECKEN & ERLEBEN:
Schloss Solitude ❶ Solitude 1, 70197 Stuttgart, Führungen: www.schloss-solitude.de
Graevenitz-Museum ❷ Solitude 24, 70197 Stuttgart, www.graevenitz-stiftung.de/museum
Solitude-Friedhof ❸ Bergheimer Steige, 70499 Stuttgart
Rotwildpark ❹
Glemsweiher ❺
Römisches Haus ❻
Pfaffeneiche ❼
Adlereiche ❽
Baumkunst ❿

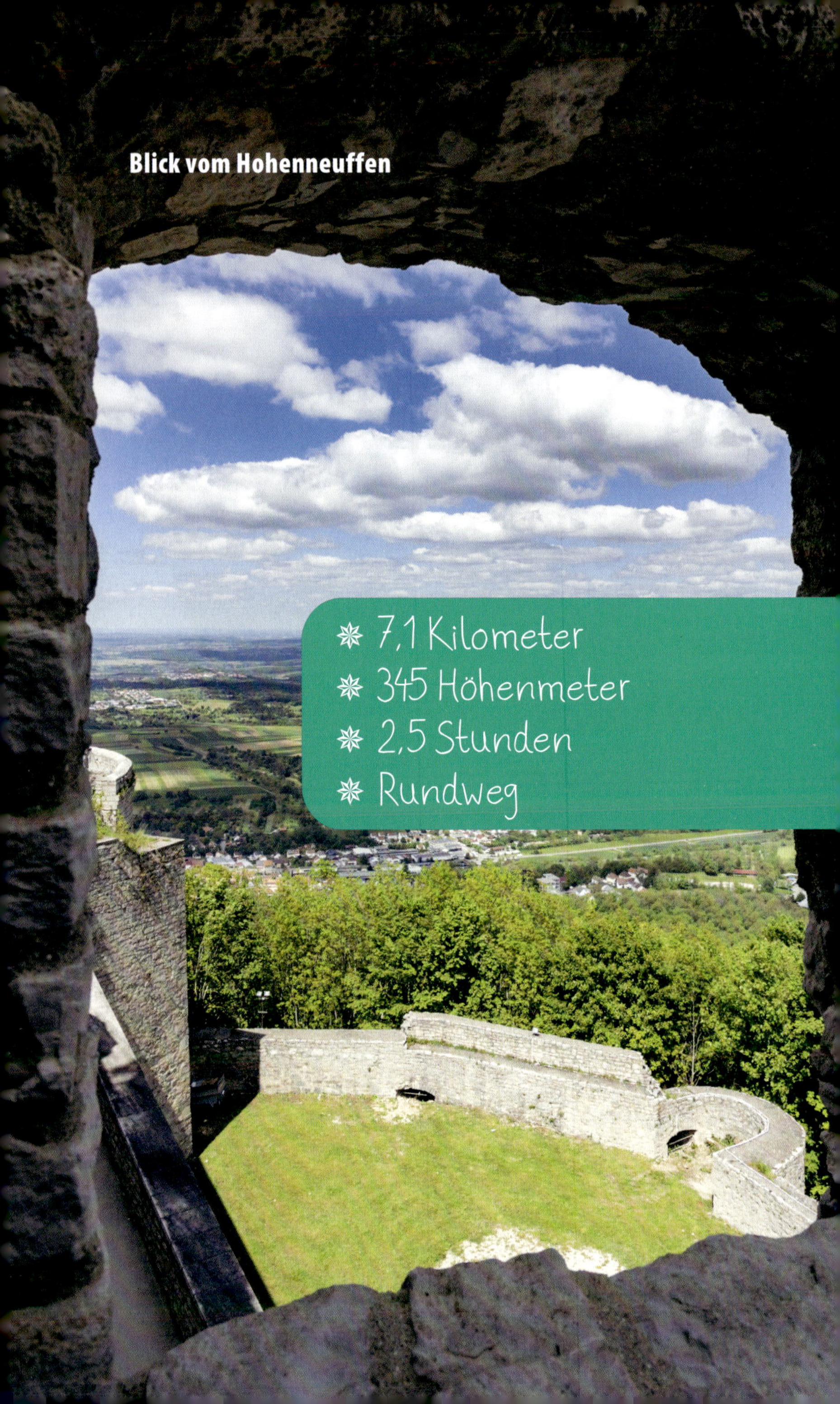

Blick vom Hohenneuffen

- 7,1 Kilometer
- 345 Höhenmeter
- 2,5 Stunden
- Rundweg

Viele Wege führen auf den **Hohenneuffen.** Unser Startpunkt ist der Parkplatz Schelmenwasen, der wenige Meter vom Neuffener Höhenfreibad entfernt ist. Wir starten den Premiumwanderweg „hochgehkeltert" Richtung Südwesten, also in umgekehrter Richtung als gemeinhin empfohlen wird. Denn so erreichen wir den Hohenneuffen 2 Kilometer vor Ende unserer Wanderung und können dort in aller Ruhe einkehren. Nach der aussichtsreichen Pause bleibt dann nur noch ein kurzer Weg zurück zum Parkplatz.

Gute Beschilderung, wenig Asphalt, vielfältige Naturschauspiele und herrliche Ausblicke, dazu besondere Natur- und geschichtsträchtige Kulturperlen – ein perfekter Wandertag erwartet uns! Wenn das

Hoch hinaus

Durchs Biotop zur Burgruine

Wetter mitmacht, dann passt hier einfach alles! Wir starten gemächlich Richtung Südwesten, folgen den ersten Schildern „hochgehkeltert" leicht bergan auf den Aussichtspunkt **Neuffener Schlosssteige** (1) zu. Schon nach wenigen Metern sehen wir den Hohenneuffen über uns thronen. Es folgt ein Wegstück, von dem aus wir einen Blick auf die **Neuffener Heide** (2) genießen können, die am Hang des Hohenneuffen liegt, zwischen Streuobstwiesen, herrlichem Laubwald und prächtigen Weinbergen. Wer im Frühjahr hier wandert, darf sich an prachtvollen Orchideen erfreuen wie der Hummel- oder der Bienenragwurz, dem Brand- oder Helmknabenkraut, aber auch an Küchenschelle, Silberdistel und Deutschem Enzian. Wir Herbstwan-

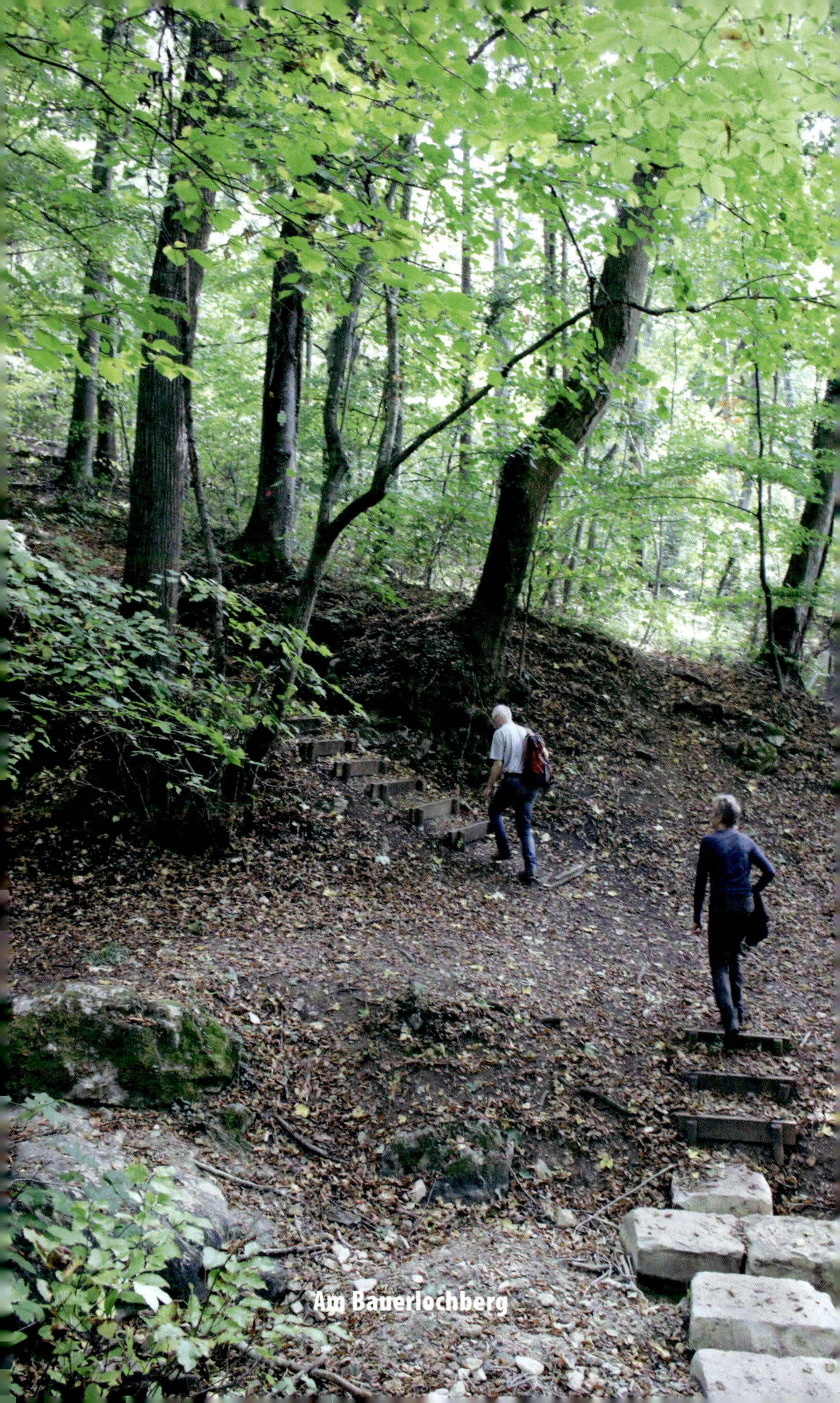

Am Bauerlochberg

derer dagegen genießen von einer der Bänke am Wegesrand aus den Blick auf die bunt gefärbten Laubbäume, die angesichts eines langen, trockenen Sommers längst abgeernteten Weinberge unter uns und das Städtchen **Neuffen.**

Vom Aussichtspunkt **Neuffener Schlosssteige** aus sieht sogar jene riesige Wunde im Berg hinter Neuffen malerisch aus, die auf einen früheren Steinbruch hinweist: Im Steinbruch Hörnle wurde 1902 mit dem Abbau von Gestein begonnen. 1975 wurde der Steinbruch stillgelegt und 1997 als Naturschutzgebiet ausgewiesen. Heute ist das Hörnle mit seinem Feuchtbiotop, Sickerwassertümpel, Pionierrasen bis hin zu Trockenstandorten in der Felswand ein Refugium für Eidechsen, seltene Vogelarten und Insekten.

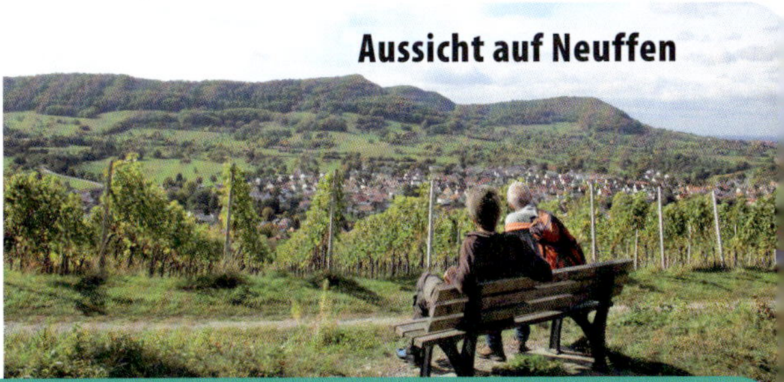

Aussicht auf Neuffen

Für die Seele

Der Hohenneuffen auf der Schwäbischen Alb begeistert mit phänomenaler Aussicht. Hier kann man wunderbar die Seele baumeln lassen.

Nach der kurzen Rast folgen wir weiter dem Pfad entlang der Weinberge, der zu einem Wiesenweg wird. Ein letzter Blick hinunter ins weite Land und wir verschwinden im Wald. Auf schmalen Waldpfaden geht es durch herrlichen Buchenwald, und über Trittsteine überwinden wir den **Dürrenbach.** Hier sind wir im Bereich des **Bauerlochbergs** ③, der zur Kernzone des Biosphärengebiets Schwäbische Alb gehört. Seit 2009 entwickelt sich dieser Wald nahezu ungestört, eine Art Urwald der Zukunft.

Teilweise über Stufen, umgestürzte Bäume und viele weit ausgreifende Baumwurzeln wandern wir in einem gemächlichen Auf und Ab bis zu den **Sieben Linden 4**. Unterhalb der imposanten, wunderschönen alten Bäume ist ein weiterer Parkplatz. Am **Aussichtspunkt Alte Steige 5**, die bis 1852 der Zugang zur Albhochfläche war, erhaschen wir wieder zauberhafte Ausblicke nach Westen über Neuffen hinweg. Mit dem Aussichtspunkt **Bauerlochfelsen 6** erreichen wir auf weichen, schmalen Waldpfaden den nächsten Höhepunkt dieser Wanderung. Eine Infotafel klärt uns auf, was es mit den Höllenlöchern auf sich hat. Spannend! Wer mag, gut zu Fuß und auf Abenteuer aus ist, erkundet die hängenden Steine und Spalten ein wenig näher. Wir schlichter gestrickten Wanderer machen lieber ein Foto aus gebührendem Abstand zu irgendwelchen Abgründen und wandern weiter zum **Feuchtgebiet Molach 7**. Schwer vorzustellen für Nichtgeologen, dass es sich dabei um einen der Schlote des Schwäbischen Vulkans handelt! Die Seerosen und Libellen jedenfalls erfreuen sich hier einer friedlichen, derzeit gänzlich unexplosiven Stimmung.

*Normalerweise versickert Wasser auf der Schwäbischen Alb schnell in Gesteinsklüften und -höhlen. Doch an Stellen, wo vor 16 Millionen Jahren Vulkanexplosionen ihre Schlote mit wasserundurchlässigem Gestein füllten, gibt es heute **Feuchtgebiete** wie das nahe Schopflocher Moor.*

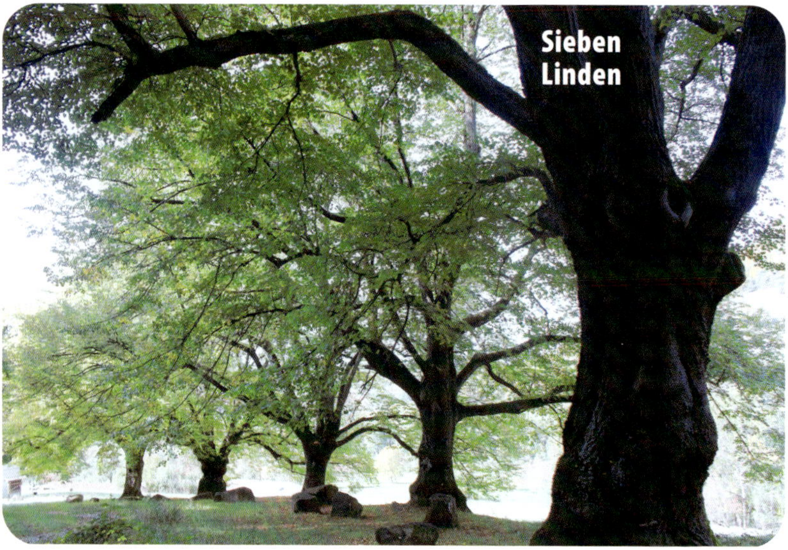

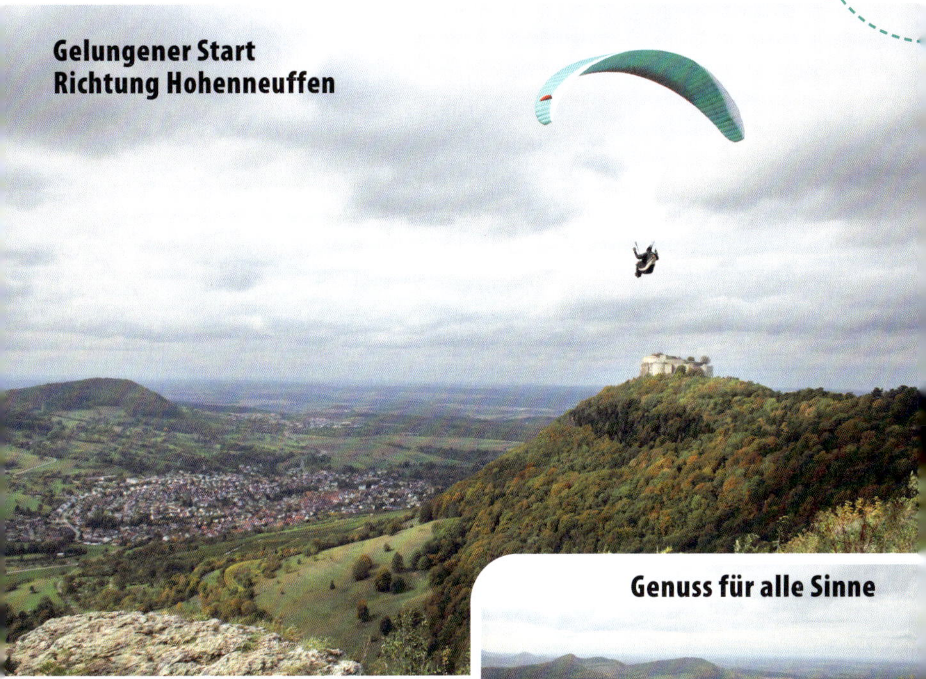

Gelungener Start Richtung Hohenneuffen

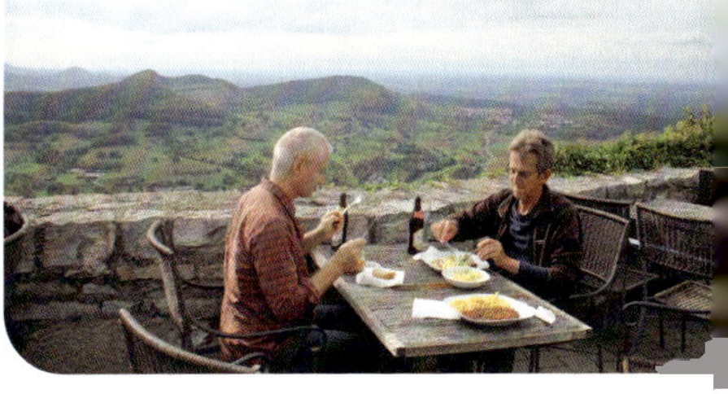

Genuss für alle Sinne

Wir haben Glück und treffen am nahen **Startplatz der Gleitschirmflieger 8** einige der mutigen Sportskanonen. Natürlich setzen wir uns an den Rand der großen Wiese und betrachten das Schauspiel. Sicher ist es ein wahrhaft erhebendes Gefühl, sich aus der Luft dem 743 Meter hoch gelegenen Hohenneuffen zu nähern, auf den wir von hier aus einen geradezu majestätischen Blick haben. Uns zieht es weiter. Wir folgen der guten Beschilderung des hochgehkeltert-Weges und erreichen schließlich den **Hohenneuffen mit Burgruine und Gaststätte 9**. Das Gefühl, hier oben bei gutem Wetter direkt an der Burgmauer zu sitzen und vor einem grandiosen Panorama zu tafeln, durch das ab und an still einer der Gleitschirmflieger segelt, lässt sich kaum in Worte fassen. Erhebend trifft es nur einigermaßen. Immerhin wurde auf der Burgruine auch Geschichte geschrieben: 1948 ist hier beim

*Seit 1140 thront die uneinnehmbare **Burg Hohenneuffen** auf ihrem 743 Meter hohen Felsmassiv. Im 16. Jahrhundert ist die Burg zur Landesfestung ausgebaut worden. Noch heute imponieren drei Rundbastionen für Geschütze und der 3 Meter hohe Obere Wall mit seinen Kasematten.*

*Wahrscheinlich haben schon vor Hunderten von Jahren Hohenneuffener Herren den **Täleswein** genossen – er wird seit 1239 in Neuffen-Kappishäusern angebaut. Immerhin 30.000 Liter Weinvorrat gab es laut Bestandslisten im 16. Jahrhundert auf der Burg – für eine Burgbesatzung von 20 Mann.*

Treffen der Dreiländerkonferenz die Fusion Baden-Württembergs beschlossen worden. Auf Infotafeln lässt sich einiges zur spannenden Geschichte der Burgruine nachlesen.

Wir wandern nun zunächst denselben Weg den Burgweg hinunter, den wir vorhin erklommen haben und folgen unterhalb des Burgwegs der Beschilderung nach links Richtung Neuffen. Im Zickzack auf schmalen Waldpfaden, später in größeren Bögen, erreichen wir den **Grill- und Spielplatz Schelmenwasen** (10) und unseren Parkplatz. Bei schönem Sommerwetter sollte man unbedingt noch einen Besuch des **Höhenfreibads** (11) in Erwägung ziehen, von dem aus man diese wunderschöne Tour mit weiteren Ausblicken auf den Hohenneuffen beschließen kann.

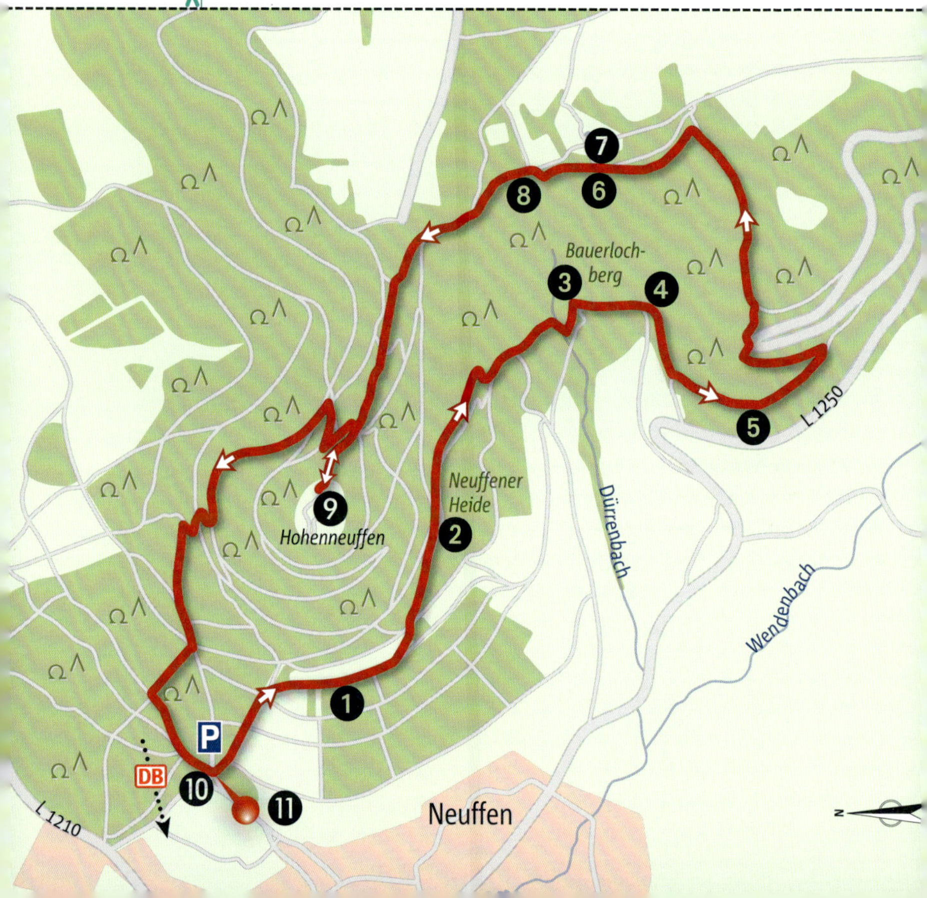

Alles auf einen Blick

WIE & WANN:

Asphaltierte und gepflasterte Wanderwege, Wald- und Schotterpfade, wenige Stufen und Trittsteine über Bach. Wanderzeit ist ganzjährig, nicht bei Schnee- und Eisglätte.

HIN & WEG:

Auto: Wanderparkplatz Schelmenwasen, 72639 Neuffen (GPS: 48.55837, 9.383829)
ÖPNV: Tälesbahn R82 von Nürtingen Bf. bis Neuffen Bf., von dort dem markierten Weg Richtung Wanderparkplatz Schelmenwasen bzw. dem Wanderzeichen „hochgehkeltert" folgen.

ESSEN & ENTSPANNEN:

Burgruine Hohenneuffen mit Gaststätte ❾ Kreisstraße 1244, 72639 Neuffen

ENTDECKEN & ERLEBEN:

Neuffener Schlosssteige ❶
Neuffener Heide ❷

Entspannung ✱✱✱✱✱
Genuss ✱✱✱✱✱
Romantik ✱✱✱✱✱

Bauerlochberg ❸
Sieben Linden ❹
Aussichtspunkt Alte Steige ❺
Aussichtspunkt Bauerlochfelsen ❻
Feuchtgebiet Molach ❼
Startplatz der Gleitschirmflieger ❽
Grill- und Spielplatz Schelmenwasen ❿
Höhenfreibad ⓫ Breitensteinstraße, 72639 Neuffen

Tanzende Nuss-Skulptur

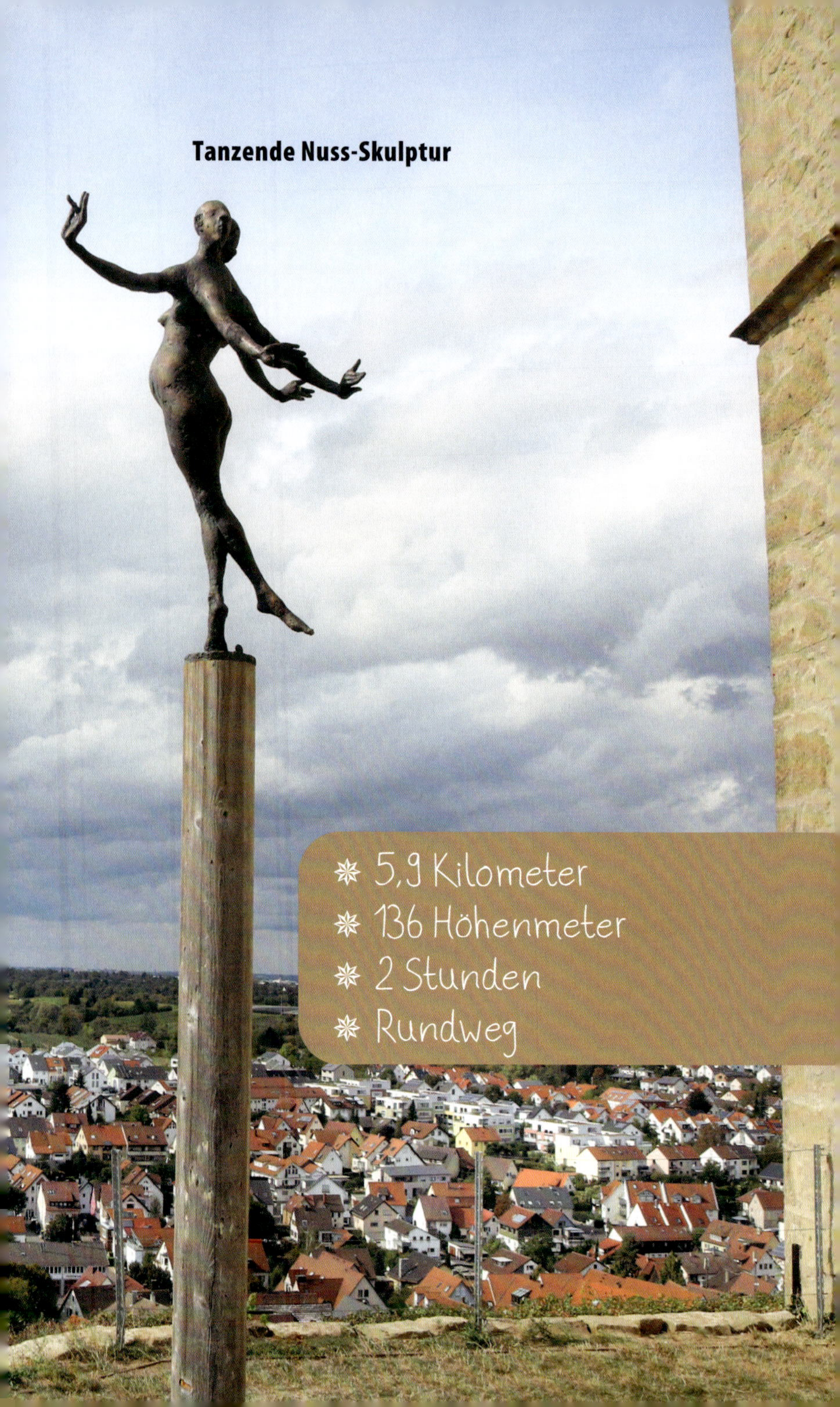

- 5,9 Kilometer
- 136 Höhenmeter
- 2 Stunden
- Rundweg

Kunstvoll wandern

Von der Yburg zum Eichensee

Wir starten mitten im Ort, an der **Kirche St. Maria und St. Veit** 1. So haben wir am Ende der Tour viele Möglichkeiten einzukehren und noch ein wenig durch **Stetten** zu schlendern. Die Kirche liegt wie das Alte Rathaus am St. Pierre-Platz. Sie wurde 1349 zum ersten Mal in einer Urkunde erwähnt, war damals aber eine romanische Kapelle. Sehenswert ist das herzergreifende Denkmal zu Ehren der Gefallenen des Ersten Weltkriegs. Aus Sandstein hat Emil Kienlen einen betenden Soldaten vor seinem Pferd geschaffen.

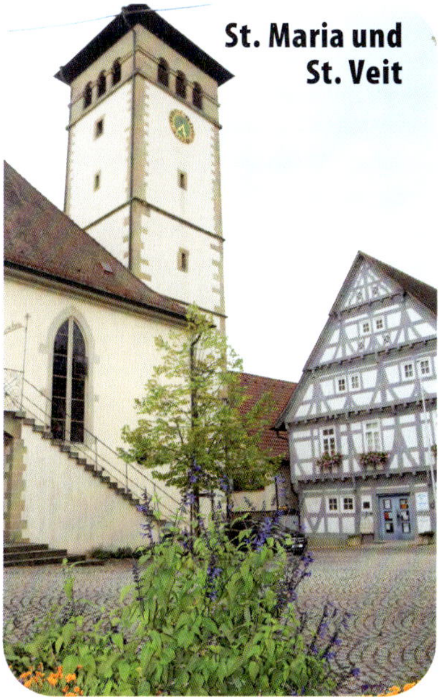
St. Maria und St. Veit

In der Kirchstraße wenden wir uns nach Süden und folgen dem Abzweig in die Steigstraße. Eine Skulptur von Karl Ulrich Nuss weist uns mit erhobenem Arm den Weg nach oben. Wir werden auf dieser Wanderung noch auf einige der herrlich skurrilen Skulpturen des Remstaler Künstlers treffen. Die erste Hälfte unseres Weges folgen wir dem Wanderzeichen des Stettener Rundwanderweges KE 1. Dank des Anstiegs haben wir gleich wunderbare Aussichten auf Stetten und seine Umgebung. Kein Wunder, dass die Nuss-Plastik an der Aussichtsplattform rechts am Weg drei Menschen zeigt, die aufeinandersteigen, so als solle wenigstens der oben angelangte Betrachter die Aussicht in vollen Zügen genießen können.

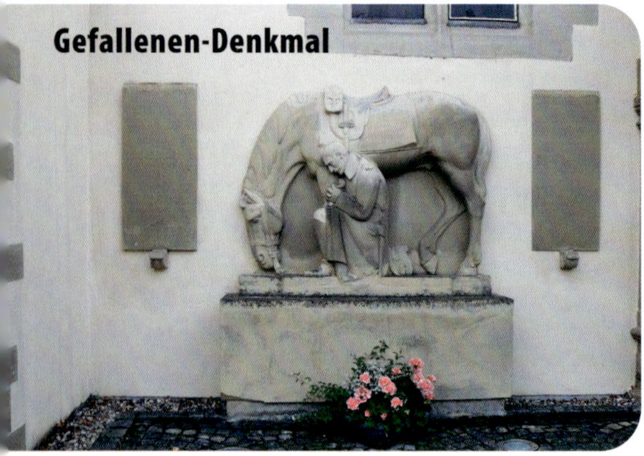
Gefallenen-Denkmal

Kurz bevor wir die Burg erreichen, liegt zu unserer Linken der **Museumswegert** ②, in dem seit 2009 alte, vom Aussterben bedrohte Rebsorten gedeihen. Jeder Schwabe kennt seinen Trollinger. Doch wer hat schon mal vom Heunisch, Schapatna oder Scheuchner gekostet? 2019 ist hier feierlich auch ein Edelreis der „Stara Trta“ gepflanzt worden, die in Maribor wächst. Sie gilt als älteste Rebe der Welt. Schwarzsamtene oder Blauer Kölner heißt die Rebsorte hierzulande.

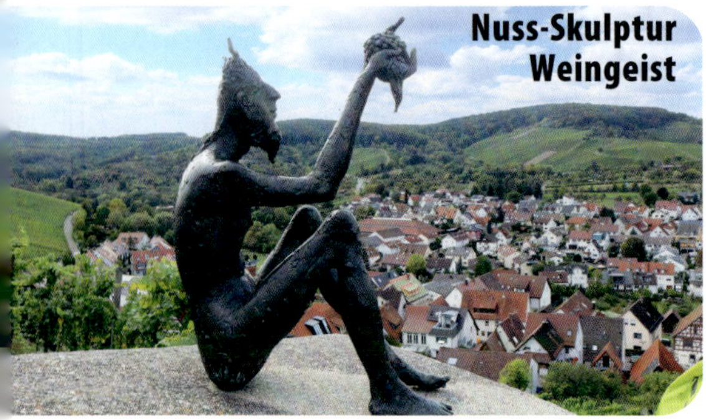
Nuss-Skulptur Weingeist

Passend zum Wein sitzt an der nächsten Wegbiegung auf der Mauer der traubenbehangene **Weingeist** ③, von den Stettenern „s’Deifele“, das Teufelchen, genannt. Und dann sind wir oben. Und wissen gar nicht so recht, wohin wir unsere Blicke wenden sollen, so schön ist es auf der Höhe. In der **Yburg** ④ und um sie herum können wir **14 Nuss-Plastiken** bewundern, die seit 2011 mal tanzend, mal turtelnd, mal auf- und übereinander turnend die Burg verzaubern. Nachdem wir uns sattgesehen haben, wandern wir leichten Herzens weiter, weil wir wissen, dass wir am **Naturdenkmal Sieben Linden** ⑤ mindestens ebenso schöne Ausblicke haben werden. Auf einer der Bänke unter den Linden lassen wir uns nieder und saugen die Schönheit der Landschaft auf. Spontan fällt uns Goethes Faust ein, der auch über den Augenblick hier bestimmt gesagt hätte „Verweile doch! Du bist so schön!“

*Das Remstal, aber auch viele andere Orte Deutschlands, sind mit den charmant-frechen Skulpturen von **Karl Ulrich Nuss** bevölkert. Seit 2001 gibt es in Strümpfelbach den sehenswerten Skulpturenpfad mit Werken von Nuss, seinem Vater Fritz Nuss und seinem Neffen Christoph Traub.*

Das Wanderzeichen führt uns weiter über einen Wiesenpfad Richtung **Kammerforstheide** ⑥. Im Frühling blüht es hier herrlich, im Herbst prangen Äpfel und Birnen an ordentlich geschnittenen Obstbäumen, und Herbstkrokusse leuchten aus den Wiesen. Unser Weg zwischen Wald und Wiesen mit weiteren wunderbaren Aussichten ins Remstal bringt uns zu **Knauers Weinbergtreff** ⑦, auch Sängerheim genannt.

*Um 1300 wurde die **Yburg** oberhalb von Stetten von den Truchsessen von Stetten als reine Wohnburg erbaut. Aus Eibenberg wurde Yberg und schließlich Yburg. Nicht mehr bewohnt war die Burg seit 1442. 1760 wurde sie bis auf die Zargenmauern abgebrochen.*

Yburg

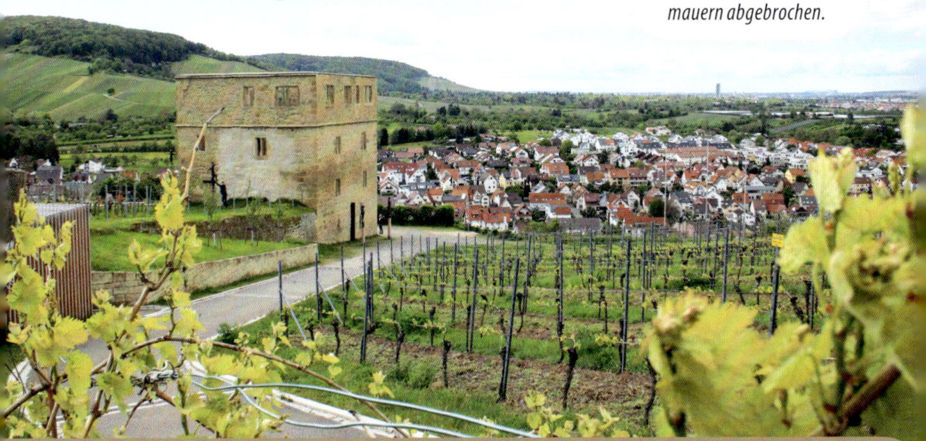

Für die Seele

Blicke auf die idyllisch gelegene Yburg und die skurril-charmanten Skulpturen von Karl Ulrich Nuss begleiten uns auf dieser kleinen, feinen Wanderung.

Hier wird wohl etwas Neues entstehen, denn der Pachtvertrag ist ausgelaufen. Momentan versorgt der Foodtrailer „Wilde Hilde“ des Weinguts Eißele am Wochenende Wandersleute. Wir lassen uns eine Schorle schmecken, schon des tollen Panoramas wegen. Verspielte Mitwanderer vergnügen sich vielleicht sowieso lieber gleich mit der Herzoglichen

*Die **Herzogliche Kugelbahn** startet am Sängerheim. Seit der Remstal-Gartenschau 2019 rollt hier die Kugel – die bunten Holzmurmeln kosten am Automaten je 50 Cent. Gerollt werden darf an 25 fantasievoll gestalteten Stationen rund ums Thema Wald, Weinbau und das Haus Württemberg.*

Kugelbahn, die hier beginnt. Ein guter Tipp, um beim nächsten Mal auch Kinder oder Enkel zum Wandern zu animieren?

Weiter geht es am Wald entlang. Noch folgen wir dem KE 1 Richtung **Klettergarten** ⑧, einem ehemaligen Sandsteinbruch. Mit ein bisschen Glück können wir hier wackere Kletterer bewundern. Für uns ist das nach wenigen Metern folgende Grimmelshäuser Wegle durch eine Waldschlucht hinab Abenteuer genug. Der verschlungene Pfad führt uns zum **Eichensee** ⑨, dessen stiller Anblick uns zu einer weiteren kleinen Auszeit verführt. Wie angenehm, den schönen Weiden ein wenig beim Wachsen zuzusehen!

Nun trennt sich unser Weg vom Stettener Rundweg. Wir gehen entlang der Westseite des Sees und nehmen den ersten Pfad nach rechts. Ihm folgen wir, bis wir den Jakobsweg Richtung Stetten erreichen. Ei-

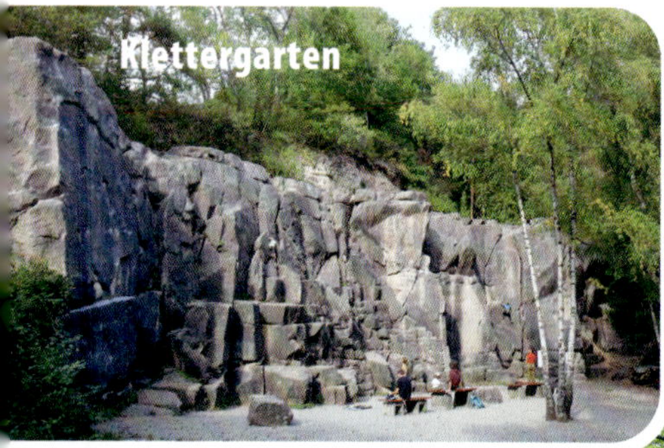
Klettergarten

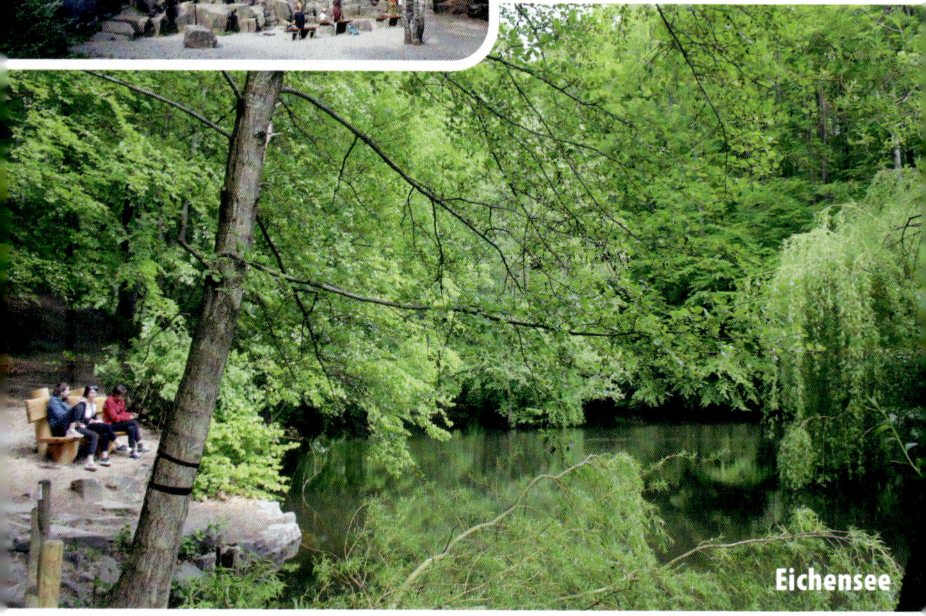
Eichensee

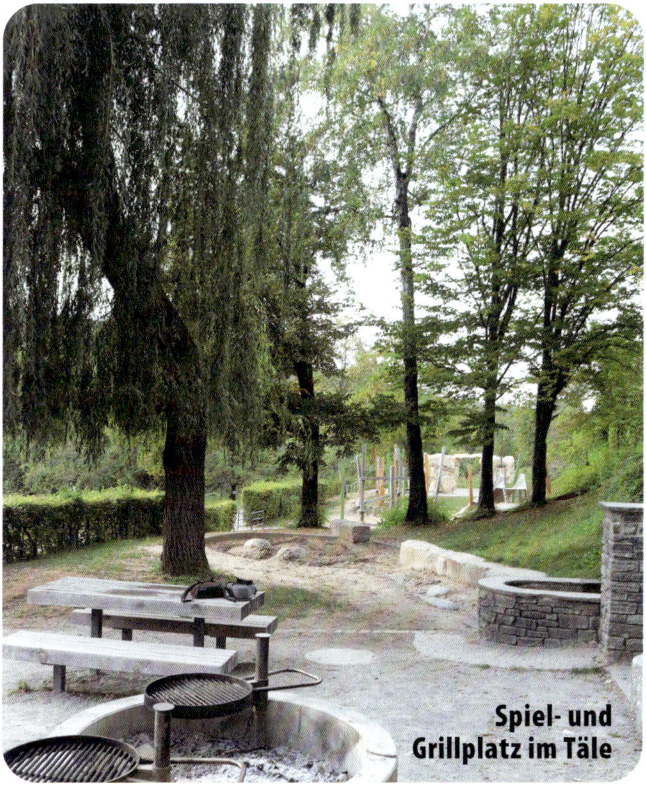
Spiel- und Grillplatz im Täle

nen halben Kilometer weiter auf diesem Weg Richtung Norden erreichen wir den **Spielplatz Im Täle ⑩** mit toller Grillstelle und Boulderanlage. Spätestens hier steht fest: Wir machen die Tour bald wieder mit Kindern oder Enkeln – oder mit sonst wem zu einer anderen Jahreszeit und anders herum.

Die letzte Etappe, 1,5 Kilometer, wandern wir mit Blick auf die Yburg wieder auf dem alten Stettener Rundweg, vorbei am Alten Friedhof und der Glockenkelter. Das Gebäude wurde 2010 zu einem Ort für Veranstaltungen wie Weinproben, Privatfeiern oder Kleinkunstabende ausgebaut. Auf der Hindenburgstraße erreichen wir die Ortsmitte. Wer sonntags wandert, kann das **Museum unter der Yburg ⑪** besuchen, das offizielle Heimatmuseum von Kernen-Stetten. Es ist in den 1980er-Jahren aufs Schönste restauriert worden. An einen ganz und gar unschönen Teil unserer Geschichte erinnert das **Pfarrhaus** ⑫ ganz oben auf der linken Seite der Hindenburgstraße, das schon zur Kirchstraße gehört. Hildegard Spieth, vor dem Zweiten Weltkrieg Pfarrfrau, hat hier das jüdische Ehepaar Ines und Max Krakauer versteckt gehalten. Sie war einer von vielen tapferen Menschen, die im Rahmen der sogenannten Württembergischen Pfarrhauskette nicht nur den Krakauers Zuflucht gewährt und so Leben gerettet hat. 1947 sind Max Krakauers Erinnerungen an diese Zeit erschienen. Ihr Titel: „Lichter im Dunkel". Wir dagegen lassen nach dieser wunderbaren Wanderrunde unsere ausschließlich schönen Eindrücke im **Restaurant Zum Ochsen** ⑬ Revue passieren.

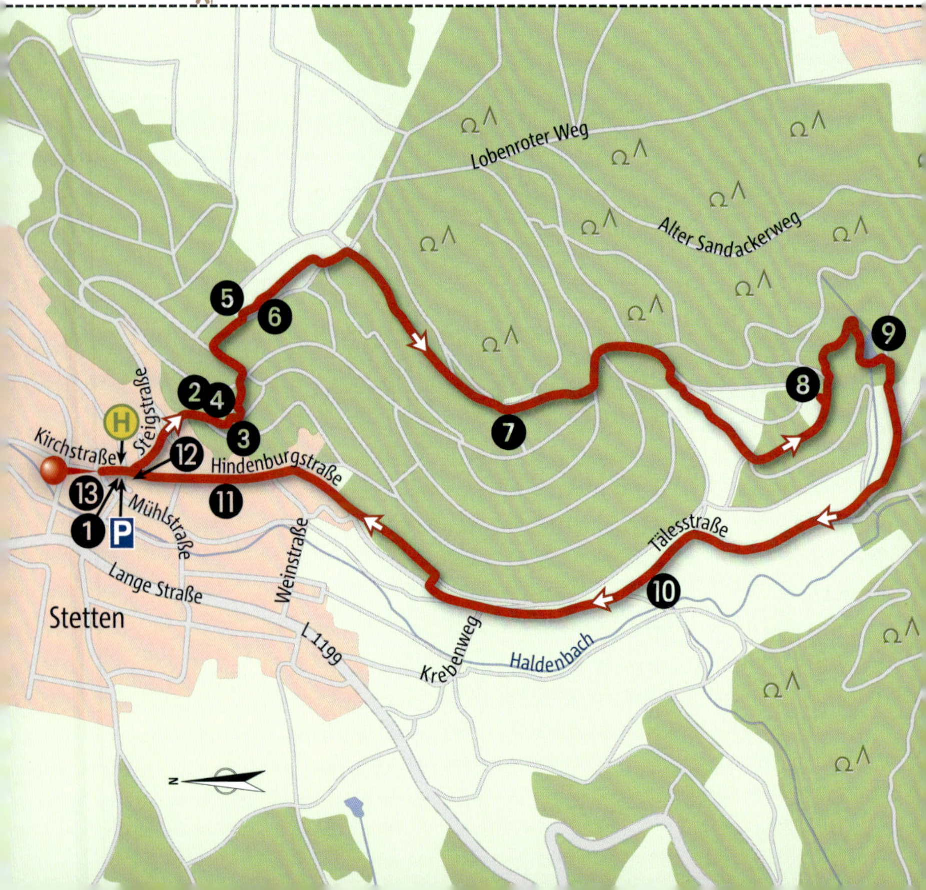

Alles auf einen Blick

WIE & WANN:

Asphaltwege, wenige Straßen, Wald- und Wiesenpfade. Wanderzeit ist ganzjährig, außer bei Schnee- und Eisglätte. Am schönsten ist die Runde zur Blütezeit der Obstbäume und im Herbst.

HIN & WEG:

Auto: Parkplatz bei der Kirche St. Maria und St. Veit (GPS: 48.788892, 9.341142) oder am Alten Friedhof, 71394 Kernen (GPS: 48.782568, 9.339091), Toureinstieg je nach Parkplatz
ÖPNV: S2 oder S3 von Stuttgart Hbf. bis Fellbach, dann Bus 212 bis Evangelische Kirche Stetten

ESSEN & ENTSPANNEN:

Knauers Weinbergtreff ❼ Sandacker 7, 71394 Kernen-Stetten, Tel. (0 71 51) 4 69 64
Restaurant Zum Ochsen ⓭ Kirchstraße 15, 71394 Kernen-Stetten, Tel. (0 71 51) 9 43 60, www.ochsen-kernen.de

ENTDECKEN & ERLEBEN:

Kirche St. Maria und St. Veit ❶
Museumswengert ❷
Karl-Ulrich-Nuss-Skulptur Weingeist ❸
Yburg mit 14 Nuss-Plastiken ❹
Naturdenkmal und Aussichtsplatz Sieben Linden ❺
Kammerforstheide mit Obstwiesenweg ❻
Klettergarten im alten Steinbruch ❽

Entspannung ★★★★★
Genuss ★★★★☆
Romantik ★★★★☆

Eichensee ❾
Spiel- und Grillplatz Im Täle ❿
Museum unter der Yburg ⓫ Hindenburgstraße 24, 71394 Kernen
Pfarrhaus ⓬ Kirchstraße 1, 73194 Kernen

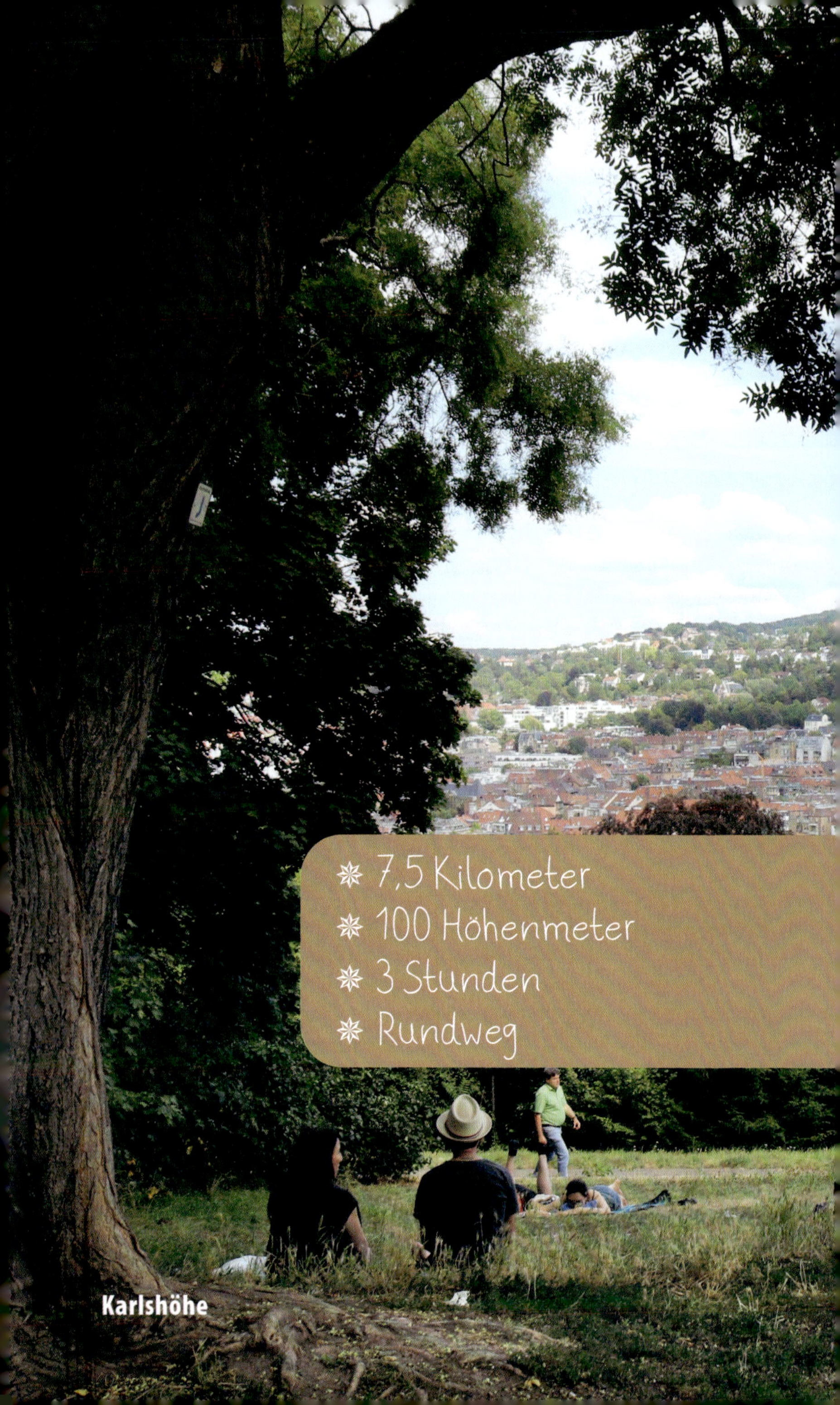

Karlshöhe

Diese wunderbare Kultur-Natur-Tour starten wir am Parkplatz am Kopf der Hasenbergsteige. Wenige Meter die **Hasenbergsteige** hinunter und wir finden den Einstieg in den Blaustrümpflerweg, dem wir aber gerade zu Beginn nicht durchgehend folgen. An der Hasenberganlage biegen wir rechts ab. Hier stand von 1879 bis 1943 der aus rotem Gerlinger Sandstein gebaute **Hasenbergturm ①**, seinerzeit ein beliebtes Ausflugsziel.

Wir folgen dem Weg rechts des Turmstumpfs mit seiner Linksbiegung und wandern den ersten Pfad rechts hinunter. Bei der zweiten Möglichkeit biegen wir rechts ab, nehmen dabei aber den untersten von drei Pfaden, der nach wenigen Metern eine Spitzkehre nach links macht. Wir haben den Blaustrümpflerweg vorerst verlassen. Schon sehen wir die Bahngleise und überqueren diese über die Brücke. Unter uns liegt malerisch der alte Heslacher Bahnhof. Wir folgen den Bögen, die das Pfarrwegle macht, vorbei an wildromantischen Gärten und alten Bäumen. Immer wieder haben wir wunderbare Aussichten auf den

*Der **Hasenbergturm,** erster Aussichtsturm von Stuttgart, wurde ein regelrechtes Wahrzeichen der Stadt. Am 6. März 1879, dem 56. Geburtstag von König Karl, wurde der Grundstein gelegt, im August Einweihung gefeiert. Heute steht nur noch der Stumpf des Turmes.*

Urban und urig

Stuttgarter Blaustrümpflerweg

Stuttgarter Süden und den Fernsehturm. An der Baumreute mit ihren schicken Ein- und Mehrfamilienhäusern biegen wir rechts ab. Wo sie in die Ziegelklinge übergeht, folgen wir der Baumreute nach links. An der Leonberger Straße angekommen, überqueren wir diese und laufen entlang der Böblinger Straße Richtung Südheimer Platz zur **Seilbahn ②.**

Auf 536 Metern überwindet die gemeinsam mit einer französischen Bahn erste halbautomatische ***Seilbahn*** *weltweit 85 Höhenmeter. Seit 1929 verbindet sie den Südheimer Platz mit dem Waldfriedhof Degerloch. Im Volksmund heißt die Bahn auch „Erbschleicher-Express" oder „Lustige-Witwen-Bahn".*

Allein die Fahrt mit der altmodischen Seilbahn ist ein feines Abenteuer. Die Bahn wurde zur Anbindung des Degerlocher Waldfriedhofs gebaut. Heute ist sie eher ein Spaß für Wanderer und Touristen. Wie schade, dass die Reise in den denkmalgerecht instandgesetzten Bahnen schon nach 4 Minuten zu Ende ist! Wer den **Waldfriedhof** ③ noch nicht kennt, sollte nun unbedingt einen Abstecher in diesen parkähnlichen riesigen Friedhof machen, der besonders zur Rhododendronblüte traumhaft schön und außerdem die letzte Ruhestätte einiger Prominenter wie Theodor Heuss, Robert Bosch oder Oskar Schlemmer ist.

Wieder zurück am Haupteingang des Friedhofs wandern wir durch den östlichen Friedhofsteil bis zum Ausgang an der Heinestraße/Karl-Kloß-Straße. Diese überqueren wir und folgen der parallel darüberliegenden Straße Richtung Dornhaldenfriedhof. Hier wurden 1977 unter großen Protesten der Bevölkerung die RAF-Terroristen Andreas

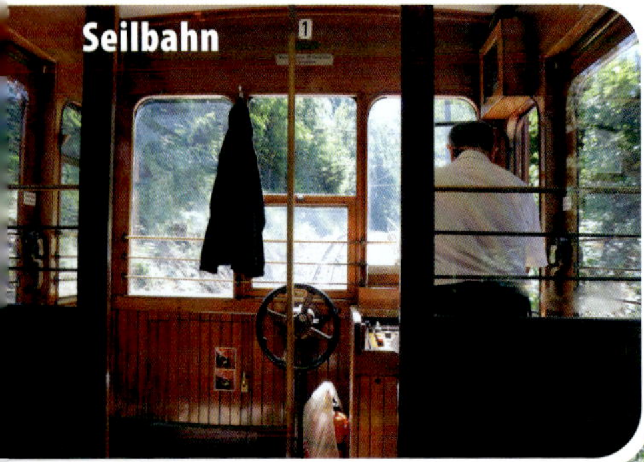

Seilbahn

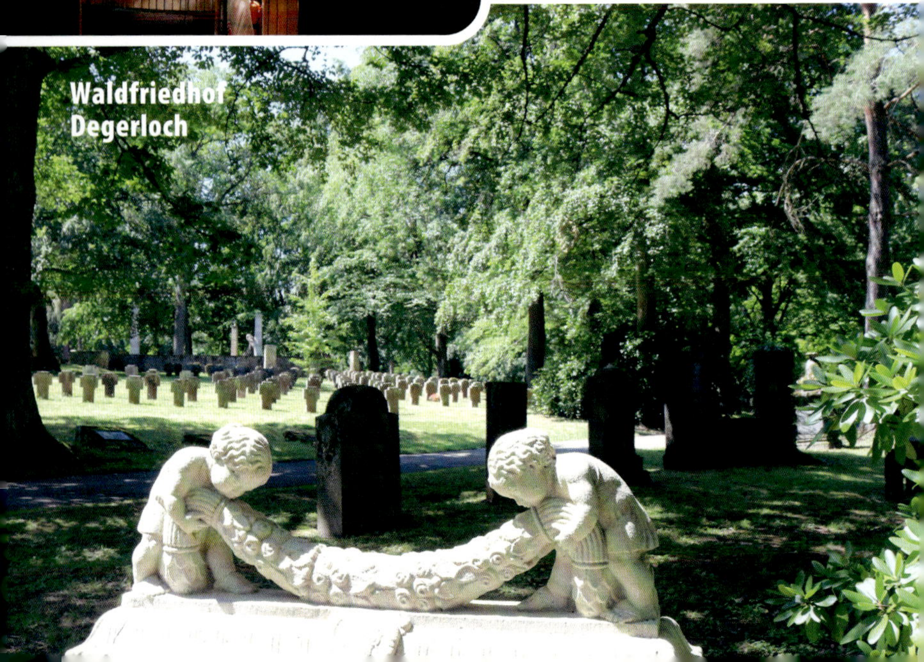
Waldfriedhof Degerloch

Baader, Gudrun Ensslin und Jan-Carl Raspe bestattet. Stuttgarts damaliger Oberbürgermeister Manfred Rommel war der Ansicht: „Irgendwo muss jede Feindschaft enden. Und für mich endet sie in diesem Fall beim Tod."

Von nun an folgen wir dem blauen Strumpf des Blaustrümpflerwegs – Blaustrümpfler wurden die Bewohner von Stuttgart-Heslach scherzhaft genannt. Vorbei am Garnisonsschützenhaus wandern wir durch den Dornhaldenwald, der an manchen Stellen ordentlich nach Bärlauch duftet. Kurz vor dem Ende

Nach dem Schimmelhüttenplatz

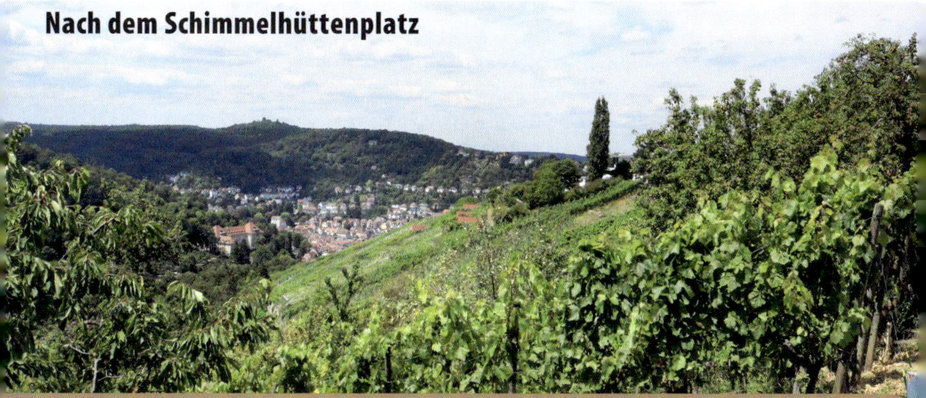

Für die Seele

Wie am Schnürchen laufen Seil- und Zahnradbahn. Und Stuttgart-Neulinge erkennen, dass diese Stadt eine herrliche Melange aus Natur und Kultur bietet.

des Waldes staunen wir noch über einige junge Radfahrer, die die Downhillstrecke des Woodpecker Trails hinabdüsen. Wenige Meter weiter sind wir wieder in der behausten Zivilisation und erreichen den mit einer herrlichen Aussicht gesegneten **Schimmelhüttenplatz** ❹. Hier nur zügig vorbeizuwandern, wäre vollkommen sinnlos. Also lassen wir uns auf einer der Bänke nieder und staunen ein weiteres Mal über diese Stadt, die so viel mehr zu bieten hat als Autos, Staus und aufmüpfige S-21-Gegner: Unter uns liegt eine grandiose Stadtlandschaft zwischen Wald und Reben.

Auch der Weiterweg über die Leonoren- und die Fideliostraße Richtung Haigst wartet mit umwerfenden Ausblicken auf die grünen Seiten der Landeshauptstadt auf. Bevor wir am Haigst die Zahnradbahn besteigen, machen wir einen Abstecher zum darunterliegenden **Santiago-de-Chile-Platz** ⑤. Von ihm aus haben wir, nun ja, erneut eine großartige Aussicht, diesmal in Stuttgarts Talkessel hinein.

Dann aber geht es mit der **Zacke** ⑥ zackig an eines der Herzkranzgefäße von Stuttgart, den Marienplatz. Wie angenehm, in der Bahn zu sitzen, den Blick schweifen zu lassen und fast 1,5 Kilometer Strecke in einer der vier Zahnradbahnen Deutschlands zu über-

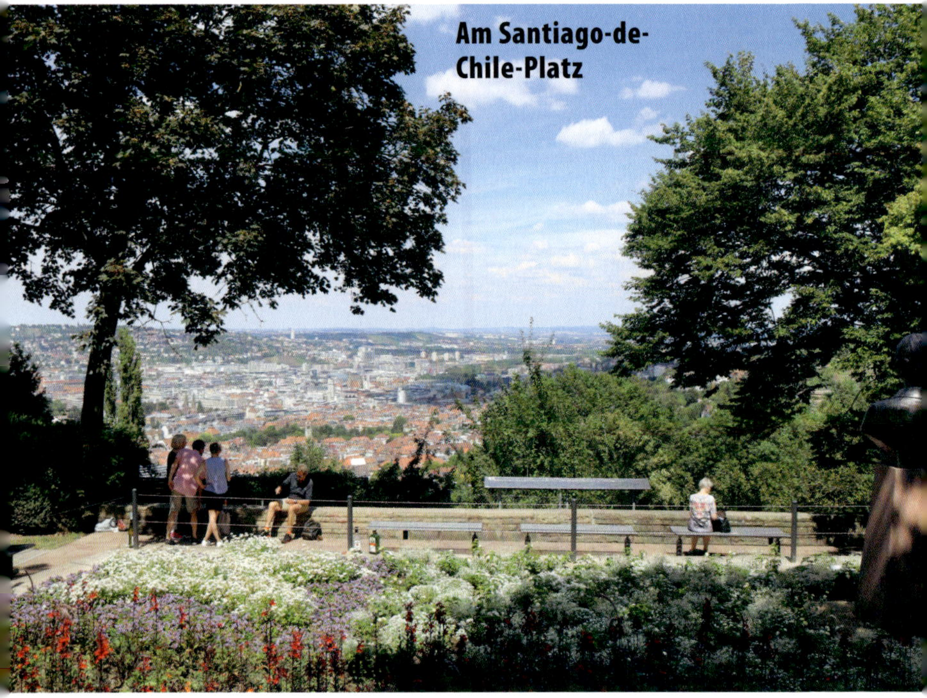

Am Santiago-de-Chile-Platz

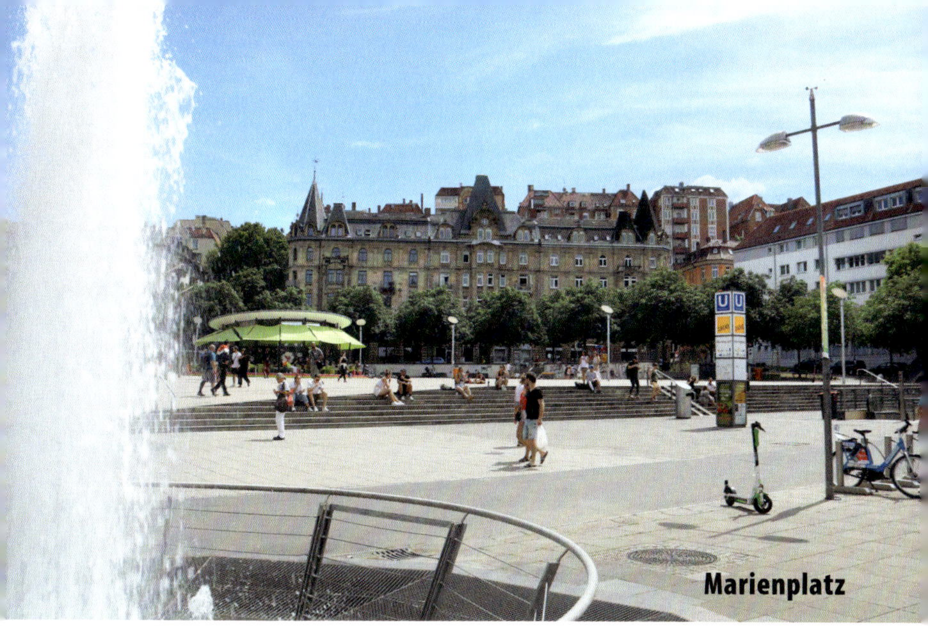

Marienplatz

winden. Am **Marienplatz** ⑦, diesem urbanen Szenetreff mit dem lässigen Flair, steigen wir aus der Zacke. Bei schönem Sommerwetter holen wir uns im **Eiscafé La Luna** ⑧ ein leckeres Eis auf die Hand, das wir auf den Stufen des Platzes sitzend genüsslich schlecken, oder lassen uns im **Café Kaiserbau** ⑨ am Platz nieder.

Anschließend starten wir in die nächste Etappe Richtung Norden über die Hohenstaufenstraße. Von ihr aus geht es nach links über die Arminstraße und die Else-Himmelheber-Staffel in die Mörikestraße. Auf ihr laufen wir nach rechts. Keinesfalls auslassen sollten wir einen Besuch des **Lapidariums** ⑩. Der Park mit seinen alten Bäumen und Terrassen, seiner Wandelhalle und der Sammlung von Bauplastiken, Skulpturen und Grabsteinen ist ein wahres Kleinod mit verwunschen-antiker Ausstrahlung.

Wieder auf der Mörikestraße laufen wir wenige Meter zurück und biegen nach rechts ab auf die Willy-Reichert-Staffel. Und schon sind wir am Fuß der Karlshöhe. Unglaublich: Reben mitten in der Stadt! Die Rebfläche gehört zur kommunalen Weinlage Mönchhalde. 2019 wurden die anfälligen Lemberger-Weinstöcke entfernt und stattdessen die pilztolerante Rebsorte Sauvitage WE 88-101-13 gesetzt. Wer es sich mit Picknickdecke zwischen den Rebzeilen gemütlich macht, muss also nicht befürchten, Pflanzenschutzmittel einzuatmen. Doch uns zieht es weiter, vorbei an den Grünflächen, auf denen die Stuttgarter es sich gern mit einem guten Buch oder Freund bequem machen. Denn wir wollen einen der schönsten Ausblicke Stuttgarts im Verbund mit einem kühlen Getränk und Biergartenleckereien wie Wurstsalat, Maultaschen oder Fleischküchle genießen. Für diesen Zweck gibt es hier weit und breit nichts Schöneres als den **Biergarten Tschechen und Söhne ⑪**. Wir sitzen im Schatten alter Bäume, genießen die Weite und tanken frische Energie für den letzten Anstieg.

In südwestlicher, dann westlicher Richtung wandern wir durch die Parkanlage weiter und erreichen über einen Schotterpfad und weitere Staffeln hinab die Hasenbergsteige. Ihr folgen wir nach links den Berg hinauf. Während wir hochschnaufen, haben wir ausgiebig Gelegenheit, die sehenswerten Villen zu bewundern, die sich hier Hofräte, Architekten, Fabrikanten oder Verleger seit Beginn des 19. Jahrhunderts bauen ließen. Beneidenswert!

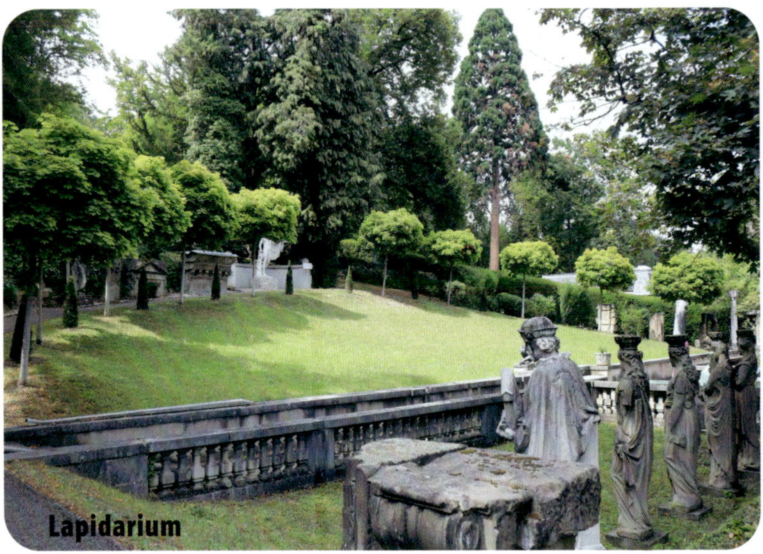
Lapidarium

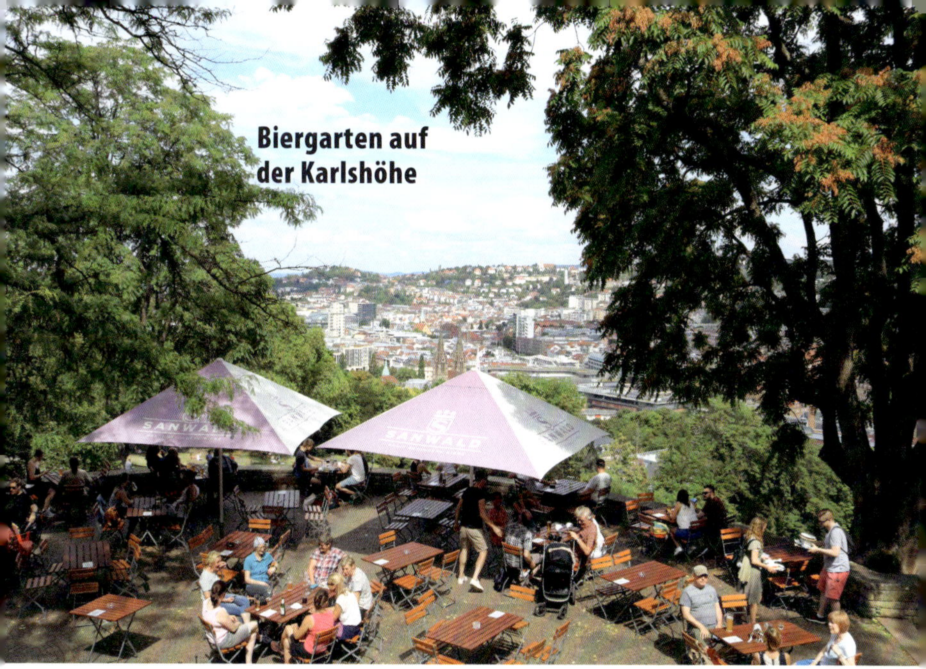

Im Vorgarten der Villa mit der Hausnummer 45 laufen wir an einem lebensgroßen Kunststoff-Nashorn vorbei und gegenüber, vom **Aussichtspunkt Hasenberg ⑫**, blicken wir über das Vogelsangtal des Stuttgarter Westens in den Norden und den Osten der Stadt. Wenige Meter weiter biegen wir von der Hasenbergsteige links ab und erreichen den Blauen Weg. Wir sehen linker Hand ein auffälliges Gebäude in einem luxuriös weitläufigen Gelände. Es ist das 1874 erbaute Seewasserwerk Hasenberg mit Pumpstation, Wärterhaus, Filterbecken und Messstation. Hier wurde einst Wasser aus den Parkseen aufbereitet. Heute dient das Werk der Wasserversorgung von Stuttgart-Mitte und Stuttgart-West.

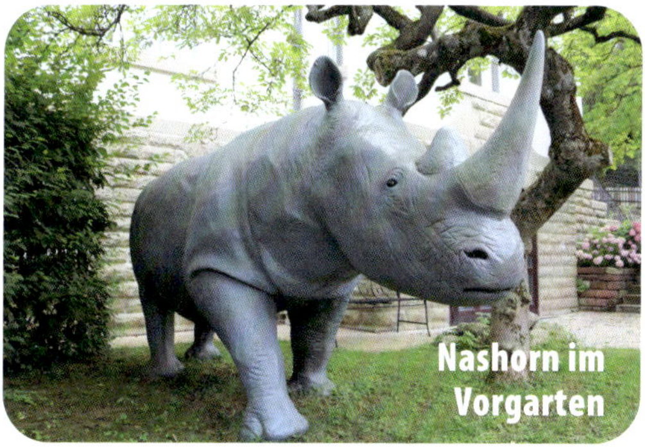

1 Kilometer lang wandern wir nun auf einem Pfad über dem Stuttgarter Süden, oberhalb von **Stuttgart-Heslach.** Zu unserer Rechten gehen die Gärten steil

nach oben, zu unserer Linken fallen sie steil ab. Ob man bei einer solchen Aussicht überhaupt ordentlich im Garten schaffen kann? Es scheint zu funktionieren, wenngleich diese Gärten mit all ihren Trockenmauern und Stäffele noch das Flair vergangener Tage atmen. Von pinzettengepflegter Akkuratesse ist hier nichts zu sehen. Die Natur führt das Oberkommando.

Bald erreichen wir jene Wegkreuzung, die wir einige Stunden zuvor heruntergewandert sind. Nun geht es, dem blauen Strumpf folgend, steil nach rechts oben, zurück zum Hasenbergturm und dem Parkplatz. Wer aber jetzt noch nicht genug Kultur getankt hat, der wandert die Hasenbergsteige hinunter bis zum Skulpturenpark mit Werken von Otto Herbert Hajek. Er hat im Haus Nummer 65 gelebt.

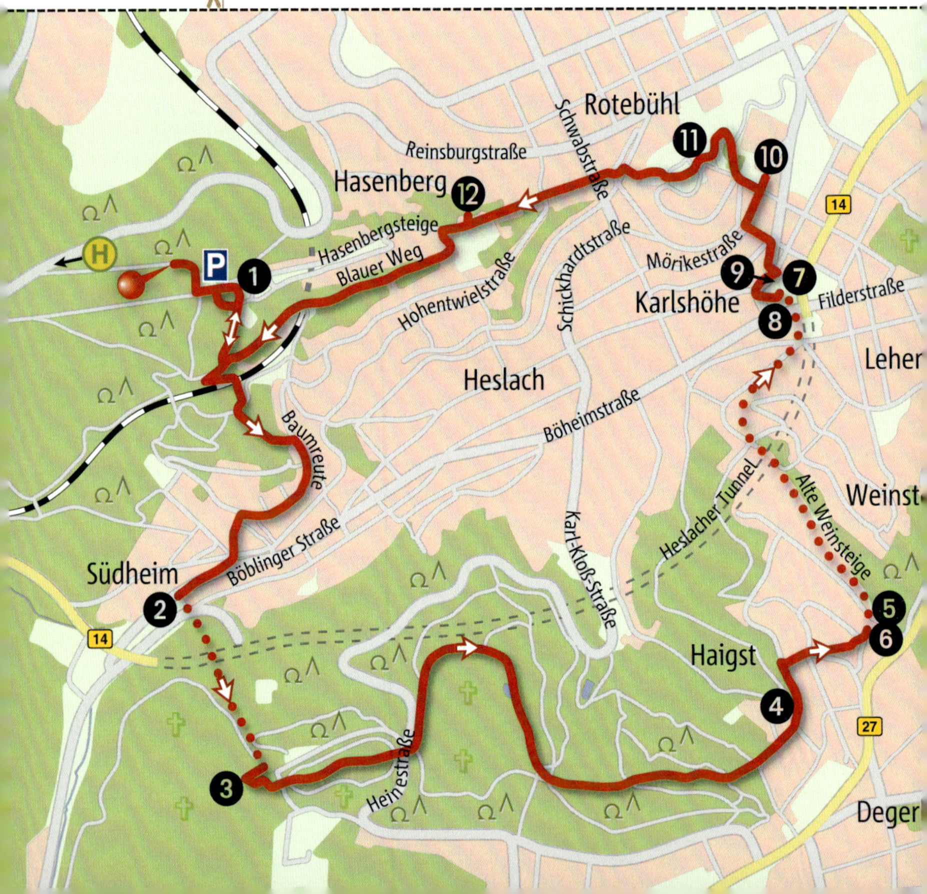

Alles auf einen Blick

WIE & WANN:
Straßen, asphaltierte Wege, Schotterwege, Waldpfade, Stäffele.
Wanderzeit ist ganzjährig.

HIN & WEG:
Auto: Parkplatz am Kopf der Hasenbergsteige, 70197 Stuttgart
(GPS: 48.764488, 9.14302)
ÖPNV: Bus 92 von Stuttgart Westbf. Richtung Heslach/Vogelrain bis Birkenkopf,
zu Fuß zur Hasenbergsteige

ESSEN & ENTSPANNEN:
Eiscafé La Luna ❽ Marienplatz 20, 70178 Stuttgart,
Tel. (01 74) 8 86 03 77, https://eiscafe-santin.de
Café Kaiserbau ❾ Marienplatz 12, 70178 Stuttgart,
(07 11) 6 33 83 83, www.cafe-kaiserbau.de
Biergarten Tschechen und Söhne ⓫ Humboldtstraße 44,
70178 Stuttgart, Tel. (07 11) 6 74 40 64

ENTDECKEN & ERLEBEN:
Hasenbergturm ❶ Hasenbergsteige 105, 70197 Stuttgart
Seilbahn ❷ Südheimer Platz, 70199 Stuttgart
Waldfriedhof Degerloch ❸ Waldfriedhof 3,70597 Stuttgart
Aussichtsplattform Schimmelhüttenplatz ❹

Entspannung ✱✱✱✱✱ (3 von 5)
Genuss ✱✱✱✱✱ (5 von 5)
Romantik ✱✱✱✱✱ (3 von 5)

Santiago-de-Chile-Platz ❺
Zahnradbahn Zacke ❻
Marienplatz ❼
Lapidarium ❿ Mörikestraße 24, 70178 Stuttgart
Aussichtspunkt Hasenberg ⓬ Hasenbergsteige 50, 70197 Stuttgart

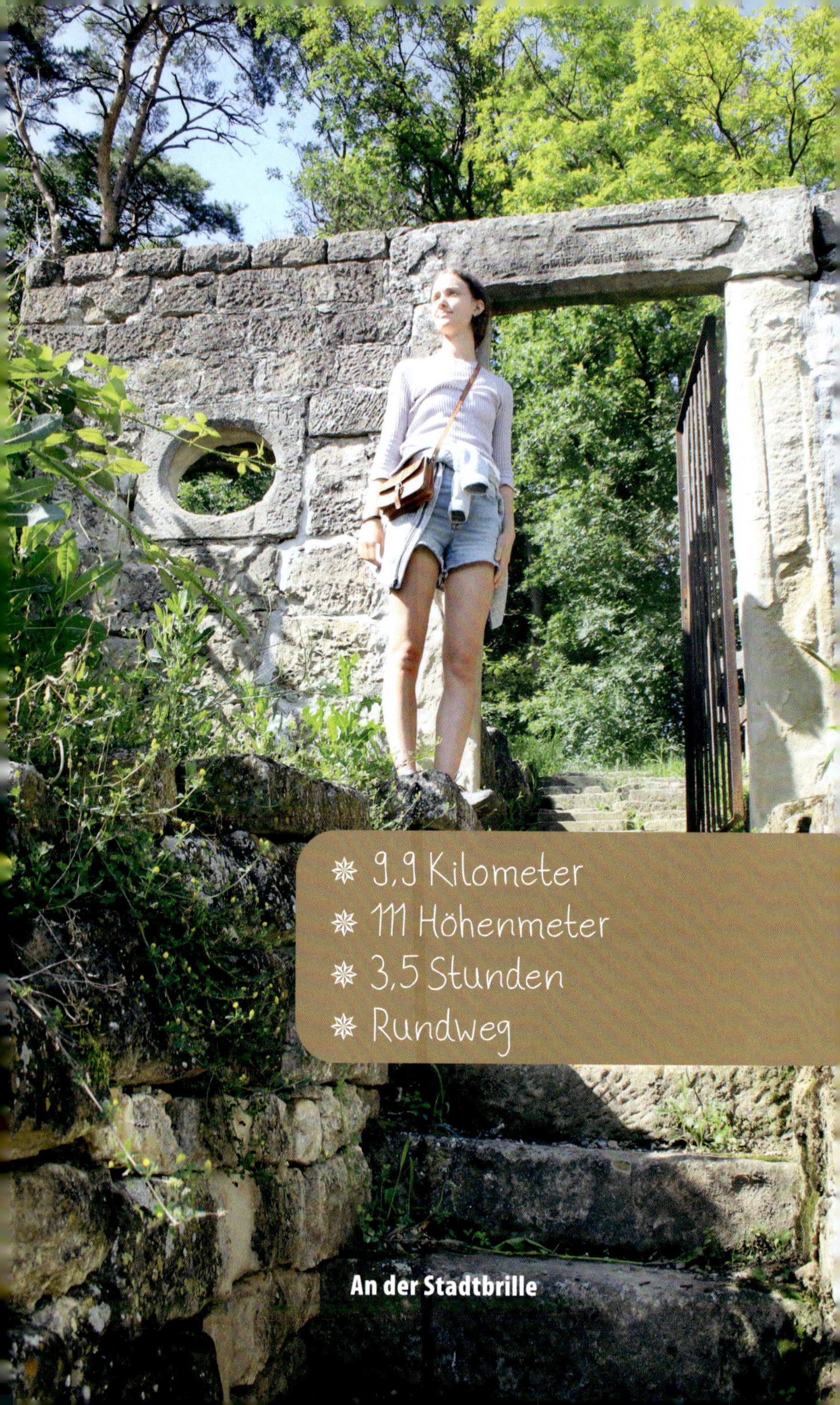

- 9,9 Kilometer
- 111 Höhenmeter
- 3,5 Stunden
- Rundweg

An der Stadtbrille

Unser Startpunkt ist der **Wanderparkplatz Tammer See** an der Ölmühle. Wir folgen in nordwestlicher Richtung dem Rundweg 6. Eine geologische Verwerfung sorgt dafür, dass das Leudelsbachtal hier seinen Charakter vollkommen verändert: Floss der Bach von seinem Ursprung in Möglingen durch flaches Land, so verläuft sein mäandernder Weg nun durch das tief eingeschnittene Remminger Tal. Geologisch Bewanderte werden erkennen, dass wir durch ein Kerbsohlental wandern. Die steilen Hänge über uns werden zunehmend atemberaubend! Trockensteinmauern, kleine Weinberg- und Gartenhäuschen sowie Wiesen prägen die Landschaft zu unserer Rechten. Links gurgelt sanft der Leudelsbach. Im April blühen am Uferweg Primeln, Veilchen, Lungenkraut und Waldanemonen.

Nachdem wir rechts am Klärwerk vorbeigewandert sind, gesellen sich Eschen, Schwarzerlen und knorrige Kopfweiden zur Ufervegetation, die in der kalten Jahreszeit fast noch attraktiver wirken als im Sommer. Überall zwitschert es aus dem Gesträuch. Nicht umsonst wurde das **Leudelsbachtal** einst Nachtigallental genannt. Ornithologen hören hier Zaunkönige und Zilpzalpe heraus, Heckenbraunellen und Halsbandschnäpper. Inmitten der Auwälder, Nasswiesen und Hochstauden haben wir auch gute Chancen, Gelbbauchunken, Ringelnattern und Feuersalamander zu sehen. Überhaupt ist dieses Naturschutzgebiet für Naturfreunde ein einziges Fest!

Knapp 118 Hektar groß, liegt das 2011 ausgewiesene ***Naturschutzgebiet Leudelsbachtal*** *zwischen Bissingen, Markgröningen und seinem Stadtteil Unterriexingen. Erhaltenswert sind Lebensräume wie Kalk-Magerrasen mit ihren vielfältigen Orchideen oder auch Auenwälder mit Weiden, Erlen und Eschen.*

Auf Saurierspuren

Uferpfade im Leudelsbachtal

Wir bleiben auf dem Talweg Richtung Enz. Auf den steilen Hängen rechts von uns blüht im Juli massenhaft der Oregano, der wegen seines hohen Zuckeranteils bei vielen Insekten schwer beliebt ist. Im 19. Jahrhundert wurden die Hänge rechts von uns für den Weinbau oder als Schafweiden genutzt. Terrassiert und mit beeindruckenden Trockenmauern versehen wurden sie wahrscheinlich schon im Mittelalter.

Wir erreichen eine Infotafel, die uns über die Geschichte des **Hammelrains** ❶ aufklärt. Weil Ende des 19. Jahrhunderts immer weniger Schafe die Gehölze in Schach hielten, hatte sich der Wald mehr und mehr das Gebiet zurückerobert. Naturschützer und Schafherden sorgen heute dafür, dass diese einzigartige Heide- und Halbtrockenrasenlandschaft mit ihrer besonderen Flora und Fauna überleben kann.

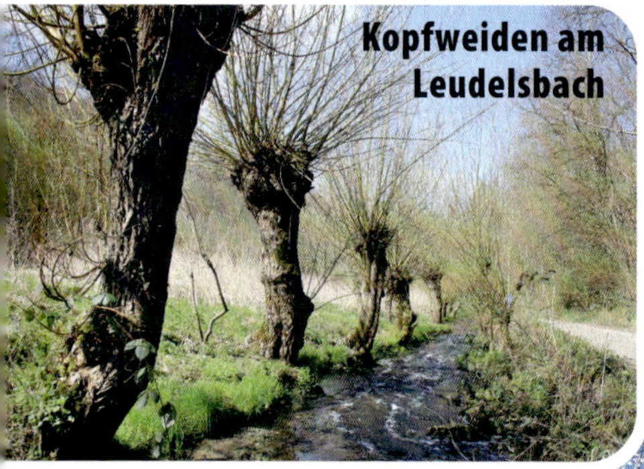

Kopfweiden am Leudelsbach

Wir folgen dem Talweg über zwei Bachüberwege und erreichen mitten im Wald und wenige Meter von der Enz entfernt das **Enzeckstüble** ❷. An

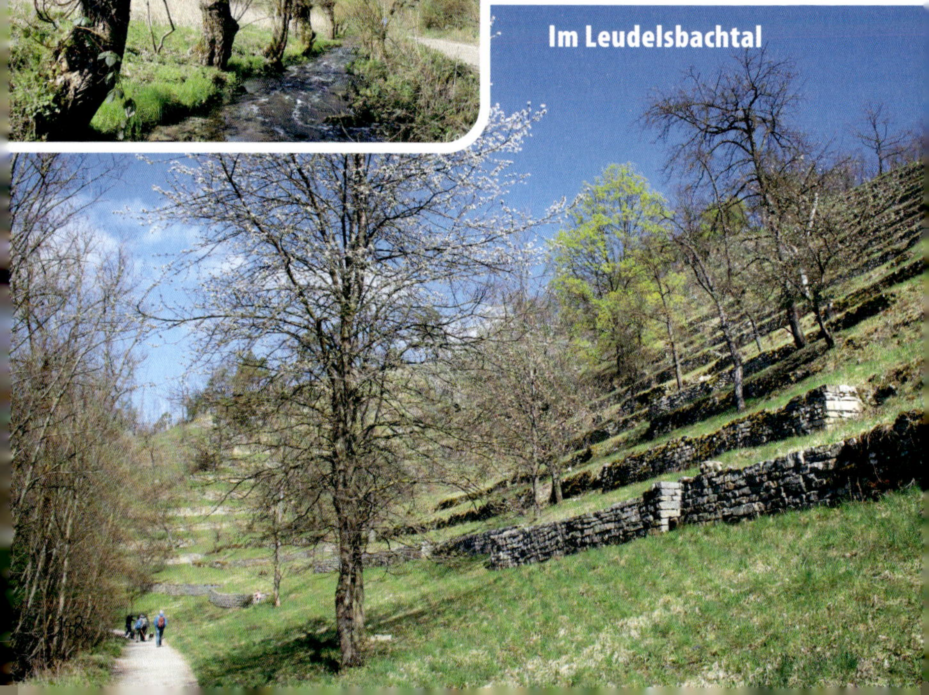

Im Leudelsbachtal

Sonntagen ist es geöffnet und dann ist hier entspannter Trubel geboten. Schließlich genießen an schönen Tagen nicht nur Wanderer, sondern auch Radler – die wir unterwegs nicht vergessen dürfen! – und sogar Reiter das herrliche Tal. Weiter geht es Richtung Bissingen am rechten Enzufer. Die Sägmühle ist das nächste Ziel. Dort, wo rechts ein Pfad zum Schellenhof führt, sehen wir linker Hand den **Floßkanal** ③ mit einigen Infotafeln – und zufrieden paddelnden Enten.

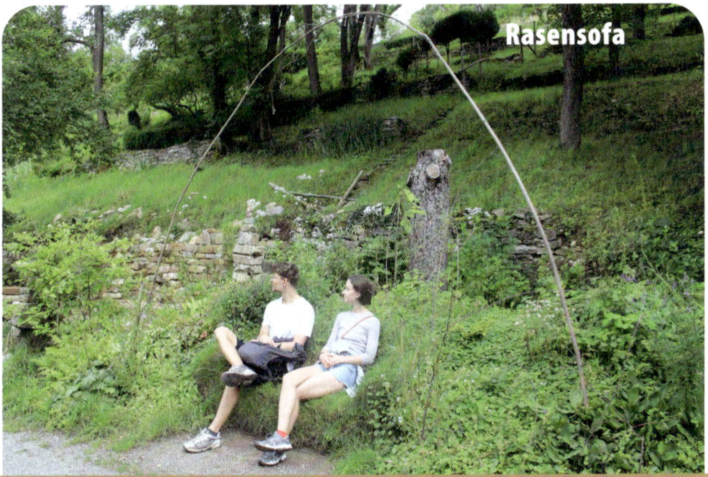

Rasensofa

Für die Seele

Durch ein lauschiges Bachtal wandern wir zur romantischen Sägmühle und in einstigen Steinbrüchen spüren wir Erdgeschichte.

Das Tal vor uns weitet sich. Zu unserer Rechten überrascht uns eine **Bunkerruine** ④, Relikt vergangener Kriegstage und Überbleibsel eines Bunkers der Neckar-Enz-Stellung. Viel schöner an-, aber leicht zu übersehen ist das bequeme **Rasensofa** ⑤ am Wegrand, auf dem wir uns schon eines Erinnerungsfotos wegen niederlassen. Rund um uns strahlen im Frühjahr

Gundermann und Frühlings-Gedenkemein mit dem Blau des Himmels um die Wette, Kirschbäume und Schlehen liefern den Kontrast in Weiß. Und vor uns liegt in einer weiten Wiese das **alte Kammrad** ❻ des Rommelsmühlen-Kraftwerks.

Nun zieht uns das Gebäudeensemble der **Sägmühle** ❼ magisch an. Bullerbü lässt grüßen! Verträumt liegt das zauberhafte Idyll über der Enz. Weidenfarbig orange gestrichen ist das Haus der Sägmühle 1 mit den grünen Fensterläden vor den Sprossenfenstern. Es ist das frühere Kutschen- und Wagenhaus der einstigen Mühle. Hier lebt und arbeitet der Korbflechter und Weidenkünstler Klaus Seyfang, dessen **Werkstatt** ❽ immer geöffnet ist.

Nach der Sägmühle folgen wir dem blauen Kreuz Richtung Schellenhof. Es führt uns über die Hohen

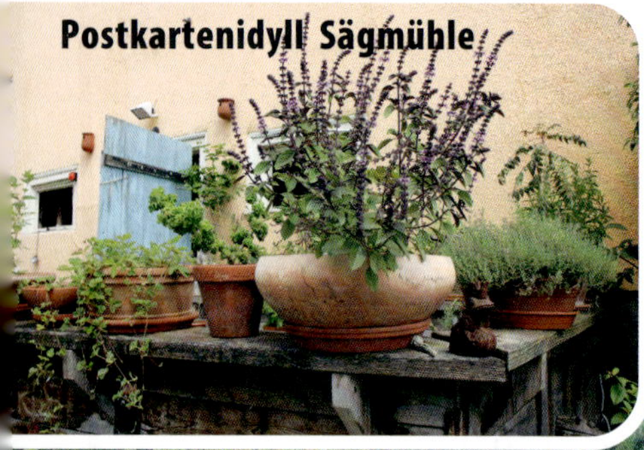
Postkartenidyll Sägmühle

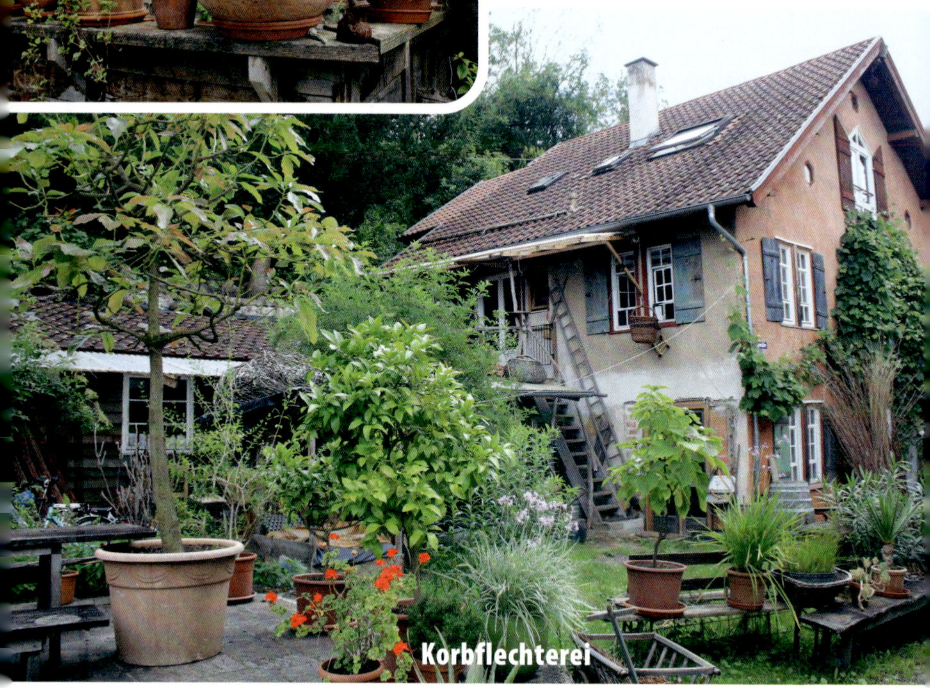
Korbflechterei

Kallmaten, einen heckengesäumten Hohlweg, zum **Gasthaus Schellenhof mit Biergarten ⑨**. Weiter geht es mit dem blauen Kreuz direkt nach dem Lokal links hinauf über einen gewundenen Wiesentrampelpfad Richtung Waldrand. Wir tauchen ein in den Rotenackerwald, entdecken alte Grenzsteine, fast armdicke Lianen der Gewöhnlichen Waldrebe, und folgen dem Rundweg 6 zum **Aussichtspunkt Enzblick ⑩**. Bänke laden auch hier ein zum Verweilen und Genießen der herrlichen Aussicht. Jetzt folgen wir dem roten Kreuz auf weißem Grund. Wenige Meter nach dem Enzblick erreichen wir Infotafeln zum Hammelrain, diesmal von oben. Ein kurzer Abstecher wenige Meter an der Schranke vorbei in den Hang hinein lohnt sich! Etwa 800 Meter weiter können wir auf der rechten Seite den **Kunstgarten ⑪** voller geradezu verboten steiler und schmaler Treppenstufen besuchen. Auf dem Flurstück 1408 haben im Jahr 2000 Volkhardt Müller und einige Mitstreiter eine Art Freiluftausstellung geschaffen. Mehr als 100 Tonnen Steine haben sie hier kunstvoll verbaut. Auch hier lohnt sich eine vorsichtige Expedition hinein und hinunter über die steilen Mauern.

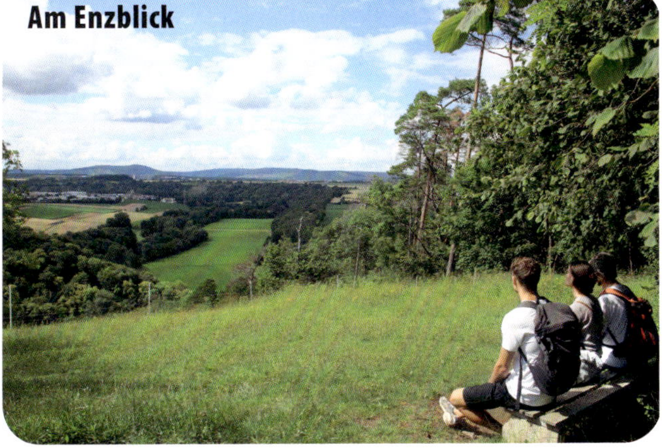

Am Enzblick

Atemberaubende Ausblicke gewährt etwa 100 Meter weiter auch die **Markgröninger Stadtbrille ⑫**, die so heißt, weil wir durch zwei runde Aussparungen in der Mauer einen Blick auf die Weinberge des Gebiets Wannenberg und die ganze Umgebung Markgröningens genießen können. Passenderweise heißt die Schriftreihe zur Markgröninger Geschichte „Durch

> *Der amerikanische Student Frederik Endlich hat 1867 im Rotenacker-Sandsteinbruch einen etwa 75 Zentimeter langen Schädel der Panzerechse* ***Mastodonsaurus giganteus*** *gefunden. Zusammen mit weiteren Skelettteilen wurde er dem Stuttgarter Naturkundemuseum übergeben.*

die Stadtbrille“. Etwa 150 bis 200 Meter nach der Stadtbrille biegen wir des Panoramas wegen in den Trampelpfad rechts des breiten Wanderwegs ab. Unweit der Strommasten sind in einem Steinbruch die Überreste der Panzerechse Mastodonsaurus giganteus gefunden worden. Nach etwa einem halben Kilometer führt der Pfad uns zurück auf den Hauptweg. Dieser macht gleich eine Linkskurve. Wenige Meter später biegt ein Pfad rechts ab. Er führt zum **Biergarten Flohberghaus ⑬**, der an Sonntagen bei schönem Wetter geöffnet ist. Von hier aus wird uns das rote Kreuz auf weißem Grund in wenigen Minuten sicher zurück zum Parkplatz Tammer See führen.

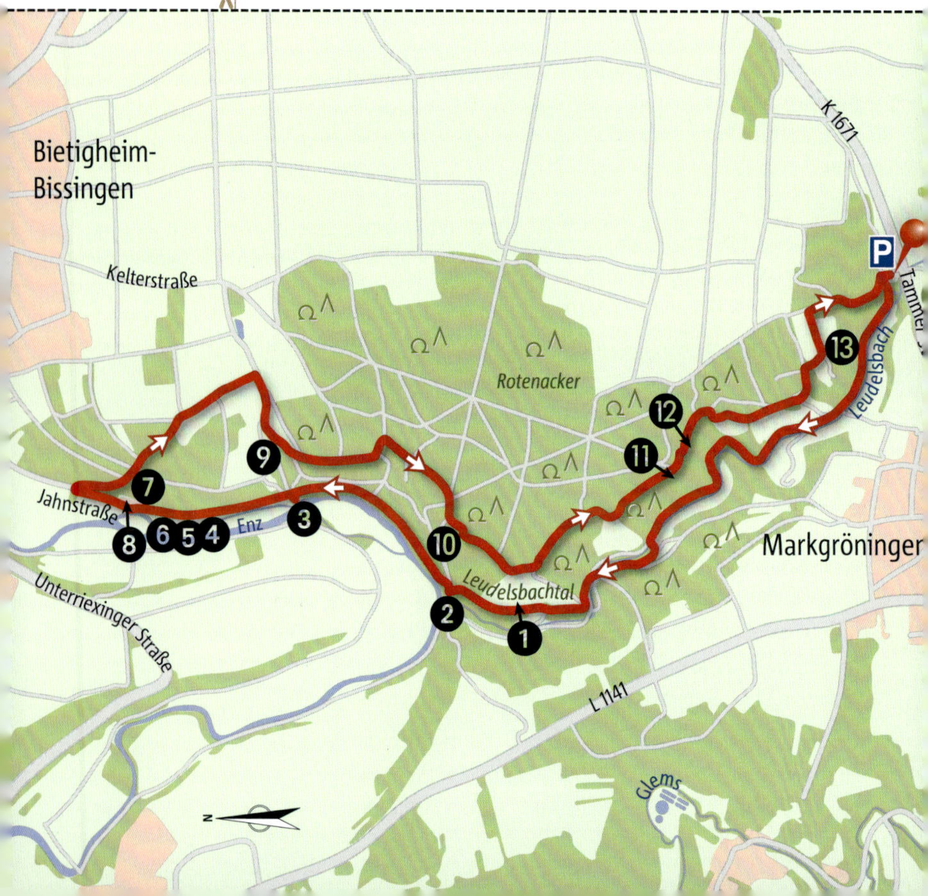

Alles auf einen Blick

WIE & WANN:
Waldwege, Wiesenpfade, Schotter- und Asphaltwege, steile Staffeln bei Abstechern in den Hang hinein. Wanderzeit ist ganzjährig, außer bei Schneeglätte und nach extrem starken Regenfällen, besonders schön zwischen April und Oktober.

HIN & WEG:
Auto: Wanderparkplatz Tammer See/Ölmühle, 71706 Markgröningen (GPS: 48.909834, 9.094759)
ÖPNV: Bus 532 ab Asperg Busbf. bis Markgröningen Steinbeisstraße, 10 Minuten Fußweg zum Parkplatz Tammer See

ESSEN & ENTSPANNEN:
Enzeckstüble ❷ Remminger Tal, 74321 Markgröningen, Tel. (0 71 54) 2 87 43
Ausflugslokal Zum Schellenhof ❾ Schellenhof 2, 74321 Bietigheim-Bissingen, Tel. (0 71 42) 3 03 14, www.ausflugslokal-schellenhof.de
Biergarten Flohberghaus ⓭ Am Rotenackerwald 7, 71706 Markgröningen, Tel. (01 57) 74 38 74 47

ENTDECKEN & ERLEBEN:
Hammelrain ❶
Floßkanal ❸
Bunkerruine ❹
Rasensofa ❺

Entspannung ✸✸✸✸✸
Genuss ✸✸
Romantik ✸✸✸

Altes Kraftwerkskammrad ❻
Sägmühle ❼
Korbflechterei-Werkstatt ❽ Sägmühle 1, 74321 Bietigheim-Bissingen
Enzblick ❿
Kunstgarten ⓫
Markgröninger Stadtbrille ⓬

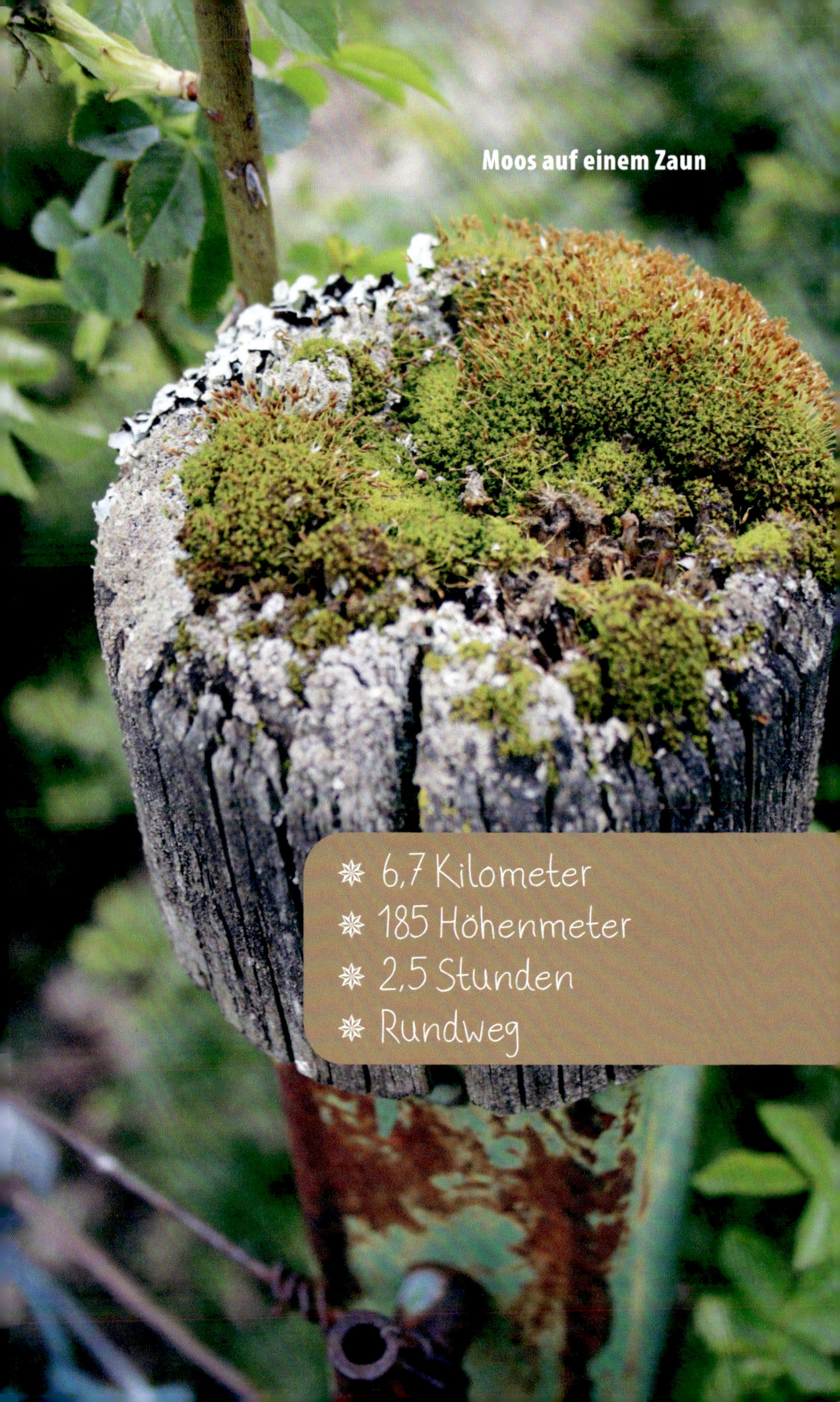

Moos auf einem Zaun

- 6,7 Kilometer
- 185 Höhenmeter
- 2,5 Stunden
- Rundweg

Wir starten die Tour ins Dürrbachtal am **Waldparkplatz Dürrbachtal** an der Waldebene Ost. Wenige Meter geht es Richtung Süden, dann biegen wir scharf nach links ab in einen Waldweg, der uns in nordöstlicher Richtung unterhalb und fast parallel zur Straße Waldebene Ost Richtung Wangen führt. Es geht durch schönen Mischwald aus Buche, Eiche, Esche, Kiefer und Ahorn. Schon bevor wir nach gut 1 Kilometer die Waldebene Ost genannte Straße überqueren, erfreuen uns aussichtsreiche Gärten zu unserer Rechten. Wir folgen der Beschilderung „Tante Blanka – Höhengaststätte Neckarblick" über die Straße hinweg.

Zur Schillerlinde laufen wir einen großen Linksbogen. Kaum biegen wir um die Ecke, bietet sich uns von der Aussichtsplattform der **Schillerlinde** ① ein herrliches Panorama hoch über dem Neckar. Wir entdecken auf der anderen Seite des Neckars links das Kraftwerk Münster mit der Bad Cannstatter Altstadt, weiter rechts das Mercedes-Benz-Museum und die Mercedes-Benz-Arena und davor das Kohlekraftwerk Gaisburg, das heute nur noch als Reservekraftwerk ge-

1905 hat der Verschönerungsverein auf der vereinseigenen Aussichtsplattform die ***Schillerlinde*** *gepflanzt – zum 100. Todestag von Friedrich Schiller. 1965 wurde der Baum vom Blitz getroffen, aber erst 13 Jahre danach baumchirurgisch behandelt.*

Mandeln und Reben

Wandeln auf der Wangener Höhe

nutzt wird. Schöner als der Blick auf dieses Bauwerk ist jener zum Württemberg mit der Grabkapelle.

Weiter geht es, vorbei an **Tante Blanka** ②, der Gaststätte mit dem Minigolfplatz und der sensationellen Aussicht. Ob wir hier schon etwas trinken, um das Panorama zu genießen? Früher oder später wandern wir oberhalb der Gaststätte auf unserem Weg weiter und

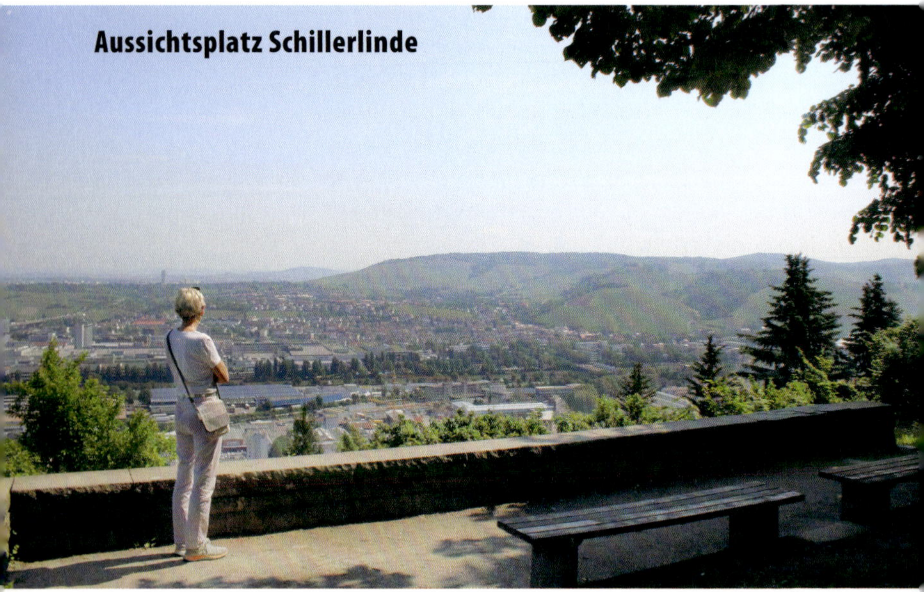

Aussichtsplatz Schillerlinde

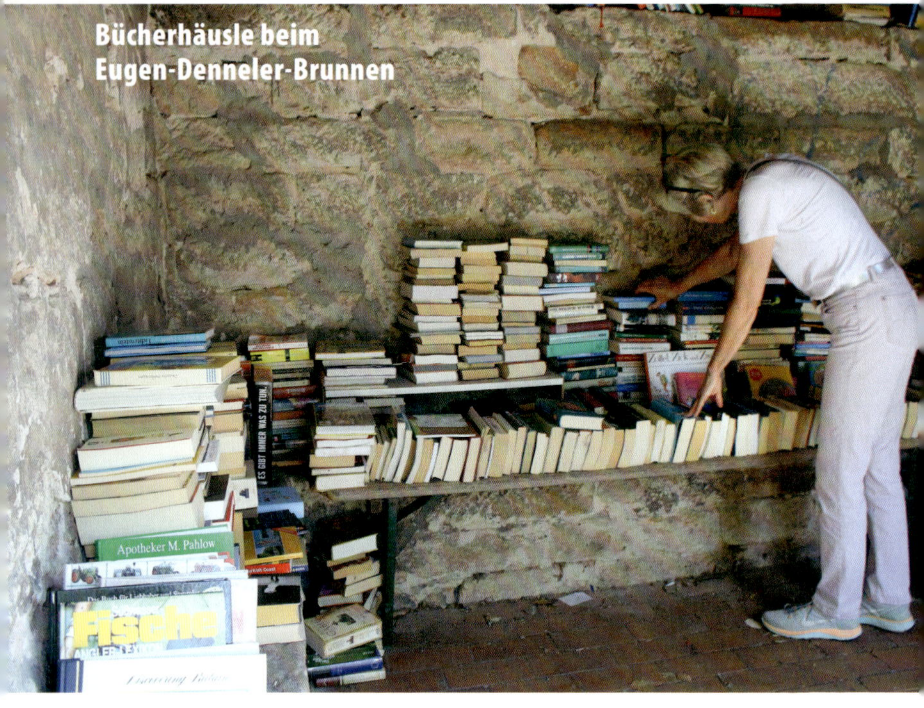

Bücherhäusle beim Eugen-Denneler-Brunnen

nach wenigen Metern in einen schmalen asphaltierten Pfad nach rechts. Er führt uns zu einem **Bücherhäusle** ③ und dem Eugen-Denneler-Brunnen. Rechts vom Brunnen nehmen wir den Weg zur **Gartenwirtschaft Onkel Otto** ④ in den Stubenweinbergen. Auch hier schauen wir uns zumindest kurz um. Wer weiß, ob wir nicht bald wiederkommen und dann Zeit mitbringen, um gemütlich einzukehren?!

Weiter geht es auf unserem Weg, dem Rennweg. An der nächsten Wegkreuzung mit den „Stubenweinbergen" sehen wir ein hübsches graublaues Haus mit einem großen **Hühnerhof** ⑤. Hier leben und scharren ganz offensichtlich glückliche Hühner. Etwas weiter vorne am Rennweg befand sich im Zweiten Weltkrieg eine Geschützstellung für eine „Acht-Achter"-Flugabwehrkanone. Wie gut, dass wir hier in friedlichen Zeiten wandeln können. Apropos wandeln: Wir wandern jetzt auf den Wandelwegen der **Wangener Höhe,** uralten Fußpfaden, sogenannten Wandeln oder Gwandwegen, die zur Bewirtschaftung der Weinberge gebaut wurden. Nachdem immer mehr Weinberge und Gärten aufgegeben wurden, verfielen sie ebenso wie viele Trockenmauern, die Generationen vor uns mühevoll und mit viel handwerklichem Geschick aufgeschichtet haben. Dank des Wandelprojekts sind die meisten Wege wieder begehbar, allerdings nach wie vor angesichts der

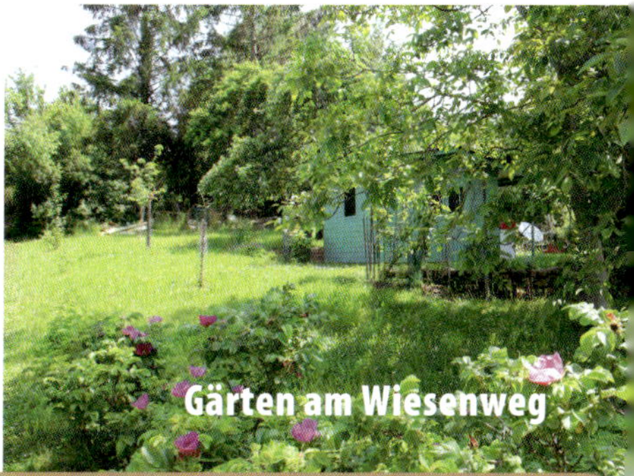
Gärten am Wiesenweg

Für die Seele

Wir wandern durch stillen Wald zu atemberaubenden Aussichtspunkten und lassen uns von einer alten Kulturlandschaft inmitten der Großstadt bezaubern.

zu überwindenden Höhenunterschiede teilweise steil. Also Obacht beim Weiterwandeln!

Zu unserer Rechten werden auf dem Weg geradeaus weiter die Gärten immer schöner. Wenige Meter nach einem besonders schönen großen Garten gehen wir zwischen einem privaten Autoparkplatz und einem schwarzen Maschendrahtzaun auf einem schmalen asphaltierten Wandelpfad leicht bergab. Unser Blick schweift über blühende Hecken und Trockenmauern, Regenwassertonnen, Gerümpel und Vogelhäuschen. Nach etwa 100 Metern nehmen wir die Abzweigung nach links und folgen den Stufen vorsichtig hinab. Wir befinden uns inmitten einer aussichtsreichen Hügel-, Weinberg- und Waldlandschaft – und das gewissermaßen mitten in der Landeshauptstadt.

Rund 500 Meter folgen wir dem Pfad bergab und bergan, vorbei an Gärten und Weinbergen. Im Früh-

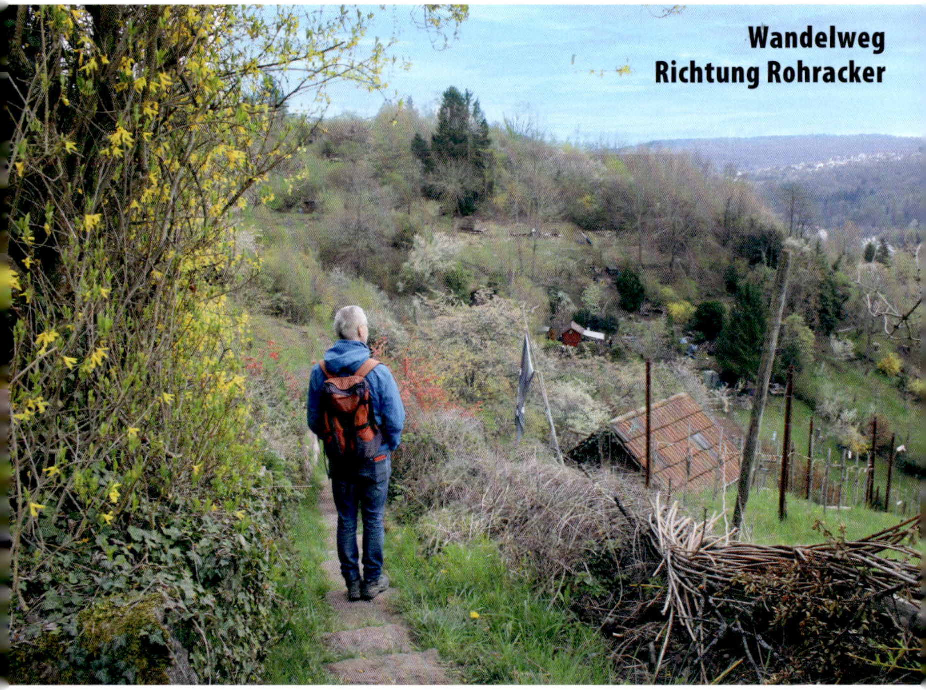

Wandelweg Richtung Rohracker

ling begleiten uns rot blühende Zierquitten, gelbe Forsythien und blühende Obstbäume. Steile Stäffele, efeuberankte Steinmauern und charmant bunt gestrichene Bullerbü-Gartenhäuschen – hier sieht es aus wie in der viel beschworenen guten alten Zeit. Über Rohracker und Sillenbuch hinweg sehen wir dagegen die drei imposanten, fast 70 Meter hohen Hochhäuser der Wohnsiedlung Asemwald, eine Art hochgeklapptes Dorf mit 1137 Eigentumswohnungen, 1972 fertiggestellt und bezogen.

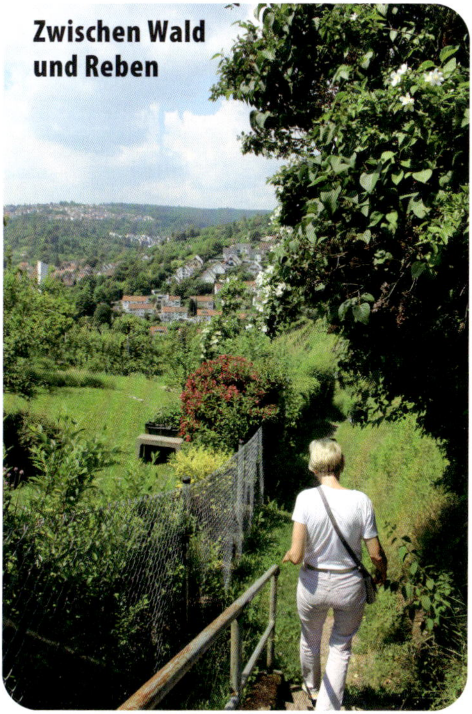

Zwischen Wald und Reben

Dass unser Wanderweg sich immer größerer Bekanntheit und Beliebtheit erfreut, erkennen wir an einem Aushang vor einem Garten: „Do isch privat. Au dr Wengerter will amol in Ruh sei Viertele schloza", steht zu lesen und einsichtig wandern wir vorbei. Etwa 500 Meter wandeln wir weiter, bis der Pfad eine Rechtskurve macht. Gut 100 Meter nach der Abbiegung folgen wir dem bergab führenden gepflasterten Pfad nach rechts. Wir wandern zwischen Weinberg und Gärten bis zu einer Wegkreuzung an der **Dürrbachhütte** ⑥, biegen scharf links ab und stehen vor dem Eingang zur Hütte. Zwei junge Rohracker Winzer betreiben die Besenwirtschaft, leider nur an manchen Tagen.

Wir wandern an der Hütte vorbei und auf dem Engenbergweg unterhalb des **Engenbergs** weiter. Auf den Begrenzungsmauern wachsen Kakteen und Traubenhyazinthen, Wolfsmilch und Pfingstrosen. Zur Talseite hin haben die sonnenverwöhnten Rohracker in einem **Mandelprojekt** ⑦ eine ganze Reihe Mandelbäumchen gepflanzt. Wir fühlen uns fast wie in mediterranen Gefilden, genießen gerade im Sommer aber auch

!

Viele Stuttgarter Steillagen wurden in der Vergangenheit aufgegeben. Sebastian Schiller und Dennis Keifer wollen die alte Kulturlandschaft erhalten und haben 2013 ihr eigenes ***Weingut*** *mithilfe von Crowdfunding gegründet. Ist die Besenwirtschaft geöffnet, kann man den Wein kosten.*

den Blick auf Schatten spendenden Wald, der in Stuttgart nie weit weg ist.

Nach einem halben Kilometer unterhalb des Engenbergs folgen wir einem schmalen Weg, der mit einigen Treppen beginnt, scharf rechts hinunter in den Ort. Dort überqueren wir den **Dürrbach** und halten uns auf dem Sträßchen rechts, das uns entlang des Bachs in nordwestlicher Richtung in den Wald führt. Am Waldrand gibt es links einen Garten mit einem von den Besitzern vor 30 Jahren gepflanzten **Berg-Mammutbaum 8**. Auf diesem Weg erreichen wir den **Dürrbachweiher 9** und machen auf einer der Bänke eine kleine Rast. Oberhalb des Teiches wandern wir weiter und folgen dem roten Punkt auf weißem Grund hinauf zu unserem Ziel am Waldparkplatz.

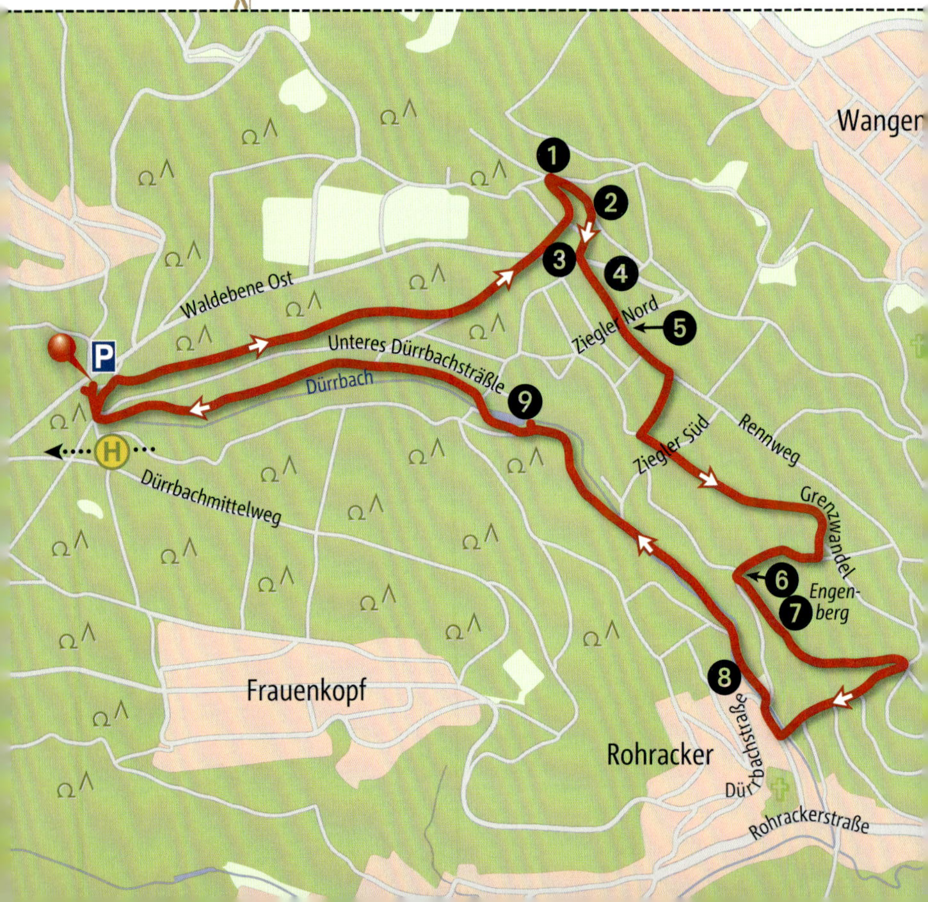

Alles auf einen Blick

WIE & WANN:

Waldwege, wenige Straßenabschnitte, schmale Wandelpfade, Treppen. Wanderzeit ist ganzjährig, außer bei Schneeglätte.

HIN & WEG:

Auto: Waldparkplatz Dürrbachtal, 70186 Stuttgart (GPS: 48.768372, 9.211635)

ÖPNV: U15 von Stuttgart Hbf. bis Geroksruhe, 1 Kilometer bis zum Waldparkplatz Dürrbachtal

ESSEN & ENTSPANNEN:

Tante Blanka ❷ Im Schleifrain 1, 70327 Stuttgart, Tel. (07 11) 46 58 30

Wirtschaft Onkel Otto ❹ In den Stubenweinbergen 5, 70327 Stuttgart, Tel. (07 11) 5 05 28 91, https://onkelotto-stuttgart.de

Besenwirtschaft Dürrbachhütte ❻ 70329 Stuttgart-Rohracker

ENTDECKEN & ERLEBEN:

Aussichtsplatz Schillerlinde ❶
Bücherhäusle ❸
Hühnerhof ❺
Mandelprojekt ❼
Berg-Mammutbaum ❽
Dürrbachweiher ❾

Entspannung ★★★★☆
Genuss ★★★★☆
Romantik ★★★☆☆

Ehmetsklinge

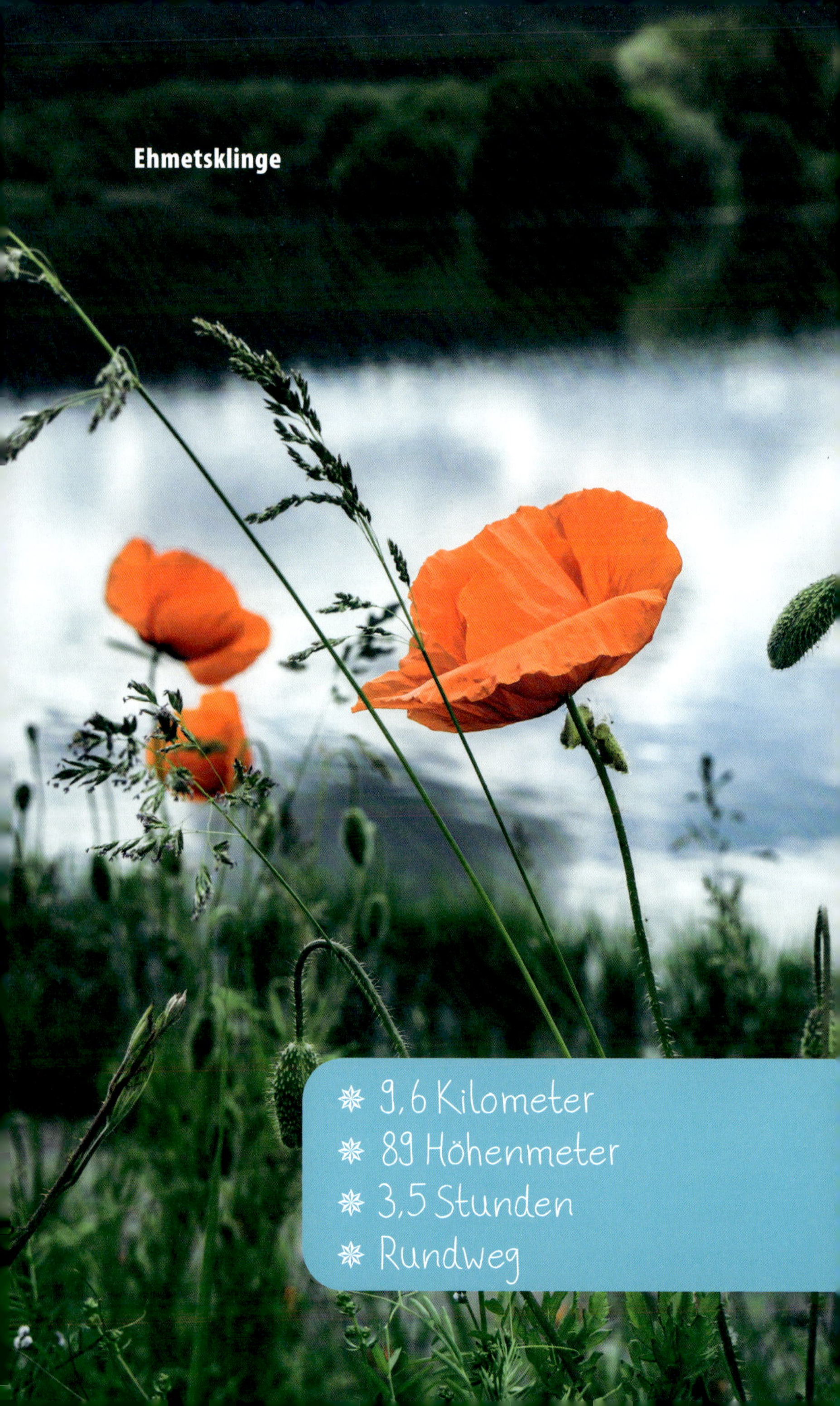

- 9,6 Kilometer
- 89 Höhenmeter
- 3,5 Stunden
- Rundweg

Die Aussichten auf dieser gemütlichen Rundwanderung sind großartig: Gleich am Start beim Naturparkzentrum ① inspiriert uns an einem heißen Sommertag die Aussicht auf ein Bad im See. Vor uns liegt die Ehmetsklinge ②, einer von drei Seen auf unserer Strecke, an dem das Wirtshaus am See ③ zur Einkehr lockt. Doch erst mal wird gewandert: Wir starten am Naturparkzentrum Stromberg-Heuchelberg. Zwischen diesen beiden Hügelzügen liegt das Zabergäu, das gerne für sich wirbt mit dem Slogan von Deutschlands größter Rotweinlandschaft. Einen Teil von ihr erkunden wir. Das geht entspannt, denn wir folgen der guten Beschilderung des Drei-Seen-Wegs ZA1 – wer abkürzen will, wählt die kürzere Variante ZA2, bei der zwei Seen umrundet werden.

Erste Sonnenanbeter haben es sich schon auf der Liegewiese des Stausees Ehmetsklinge bequem gemacht. Das Gewässer dient dem Hochwasserschutz und ist 1969 geschaffen worden. Seit 2007 liegt mitten unter den Badegästen eine Seejungfrau, den Blick konzentriert auf ihren See gerichtet. Es ist die „Wächterin", eine Bronzefigur des Bildhauers Darko Gol. Wir sind erst wenige Meter entlang des Sees gewandert, da säumen rechter Hand schon erste Weinreben den Weg. Über dem Weinberg thront ein Wäldchen und entlang des Sees wachsen wilde Rosen, Pfaffenhütchen und Schlehensträucher mit Früchten, fast so groß wie Mirabellen.

Nach 700 Metern biegen wir links ab. Schilf und Streuobstwiesen verdecken die Sicht auf den See. Der

Auf einer Ausstellungsfläche von 350 Quadratmetern informiert die ***Erlebnisschau im Naturparkzentrum*** *über viele kleine und große Wunder der Natur. Unter anderem ist hier ein Wildkatzenrevier nachgebildet – falls man draußen keins der scheuen Tiere entdeckt hat.*

Von See zu See

Baden und Wandern im Zabergäu

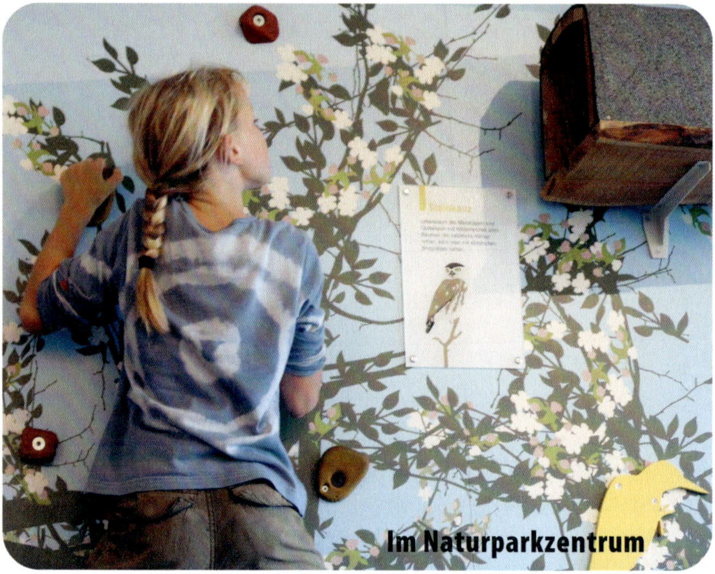

Im Naturparkzentrum

Weg windet sich leicht bergan. Oben angekommen, entdecken wir Bänke und ein **Waldsofa** ④ am Rand einer riesigen Wiese. Für einen Moment tanken wir hier Licht und Luft, genießen diese Oase der Ruhe. Wir wandern genussvoll weiter mit Blick auf ausgedehnte Wiesen, in denen Herbstzeitlose prangen, Wäldchen und Flächen voller Obstbäume. Ein Idyll, das unser Herz aufgehen lässt!

Vogelkenner können auf der Wanderung mit gutem Fernglas und Geduld auf ihre Kosten kommen. Um unsere gefiederten Freunde und auch andere Tiere wie Erdkröten, Molche oder Feuersalamander nicht zu stören, sind viele Flächen eingezäunt. Auch an der **Ehmetsklinge** gibt es einen der Natur vorbehaltenen Bereich. Über einen Gitterrost überqueren wir die unspektakulär dahinfließende **Zaber** und verlassen schon bald den See, der kaum sichtbar links von uns hinter Rohrkolben, Zottigem Weidenröschen und Mädesüß liegt.

Der Weg steigt leicht an. Auf einer Wiese grast friedlich eine Ziegenherde. In ihrem Wiesenglück unter einem prallvoll behangenen Apfelbaum haben die Tiere wahrlich keinen Grund zu meckern. Und tun es doch. Nachdem wir 100 Meter eben gelaufen sind, folgen wir den Schildern nach rechts entlang des Dämmlesgrabens. Wir laufen nun auf einem Naturpfad zwischen einem Sonnenblumenfeld voller braun gewordener Blütenköpfe und einem Waldstreifen aus Ahorn, Eiche, wilden Kirschen und Haselnusssträuchern. Nach zwei Links- und zwei Rechtskurven überqueren wir den Dämmlesgraben und erreichen einen asphaltierten Feldweg. Fast kerzengerade geht es Richtung K 2062, der Häfnerhaslacher Straße. Über die abgeernteten Felder spannt sich ein tiefblauer

Strand der Ehmetsklinge

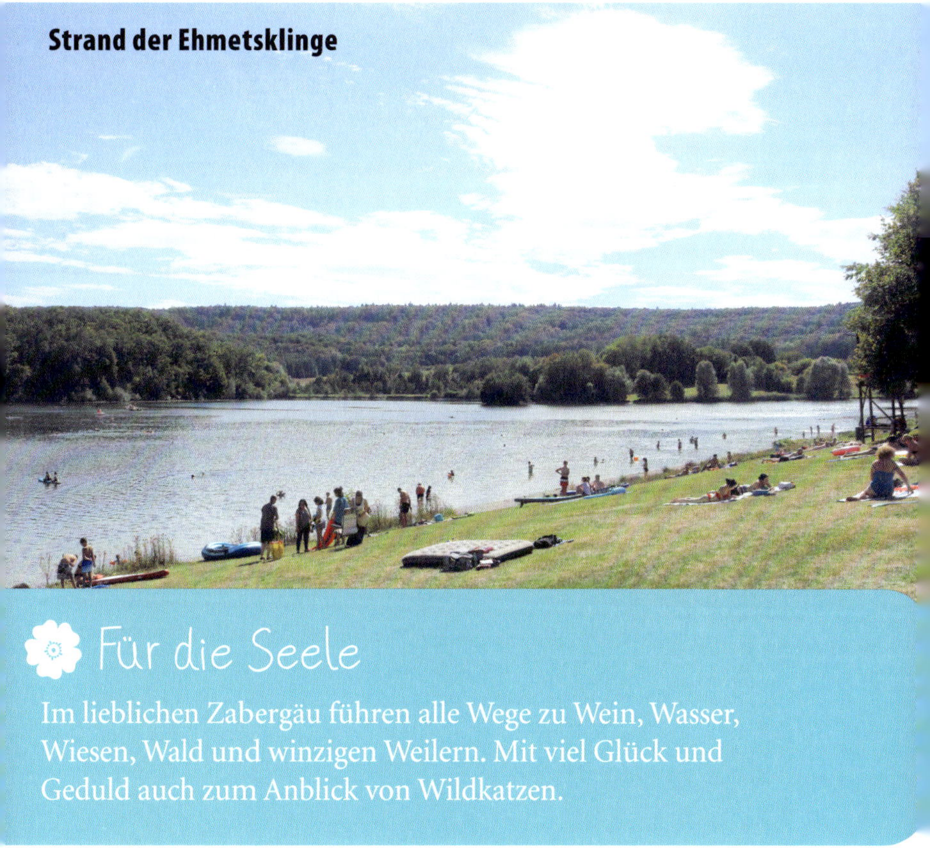

Für die Seele

Im lieblichen Zabergäu führen alle Wege zu Wein, Wasser, Wiesen, Wald und winzigen Weilern. Mit viel Glück und Geduld auch zum Anblick von Wildkatzen.

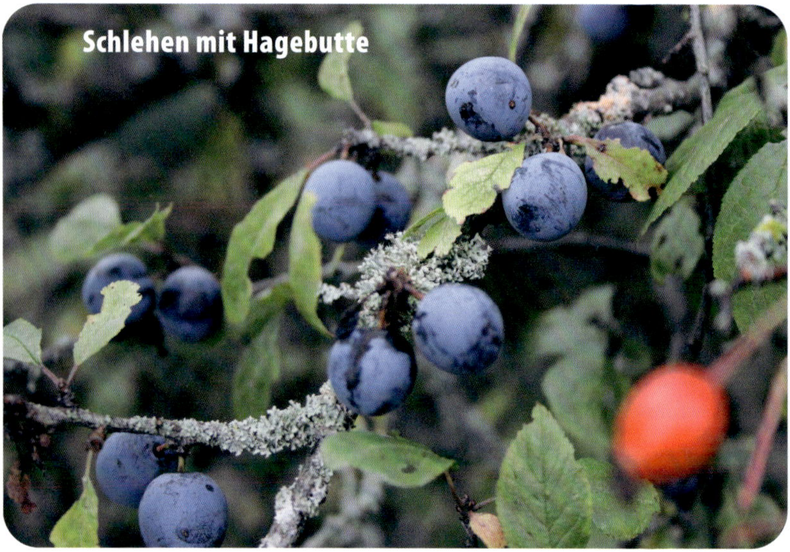

*Seinen Namen hat das Zabergäu vom Fluss **Zaber.** Er entspringt 2 Kilometer südwestlich von Zaberfeld am Hang des Strombergs und sorgt als einer der Zuflüsse des Stausees Ehmetsklinge für deren ausgezeichnetes Wasser. Nach 22 Kilometern mündet die Zaber bei Lauffen in den Neckar.*

Himmel voller fedriger Wölkchen, unter den Obstbäumen türmt sich Fallobst. Im **Zabergäu** scheint es so etwas wie Berufsverkehr nicht zu geben und so können wir selbst der 100 Meter langen Strecke, die wir an der Kreisstraße entlang nach rechts laufen müssen, etwas abgewinnen.

Nachdem wir die Kreisstraße überquert haben, wandern wir leicht schräg weiter entlang des Wäldchens, bevor wir scharf nach links abbiegen. Kaum sattsehen können wir uns an den gut gepflegten Weinstöcken. Hier wächst unter anderem Grauburgunder. Wenige Meter weiter prangen Walnüsse noch in ihren grünen Fruchtschalen und tatsächlich, im Zabergäu gedeihen offensichtlich auch Sojabohnen. Schon ein Viertel unseres Verbrauchs stammt aus heimischer Produktion – dabei hilft ausnahmsweise mal der Klimawandel, denn die eiweißreiche Pflanze hat es gerne warm!

Nun erreichen wir ein Wäldchen und gehen geradeaus hinein. Der steile Pfad führt direkt ans Westufer des zauberhaften **Katzenbachsees** 5. Nicht erschrecken angesichts nackter Hinterteile: FKK ist hier erlaubt. Ob nun nackig oder bekleidet: Wir haben die Hälfte der Tour geschafft und lassen uns auf der Liegewiese unterhalb des Kiosks nieder. Bevor wir uns mit Vesper aus dem Rucksack stärken oder schauen, was der **Kiosk 6** an Leckerem zu bieten hat, pflügen wir eine entspannte Runde durchs naturtrübe, aber von Wasserkundlern als ausgezeichnet gepriesene Wasser. Wer die Wanderung abkürzen möchte, hat nun die Gelegenheit: Der Zwei-Seen-Weg ZA2 führt von dieser Seite des Katzenbachsees aus weiter, vorbei an der **Sportgaststätte Zaberfeld 7**.

Gesättigt und wohlig entspannt gehen wir Drei-Seen-Wanderer um den See herum. Der Weg führt vorbei an einem Gehöft und dann rechts entlang der Zaberfelder Straße. Nach etwa 500 Metern lotst uns das Wanderzeichen nach links über die Straße und die zugewachsenen, stillgelegten Eisenbahnschienen der

Katzenbachsee

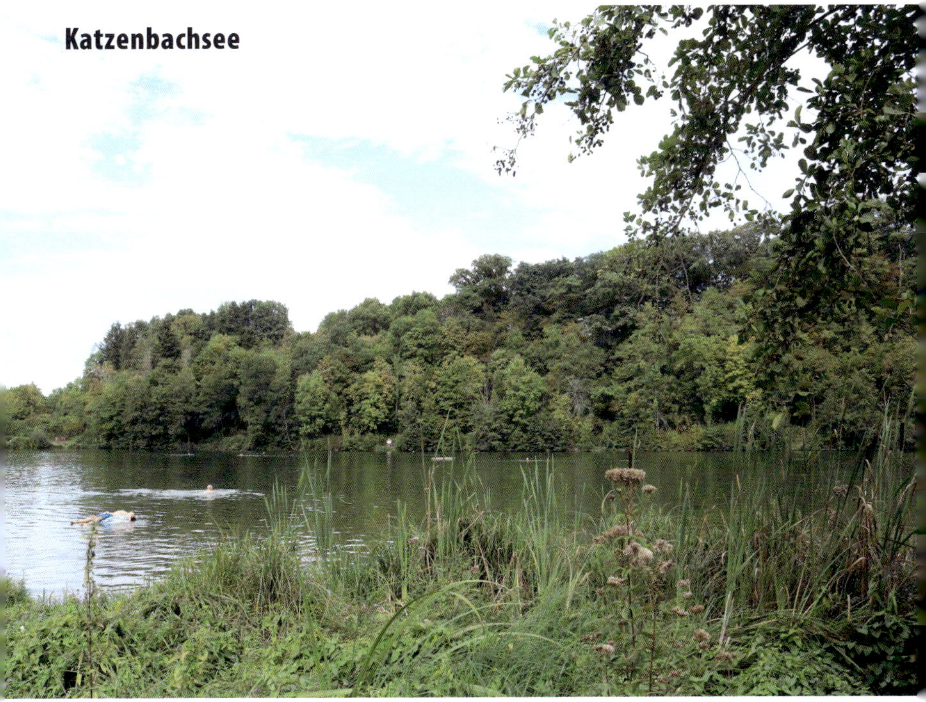

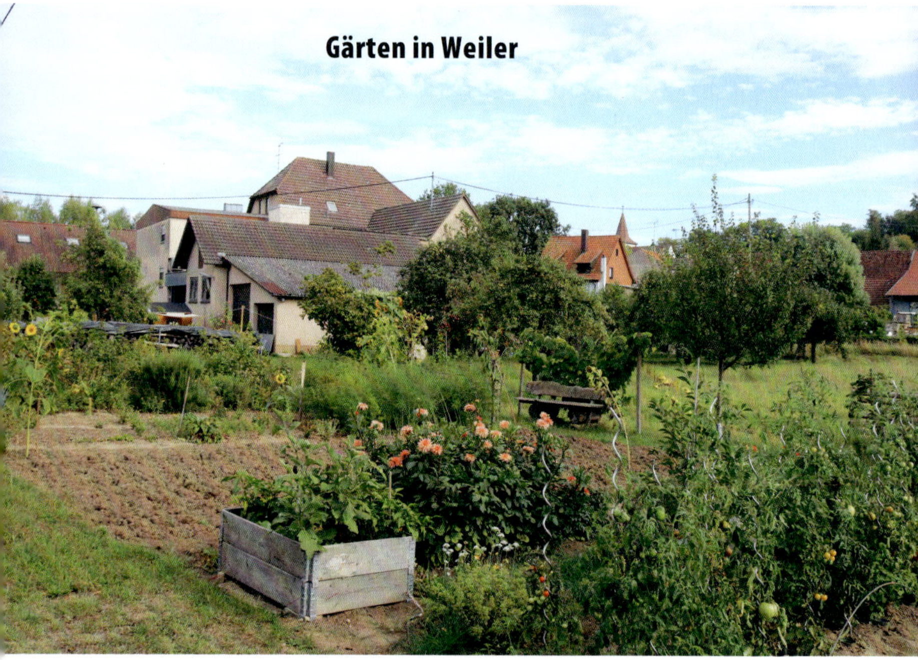

Gärten in Weiler

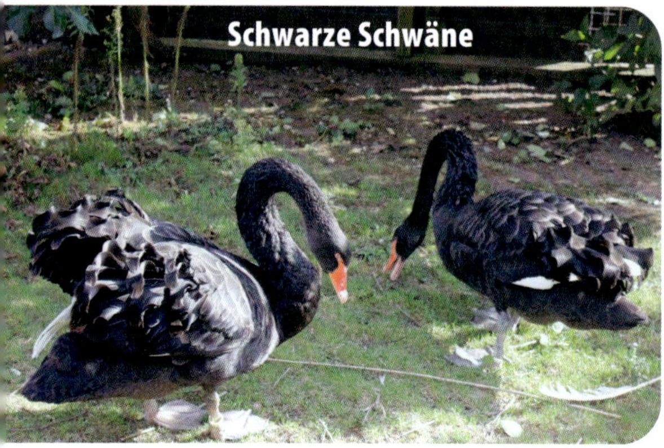

Schwarze Schwäne

einstigen Zabergäubahnstrecke. Der Lauf der Zaber führt uns bald nach rechts. Entlang des leise plätschernden Flüsschens wachsen Weiden, Holunder und wild aufgegangene Pflaumenbäumchen. Dahinter liegt ein Dorfkern wie aus dem Bilderbuch mit großen Bauerngärten, Gehöften, Kirchturm, alten Häusern – ein Weiler, der im Übrigen genau so heißt: **Weiler an der Zaber.**

Wen jetzt der Hunger umtreibt, der kann an der Zaberstraße wenige Meter nach rechts laufen und im **Gasthaus zur Eisenbahn** 8 einkehren. Doch wir biegen nach etwa 350 Metern entlang der Zaber links über die Zaberstraße ab, um sofort ein weiteres Mal links an der Talstraße weiterzuwandern. Vorbei an schnatternden, krähenden und wuselnden Tieren der Kleintierzüchter, führt unser Weg nun weg von der Zaber. Dafür laufen wir jetzt unweit des Michelbachs, den Blick selig auf eine weite Wiesenaue gerichtet. Der Michelbach begleitet uns bis zum dritten See der Wanderung, dem Michelbachsee 9. Der liegt nordöstlich des Spitzenbergs im Natur- und Landschaftsschutzgebiet, wir dürfen daher nicht ins Wasser. Umso entspannender ist es, sich hier für einen Moment der Stille ans Ufer zu setzen.

Ein asphaltierter Weg führt dann zu einem Neubaugebiet. Wir sind nun hinter dem Hausberg von Zaberfeld, dem Spitzenberg. Über das Sträßlein In den Weingärten und die Hofäckerstraße gelangen wir in die Michelbacher Straße. Am Feuerwehrhaus biegen

Naturschutzgebiet Michelbachsee

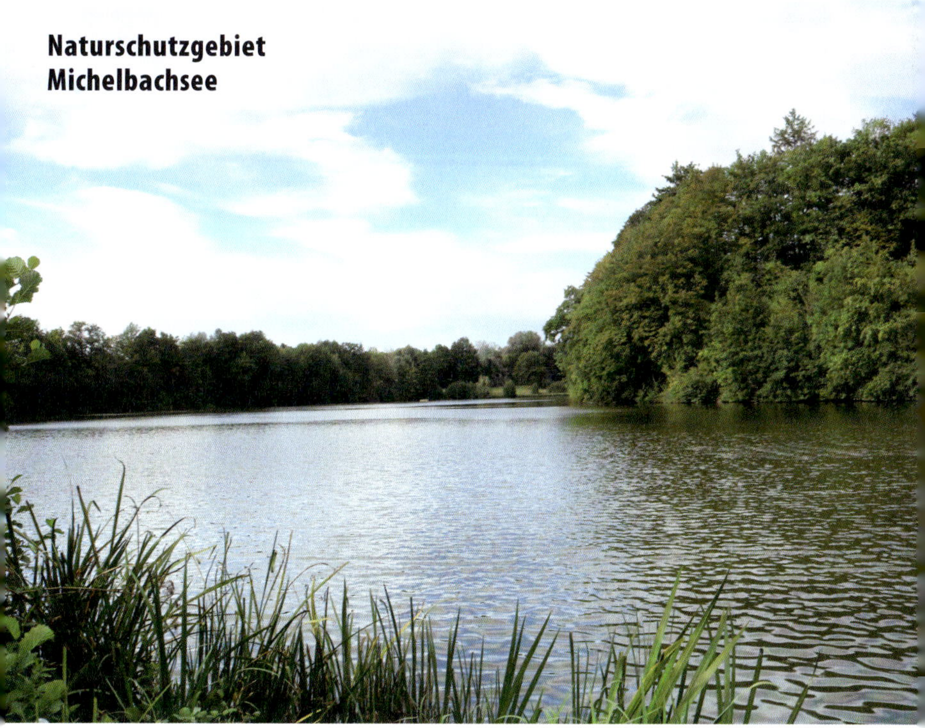

Seit 2012 gibt es die ***Wasserwelt,*** *entstanden nach der Renaturierung des Riesenbachs. Jede Menge Kletterstämme, Trittsteine, ein Kneippbecken und Sand, aber auch Spiele und Informationen laden dazu ein, das bunte Leben am Bach zu entdecken.*

wir rechts in einen Wander- und Radweg ein. Ihm folgen wir bis zur Leonbronner Straße, die wir überqueren. Auf der anderen Seite lassen wir uns eine Erfrischung nicht entgehen: Die **Wasserwelt** ⑩, ein Erlebnispfad, verbindet uns auf den folgenden 900 Metern mit der Ehmetsklinge, unserem Start- und Zielpunkt. Die Kneippanlage verspricht eine Wohltat für müde Beine. Nicht umsonst genießen wahre Kneippianer das Armbad anstelle eines Espresso. Unsere erfrischende Auszeit vom Alltag beenden wir am Stausee. Wer noch nicht genug Bewegung hatte, kann sich hier ein Tretboot mieten oder ausgiebig schwimmen. Die Einkehr auf der Terrasse des **Wirtshauses am See** lassen wir uns aber in keinem Fall entgehen.

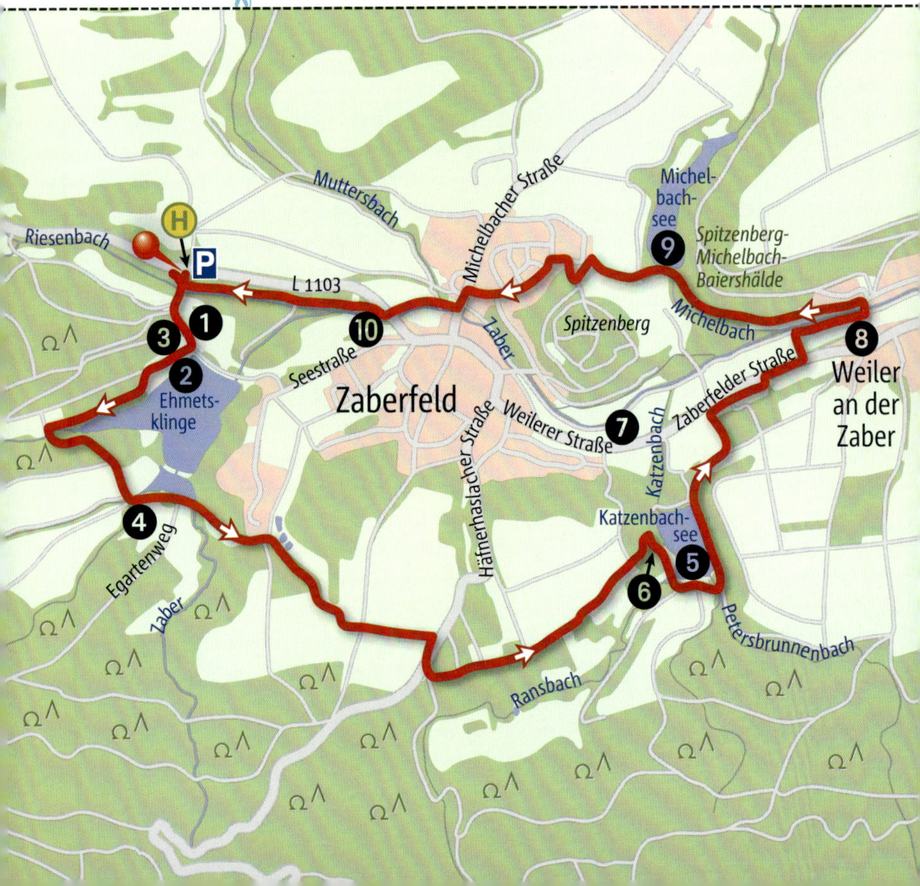

Alles auf einen Blick

WIE & WANN:

Asphaltierte Wege, Schotter-, Wald- und Wiesenpfade, Feldwege. Wanderzeit ist ganzjährig. Am lohnendsten zur Badezeit im Sommer.

HIN & WEG:

Auto: Wanderparkplatz am Stausee Ehmetsklinge am Naturparkzentrum Stromberg-Heuchelberg, 74374 Zaberfeld (GPS: 49.058532, 8.912599)
ÖPNV: S4 von Stuttgart Hbf. bis Ludwigsburg Bf., dann mit RE8 bis Lauffen Bf., schließlich mit Bus 664 bis Zaberfeld Naturparkzentrum

ESSEN & ENTSPANNEN:

Wirtshaus am See ❸ direkt an der Ehmetsklinge, 74374 Zaberfeld, Tel. (0 70 46) 88 11 95, www.wirtshaus-am-see.info
Kiosk am Katzenbachsee ❻
Sportgaststätte Zaberfeld ❼ Weilerer Straße 45, 74374 Zaberfeld, Tel. (0 70 46) 71 50
Gasthaus zur Eisenbahn ❽ Zaberstraße 11, 74397 Pfaffenhofen-Weiler, Tel. (0 70 46) 21 24, www.metzgerei-grauer.de

ENTDECKEN & ERLEBEN:

Naturparkzentrum ❶
Badesee Ehmetsklinge ❷
Waldsofa ❹
Katzenbachsee ❺
Michelbachsee ❾
Wasserwelt ❿

Entspannung ✱✱✱✱✱
Genuss ✱✱✱✱✱
Romantik ✱✱✱✱✱

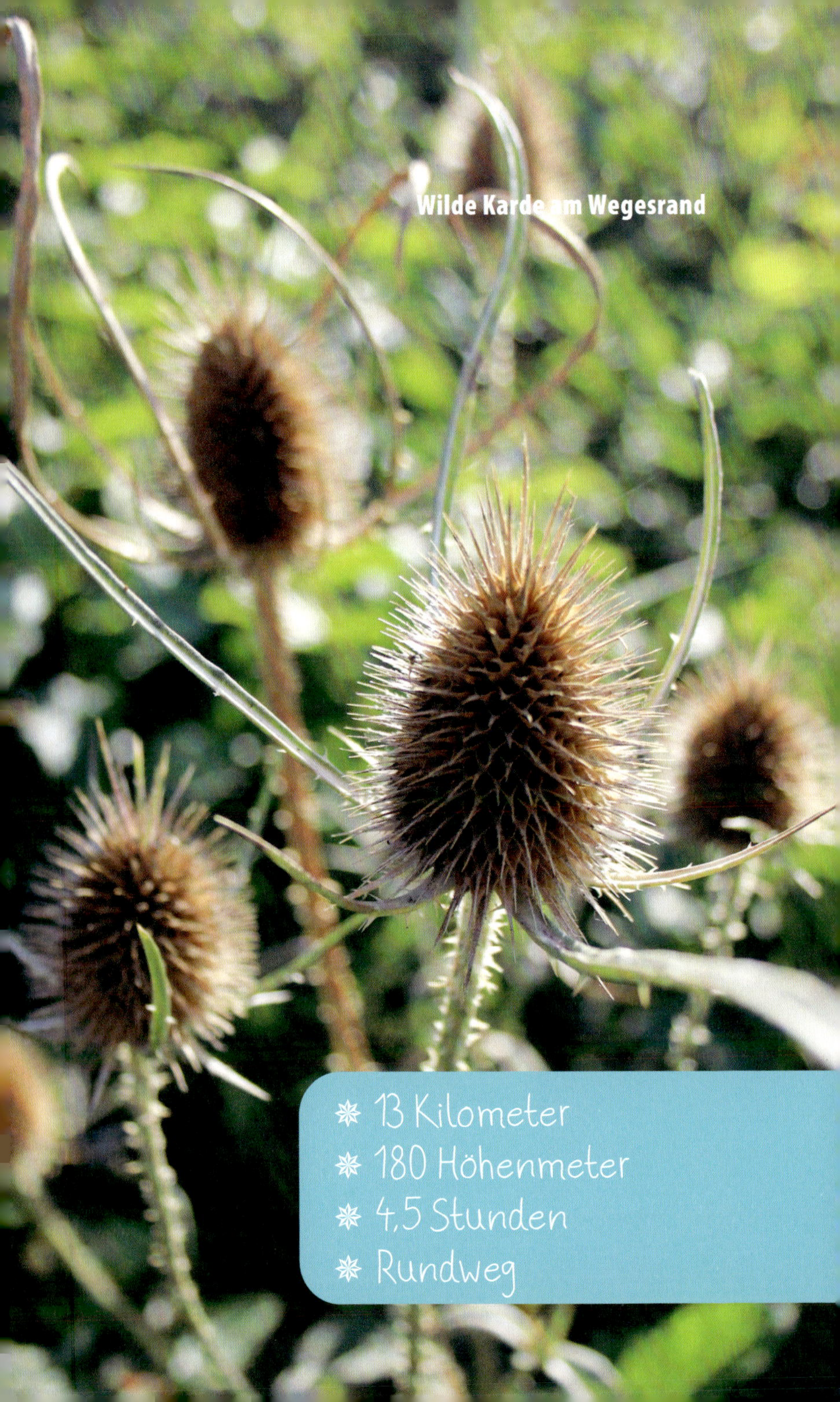

Wilde Karde am Wegesrand

- 13 Kilometer
- 180 Höhenmeter
- 4,5 Stunden
- Rundweg

Wir starten am **Parkplatz Stutz** in der **Maybachstraße** in der Löwensteiner Ortsmitte und laufen diese Straße wenige Meter hinunter. Wo der Alte Weg die Maybachstraße kreuzt, nehmen wir rechts die Treppen. Die Badstaffel führt uns hinunter ins Tal und viele Wanderschilder zu unterschiedlichen Wegen prangen an ihrem Startpunkt. Wer sich auf dieser Tour mal verlaufen sollte, der kann unmöglich verloren gehen – ein gut gemachtes Netz aus Hinweisschildern lässt uns entspannt wandern. Unser Weg verläuft in weiten Teilen wie der Wanderweg WT 11 – für Weinsberger Tal Nummer 11.

Über die Teusserbadstraße, in die wir links abbiegen, erreichen wir nach einigen Wohnhäusern und einer scharfen Haarnadelkurve nach rechts die Abfüllgebäude der Teusser Mineralbrunnen GmbH. Wer beim Weitergehen aufmerksam nach links schaut, entdeckt nach den Firmengebäuden das **Schloss Lautereck** (1), im Volksmund auch Teusserschlösschen. Es gehört dem Inhaber des Mineralbrunnenbetriebs. Das Wasserschlösschen steht in einem von der Teusserquelle gespeisten See.

Wir folgen der Teusserbadstraße weiter, die nach einem Tümpel und der Mittelmühle zur Sulmstraße im Stadtteil Rittelhof wird. Stünde hier Bullerbü auf dem Ortseingangsschild, wir würden uns nicht wundern, so idyllisch ist die Aussicht, die sich beim Weiterwandern bietet: rechts Pferde unter Nuss- und Apfelbäumen, links Wiesen, Wald und Weiden, darin verstreut einige Scheunen. Das leise Gluckern der **Sulm**

*Sicher war die **Teusserquelle** den Menschen noch früher bekannt, belegt ist ihre Nutzung aber erst seit dem Bauernkrieg 1525. Schon damals – und bis in die 1930er-Jahre – wurde die Quelle für Badekuren verwendet. Sprudel wird aus der Teusserquelle seit dem späten 19. Jahrhundert abgefüllt.*

begleitet uns. Sie mündet 26 Kilometer nach ihrem Ursprung in den Löwensteiner Bergen bei Bad Friedrichshall in den Neckar. Wir folgen der Linkskurve, die die Sulmstraße im Ort macht, und laufen auf ihr etwa 160 Meter geradeaus weiter, vorbei an drei Weingütern. Dort, wo die Sulmstraße eine Rechtsbiegung macht, wandern wir zwischen einem Kirschbaum und einer großen Scheune nach links auf einen Feldweg: Von nun an sind wir für knapp 3 Kilometer auf dem Württembergischen Weinwanderweg. Immer wieder müssen wir für einen Moment innehalten und einen Blick hinüber auf die gegenüberliegenden Weinberge werfen und auf die ganze friedliche, einladende, grandiose Landschaft, die unter und vor uns liegt.

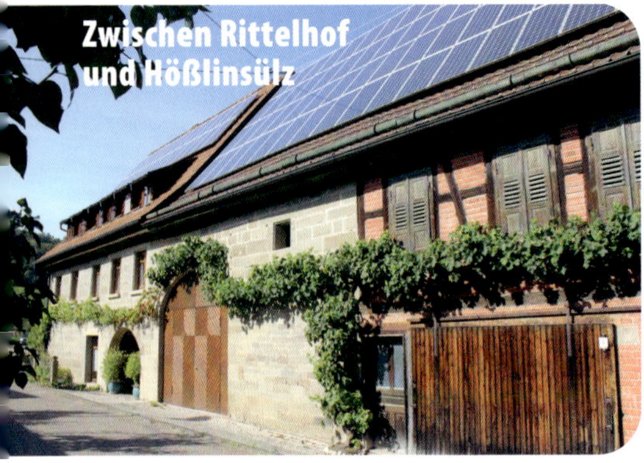

Nach einer scharfen Rechtsabbiegung wandern wir schon bald ganz und gar zwischen Weinbergen. Die Traubenpracht auf beiden Seiten leuchtet mal blau, mal weiß, für Septemberwanderer aber in jedem Fall sehr verführerisch! Beim Blick nach rechts ins Gäu entdecken wir die beiden großen Windräder auf dem Horkenberg, die den jährlichen Strombedarf von 2500 Haushalten decken. Gemütliche Weinberghäuschen und ein bunt bemalter Bauwagen, der wohl als Pausenstation für schaffige Wengerter dient, stehen dekorativ am Wegesrand. Auf diesem Wegstück zwischen Wald und Reben lag bis vor Kurzem ein ungewöhnlicher Aussichtspunkt, versteckt inmitten der Weinberge und ohne Hinweisschild, das sogenannte **Zwitscherstübchen** ❷. Ob der zauberhafte Ausguck aus Weiden, der zu einer ganzen Reihe besonderer Aussichtspunkte gehört, erneut errichtet werden soll, ist noch offen.

Im Ortsteil Hößlinsülz verlassen wir den Weinwanderweg und biegen in der Bergstraße rechts ab.

Wer jetzt ein Getränk und eine kleine Rast gebrauchen kann, sollte im Landgasthof Roger 3 einkehren, wo man auch im gemütlichen Biergarten die herrlichen Landschaftseindrücke bei einem Vesper verarbeiten kann. Bei schönem Sommerwetter indes lockt der nahe Breitenauer See uns zu sehr. Er ist nicht mehr weit. Wir folgen der Bergstraße und überqueren vorsichtig die B39, um auf der anderen Seite gleich rechts auf dem Feldweg etwa 200 Meter parallel zur Straße weiterzuwandern. Danach biegen wir links vor dem Schild „Beckershof" ab und wandern entlang der Sulm bis zum See 4. Hier gibt es verschiedene verlockende Möglichkeiten: Entweder wandern wir ein kleines Sträßchen hoch zum Seerestaurant Der Grieche 5 und kehren dort ein. Oder wir folgen dem Uferweg bis zum Seekiosk Schröter's Seeterrasse 6, der nur bei

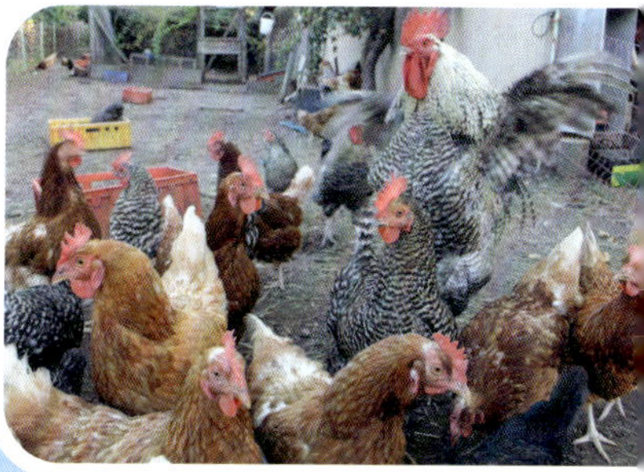

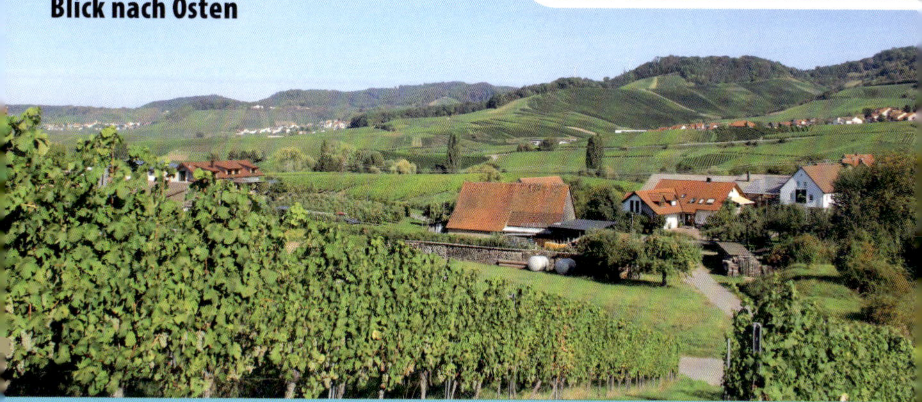

Nach der Ortschaft Rittelhof Blick nach Osten

Für die Seele

In dieser von Natur und Mensch verwöhnten Landschaft gackern Hühner noch fröhlich im Freien – und auch wir Wanderer fühlen uns wie im Paradies.

schönem Wetter geöffnet ist. Oder aber wir suchen uns an einer Badestelle ein Plätzchen auf der Liegewiese und lassen uns für ein Picknick und eine ausgiebige Pause am Wasser nieder.

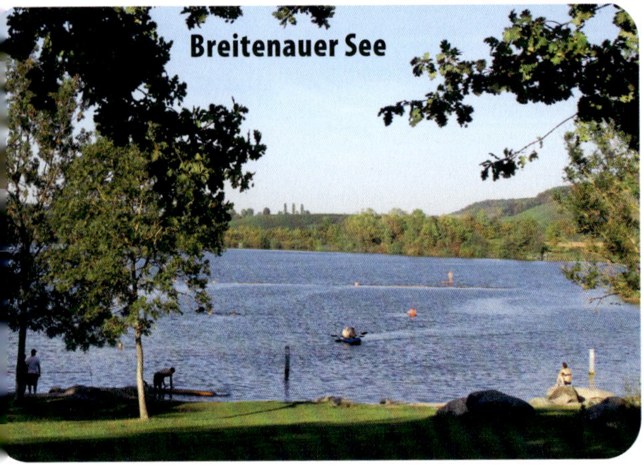

Breitenauer See

Der Stausee ist ein Eldorado für Wasserratten, aber auch gut dafür geeignet, zweckfrei herumzuliegen. Wir sehen kleine Segelboote, konzentriert vor sich hin schippernde Stand-up-Paddler und verträumte, vielleicht sogar tatsächlich träumende Luftmatratzenkapitäne. Hier möchte man gern länger verweilen.

Wie lange wir an diesem Ort das Nichtstun genießen können, hängt davon ab, wann wir gestartet sind. Die Hälfte des Wegs haben wir geschafft. Auf jeden Fall wollen wir vor der Abenddämmerung in Löwenstein sein. Also starten wir rechtzeitig und laufen am See zurück bis zu der Stelle, wo der Seerundweg vor der Vorsperre des Sees nach links abbiegt. Wir folgen dem Seerundweg, lassen uns aber einen Abstecher auf den **Anglersteg** 7 und den Blick auf eine kleine Reiherinsel im See nicht entgehen.

Jene, die erst jetzt oder wieder Hunger und Durst verspüren oder einfach noch ein wenig in der idyllischen Landschaft das Hier und Jetzt genießen wollen, können vom Seerundweg aus einen gut beschilderten Abstecher zum **Wengertshäusle** 8 machen. Das bietet von April bis Ende Oktober an Sonn- und Feiertagen kleine Snacks inmitten der Weinreben an. Vor allem aber eine sensationelle Sicht auf den See! Für die anderen geht es jetzt vom See weg leicht ansteigend weiter. Links voll behangene Weinberge, rechts im Herbst leer geräumte Felder. Wir folgen diesem Weg 600 Meter

*Der **Stausee** ist zwischen 1975 und 1980 durch Aufstauen der Sulm entstanden, die in den Löwensteiner Bergen entspringt. Er ist 1,5 Kilometer lang und bis zu 500 Meter breit. Es gibt eine Badebucht mit Liegewiesen. Auch Ruderer, Stand-up-Paddler oder Tretbootfahrer kommen auf ihre Kosten.*

und nehmen dann einen Wiesenweg, der rechter Hand schräg abgeht. An der nächsten Wegabzweigung halten wir uns weitere 100 Meter rechts und biegen erst dann im rechten Winkel nach links ab – wir sind wieder mitten in den Weinbergen.

Nach 400 Metern erreichen wir die K 2106, die wir überqueren, um fast geradeaus einen halben Kilometer lang auf der anderen Seite weiterzuwandern. Unser Weg macht dann eine Rechtskurve: Löwenstein hat uns wieder. Neugierige Hühner nähern sich fröhlich gackernd von der eingezäunten Wiese voller Fallobst. Wir verlassen die Weinstraße gleich wieder, wo sie eine scharfe Rechtskurve macht, und laufen auf dem Feldweg geradeaus zwischen Reben und properen Streuobstwiesen. Nach 200 Metern folgen wir der Rechtskurve und stoßen bald auf die Straße Neue Gärten. Nach wenigen Metern stehen wir vor einem Pfosten voller Schilder. Links geht es nun hoch Richtung Ortsmitte. Unser Parkplatz ist wenige Meter entfernt. Wer noch Kapazitäten hat für weitere sensationelle Ausblicke, der macht nun einen Abstecher zur gut ausgeschilderten Burg Löwenstein 9. Oder legt jetzt den Wanderrucksack ins Auto und wechselt Wanderschuhe gegen leichteres Schuhwerk.

Aussicht von der Stadtmauer

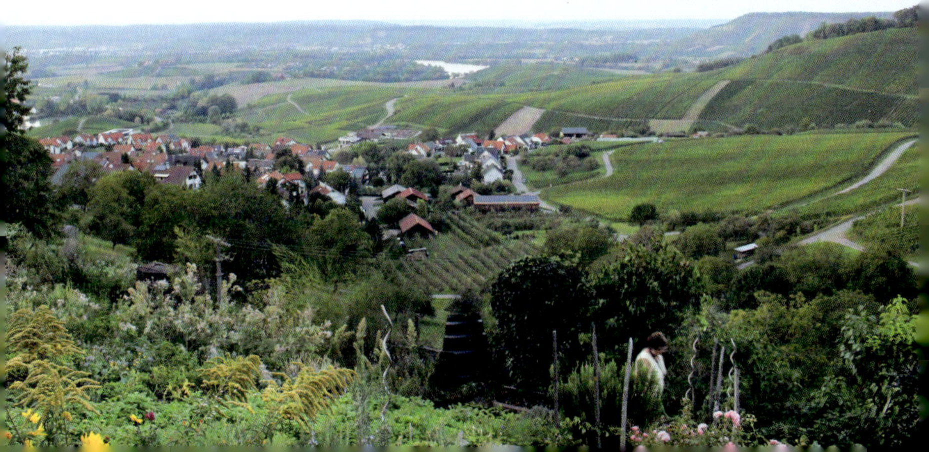

Erfrischungstour 19

Hoch über dem Weinsberger Tal thront die ***Burg Löwenstein.*** *Die Grafen von Calw haben sie um 1090 errichtet. Erhalten sind heute nur noch Turm und Grundmauern. An Sonn- und Feiertagen zwischen März und Oktober gibt es Burgführungen und ein Kiosk bietet Erfrischungen an.*

An Sonntagen zwischen 14 und 17 Uhr können wir einen Blick ins Freihaus werfen, wo das **Manfred-Kyber-Museum** ⑩ eingerichtet wurde. Hier wird uns klar, warum der Dichter, Tierschützer und Gesellschaftskritiker 1930 den Welt-Tierschutzpreis bekommen hat. Bevor das **Landhaus Hohly** ⑪ mit seinem unschlagbar schönen Blick ins Tal und auf den See uns zur verdienten Pause aufnimmt, flanieren wir dorthin unbedingt entlang der alten Stadtmauer und genießen den Blick über herrliche, steile Selbstversorgergärten voller Tomaten und Dahlien, Sonnenblumen und Kosmeen hinunter ins Tal. Mit ein bisschen Glück finden wir auf dem Pfad noch ein freies Bänkchen und können eine Aussicht genießen, die unbezahlbar ist.

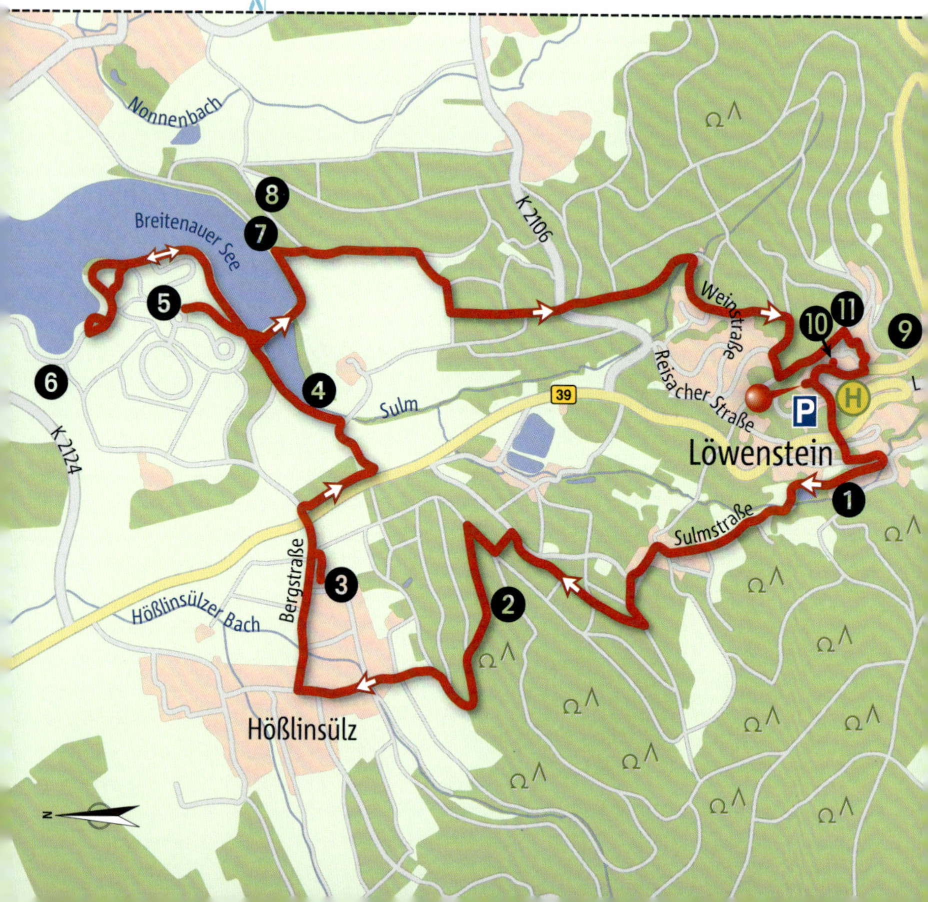

Alles auf einen Blick

WIE & WANN:

Asphaltierte Weinberg- und Seewege, Feldwege, Wiesen- und Schotterwege, einige Straßenabschnitte. Wanderzeit ist ganzjährig, bei Glätte verzichten! Am schönsten zwischen Mai und Oktober.

HIN & WEG:

Auto: Parkplatz Stutz, Maybachstraße, 74245 Löwenstein (GPS: 49.096218, 9.379724)
ÖPNV: Bus 635 bis Löwenstein Rathaus

ESSEN & ENTSPANNEN:

Landgasthof Roger ❸ Heiligenfeld 56, 74245 Löwenstein-Hößlinsülz, Tel. (0 71 30) 2 30, www.landgasthof-roger.de
Seerestaurant Der Grieche ❺ Breitenauer See 2, 74245 Löwenstein, Tel. (0 71 30) 4 03 00 25, www.seerestaurant-dergrieche.de
Schröter's Seeterrasse ❻ Breitenauer Seekiosk 1, 74182 Obersulm, Tel. (0 71 30) 83 33, www.schroeter-gastro.de/seeterrasse
Wengertshäusle ❽ In den Weinbergen über dem Breitenauer See, am Seerundweg ausgeschildert, Tel. Winzer vom Weinsberger Tal: (0 71 30) 46 12 00
Landhaus Hohly ⓫ Friedhofweg 5, 74245 Löwenstein, Tel. (0 71 30) 13 13, www.landhaus-hohly.de

ENTDECKEN & ERLEBEN:

Schloss Lautereck ❶ Teusserbadstraße 39, 74245 Löwenstein
Zwitscherstübchen ❷
Breitenauer See ❹
Anglersteg ❼
Burg Löwenstein ❾ Burgweg 2, 74245 Löwenstein
Manfred-Kyber-Museum ❿ Freihausgasse 1, 74245 Löwenstein

Entspannung ✱✱✱✱✱
Genuss ✱✱✱✱✱
Romantik ✱✱✱✱✱

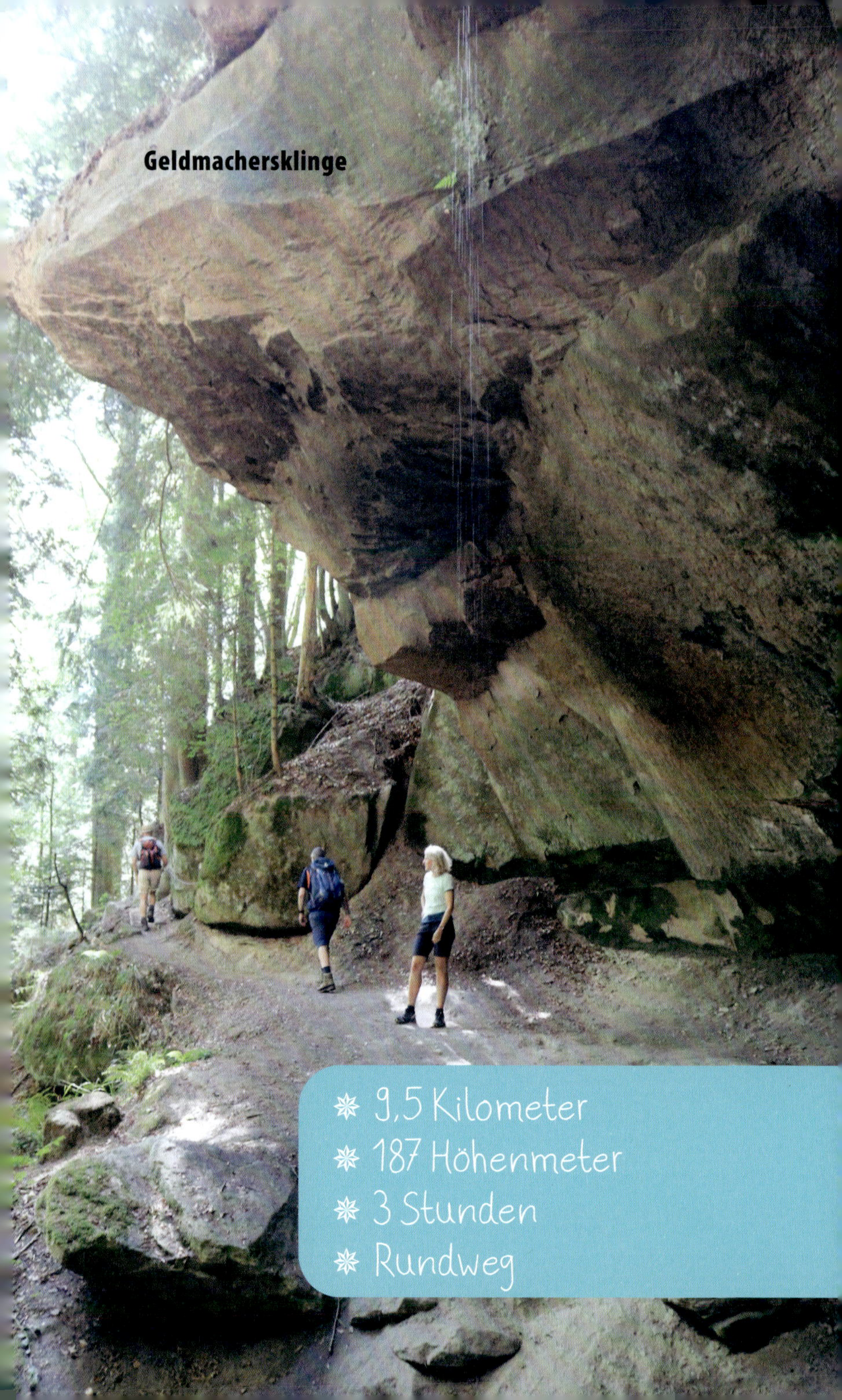

Geldmachersklinge

- 9,5 Kilometer
- 187 Höhenmeter
- 3 Stunden
- Rundweg

Wir beginnen unsere Wanderung am **Viadukt-Parkplatz an der Laufenmühle.** Und sind gut vorbereitet für diese so romantische wie abenteuerliche Runde durch schroffe Schluchten und Felsenklingen, die ein wenig Kondition und viel Trittsicherheit erfordert: Feste Wanderschuhe und Stöcke helfen, die steilen und nach Regen feucht-rutschigen Passagen ohne Stürze zu meistern. Zwei Drittel der Wanderung folgen wir der Beschilderung des Drei-Schluchten-Premium-Wanderwegs: Eine zarte weiße Fee auf grünem Untergrund weist uns den Weg. Doch bevor wir Richtung Westen starten, werfen wir einen Blick auf die **Wieslauf,** die an der Laufenmühle ihren Charakter ändert: Der 24 Kilometer lange Fluss, der nördlich des Ebnisees entspringt, fließt bis hierher sanft durchs Tal. An der Laufenmühle indes stürzt er als **Wasserfall** ① direkt an der Straße hinab in die tief eingeschnittene Schlucht. Spektakulär – und laut, wenn genügend Wasser fließt!

*Das **Viadukt** an der Laufenmühle wurde 1910 erbaut, nachdem das Königreich Württemberg fünf Jahre zuvor den Bau einer Eisenbahnstrecke zwischen Welzheim und Schorndorf beschlossen hatte. Es ist 168 Meter lang und 25 Meter hoch. 2017/2018 wurde es generalsaniert.*

Vom Wanderweg aus sehen wir noch einmal das eindrucksvolle Viadukt, bevor wir an einem **Grillplatz** ② vorbei in den Wald laufen. Unter uns rauscht die Wieslauf, der Boden ist im Mai bedeckt von Haselwurz, Giersch und Pestwurz, und immer wieder riechen wir auch den Bärlauch, bevor wir ihn sehen. Überhaupt ist die Vegetation üppig, geprägt vom luftfeuchten „Kellerklima“ der Schlucht.

Schon nach 500 Metern sehen wir einen weiteren Wasserfall und ein Pfad führt uns hinunter zur

Kühle Schluchten

An Wieslauf und Strümpfelbach

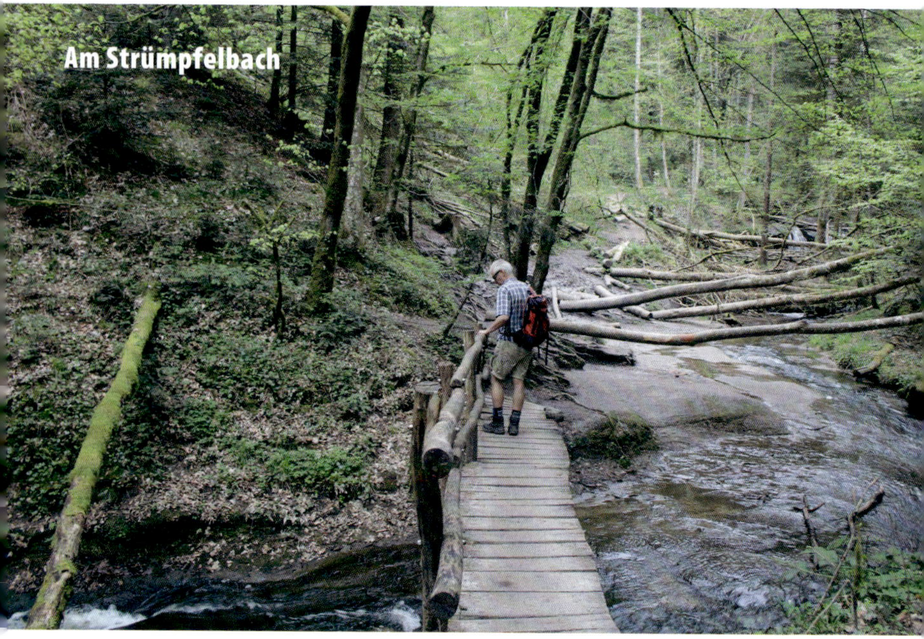

***Justinus Kerner** war von 1812 bis 1815 Oberamtsarzt in Welzheim. Er schaute in der schon im 17. Jahrhundert betriebenen Klingenmühle gern dem Müller bei der Arbeit zu und ließ sich davon zu seinem Gedicht „Dort unten in der Mühle" inspirieren.*

Klingenmühle ③. Auch wenn wir hier noch nicht ausgiebig einkehren wollen – die Mühle ist nur an Wochenenden und Feiertagen geöffnet –, so machen wir doch den wenige Meter langen Umweg zur Mühle, um zu verstehen, was diesen Ort zu einem Lieblingsplatz des Dichters und Arztes Justinus Kerner gemacht hat. Und wer weiß, eine Tasse Kaffee oder ein winziges Stück Kuchen passen womöglich schon. Zumal, wenn das Ambiente so einladend und die Gastgeber so freundlich sind.

Wir folgen unserer Fee weiter durch die schattige Schlucht. Wir wandern über Holzbrücken, klettern über Wurzeln, bücken uns unter Bäumen durch, die halb über den Weg gefallen sind oder steigen über sie hinüber. Bald stoßen wir auf eine Industrieruine. Es ist das zerstörte Turbinenhaus, das zu dem von der Metallwarenfirma Haasis & Hahn 1928 errichteten Wasserkraftwerk unterhalb der Mühle gehörte. Unweit davon entdecken wir auch noch alte Druckrohrleitungen. Wenig später stoßen wir auf eine Infotafel, die uns über den geologischen Aufbau innerhalb eines beeindruckend erodierten Hangs zu unserer Rechten aufklärt.

Wir geologisch weniger Versierten freuen uns über die lilablau blühenden Waldplatterbsen und die abenteuerlichen Stolperstellen und Brückchen, die auf dem Weg vor uns und über der mäandernden Wieslauf liegen – wir wandern in einem Bannwald. Hier führt die Natur das Regiment und wir ahnen, wie unwegsam ein nicht bewirtschafteter Wald werden kann. Immer wieder sehen wir einladende Plätzchen unter uns am Ufer der Wieslauf und beschließen, der Einladung für eine kurze Rast zu folgen. Im Frühling lässt es sich hier trefflich über den immerwährenden Kreislauf der Natur meditieren: Hier wächst auf den toten Baumstämmen längst neues Leben heran. Etwa der zart weiß blühende Waldsauerklee. Im Sommer dagegen strecken wir nur zu gern die Wanderfüße ins kühle Nass.

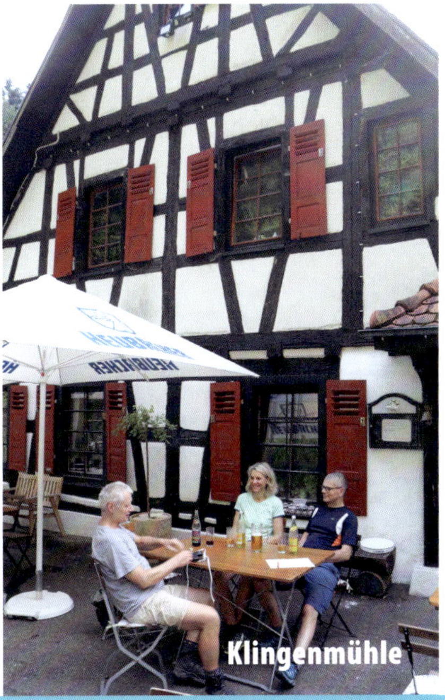

Klingenmühle

2011 hat ein Hochwasser das Bachbett leicht ummodelliert. Verlief früher der Pfad ganz am Bach entlang, führt er uns heute ein wenig mehr auf und ab. 2 Kilometer

Für die Seele

Vorbei an Wasserfällen und einer Mühle wandern wir vom wildromantischen Wieslauftal über die atemberaubende Geldmachersklinge an einen überraschenden Ort.

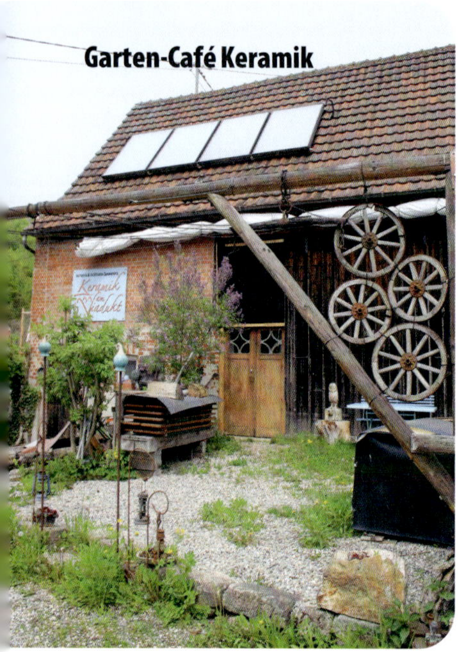

Garten-Café Keramik

nach dem Start erreichen wir die Laufenmühlstraße oberhalb des Wanderpfads, die wir überqueren, um der Fee Richtung Steinbach zu folgen. Vor dem Ortsteingang sehen wir links inmitten eines zauberhaften Wald- und Wiesentals einen Teil des Steinbachviadukts, das auch Strümpfelbachviadukt genannt wird. Im idyllischen Steinbach sollten wir uns im charmanten **Garten-Café Keramik** (4) unbedingt eine Einkehr gönnen – wenn es denn geöffnet ist. Bei schönem Wetter an Dampffahrttagen gibt es hier Kuchen, Schmalzbrot oder lokal gebrannten Schnaps. Ganz umsonst ist der Blick auf hübsche Keramik und Antiquitäten und die direkt vor uns liegenden Schienen der Schwäbischen Waldbahn. Die Bahn zuckelt an Sonn- und Feiertagen zwischen Mai und Oktober mit alten Dampf- und Dieselloks hier auf ihrem teilweise sehr steilen Weg von Schorndorf nach Welzheim vorbei.

Wir verlassen den Weiler entlang von Obstwiesen Richtung Wald. Nicht ganz so dramatisch wie an der Wieslauf ist der Wanderpfad entlang des **Strümpfelbachs,** der in die Wieslauf mündet. Auch hier überqueren wir etliche Stege und Holzbrücken. An vielen Stellen des Bachs sammeln sich Baumstämme, die zum Balancieren über den Wasserlauf einladen. Wie an der **Wieslauf** bilden harte Sandstein- und Steinmergelbänke eindrucksvolle Wasserfälle. Nach den beiden größten Wasserfällen biegt unser Pfad über den Bach nach rechts ab. Wir folgen der Beschilderung Richtung Schmalenberg. Ein Nebenarm des Strümpfelbachs begleitet uns noch eine Weile, bevor wir auf einem stark durchwurzelten Waldpfad nach oben steigen und am Waldrand links den zu Kaisersbach gehörenden Hägerhof liegen sehen. Wir biegen indes auf dem geschotterten Weg rechts ab und folgen dem Weg entlang der Weide Richtung Wald. Hier achten wir auf die Beschilderung und folgen der Fee auf einen ansteigenden schmalen Waldpfad. Er führt uns auf einen Forstweg, dem wir nach rechts und bei der nächsten Wegekreuzung scharf nach links, Richtung Schmalenberg und Geldmachersklinge folgen.

Wir wandern etwa 600 Meter durch Mischwald aus Buchen, Bergahorn, Bergulmen, Eschen, Tannen und Lärchen. Ein Holzschild mit der Aufschrift **„Feenblick" 5** macht uns neugierig. Wir entdecken wie von Riesenhand hingeworfene Felsblöcke mitten im Wald. Von einer Bank aus genießen wir den Anblick durch einen großen Holzrahmen hindurch. Und bekommen eine Ahnung von den Dimensionen der Erdgeschichte, die hier eine so vielfältige Landschaft geschaffen hat. Nicht leicht vorstellbar, dass hier vor 200 Millionen Jahren noch ein Meer gewesen sein soll!

150 Meter Höhe haben wir fast unbemerkt überwunden, seit wir den Strümpfelbach hinter uns gelassen haben. Hier auf der Hochfläche wartet kurz vor dem Hofgut Schmalenberg eine grandiose **Aussicht 6**

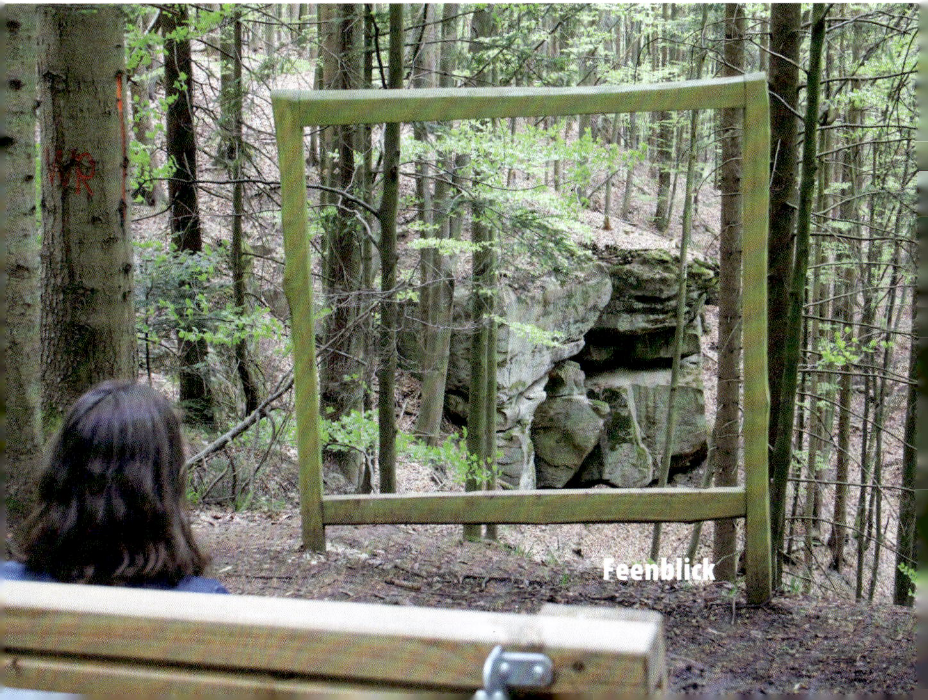

Feenblick

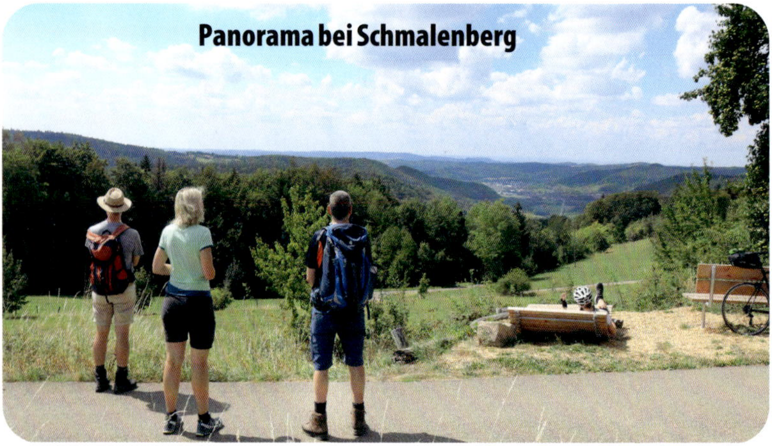

Panorama bei Schmalenberg

auf uns. Ein breiter Waldliegestuhl und eine Bank laden ein, den Ausblick auf Wälder, Weiden, Wiesen und kleine Weiler ausgiebig zu genießen. Obstbäume und Felder säumen die wenigen Meter bis zum Hofgut, einem Freizeitheim für christliche Gruppen, das so liebevoll mit schönen Gebäuden inmitten von Obstwiesen und Grillplätzen gestaltet ist, dass wir uns am liebsten einmieten würden.

Weil Herzog Carl Eugen für den Bau seiner Schlösser (Solitude, Ludwigsburg, Favorite, Monrepos) viel Holz brauchte, sorgte er 1744 durch ein Dekret dafür, dass der Oberlauf der Wieslauf durch den Bau eines Dammes zum ***Ebnisee*** *aufgestaut und flößbar gemacht wurde.*

Unser nächstes großes Highlight ist die **Geldmachersklinge 7**, die wir dank guter Beschilderung leicht finden. Spannend ist der Weg hinunter in die Klinge. Seile zum Festhalten erleichtern den Abstieg in die Felsengrotte. Der Sage nach haben sich hier einst Falschmünzer versteckt. Vorbei an riesigen Tannen, die sich mit ihren Wurzeln in den felsigen Untergrund krallen, wandern wir vorsichtig weiter auf dem schmalen Pfad, rechts die über uns dräuenden Felsen, links ein fast senkrecht abfallender Steilhang. Bald erreichen wir aber wieder einen breiten Forstweg. An einer T-Kreuzung mit Rastplatz trennt sich unser Weg von der Fee. Wir wandern nach rechts auf dem Wieslaufweg Richtung Laufenmühle weiter. Eine Infotafel klärt uns über die harte Arbeit der Flößer an der Wieslauf auf. Über den aufgestauten Ebnisee wurde im Winter das Holz über Wieslauf, Rems und Neckar in die Residenzstädte

Stuttgart und Ludwigsburg transportiert. Im Sommer lag der See dagegen trocken.

Das ist heute anders und der Ebnisee ist nach einer sommerlichen Wanderung einen Abstecher wert für jene, die mit dem Auto da sind. Wahrscheinlicher ist dagegen, dass wir, an der Laufenmühle angekommen, lieber an einem anderen zauberhaften Ort verweilen: dem Spieleparadies, Naturerlebnis- und Freizeitpark der etwas anderen Art. Inmitten der herrlichen Natur betreibt hier direkt an der Laufenmühle seit 2007 die

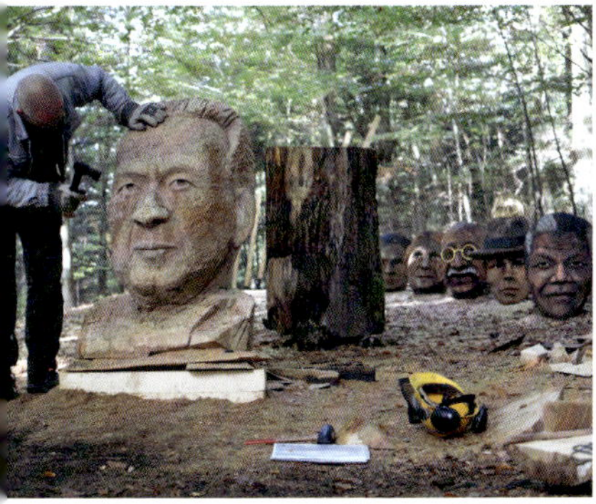

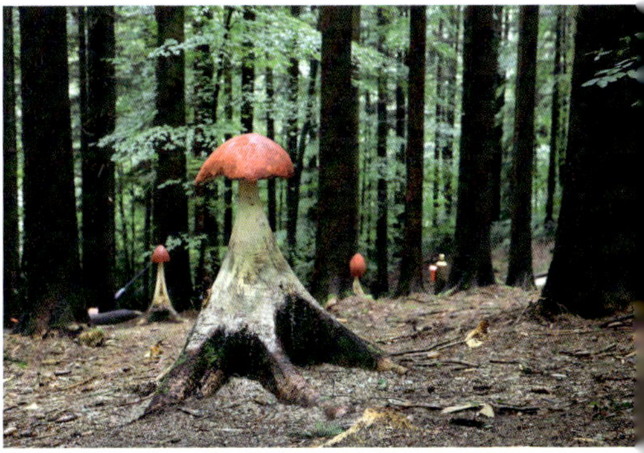

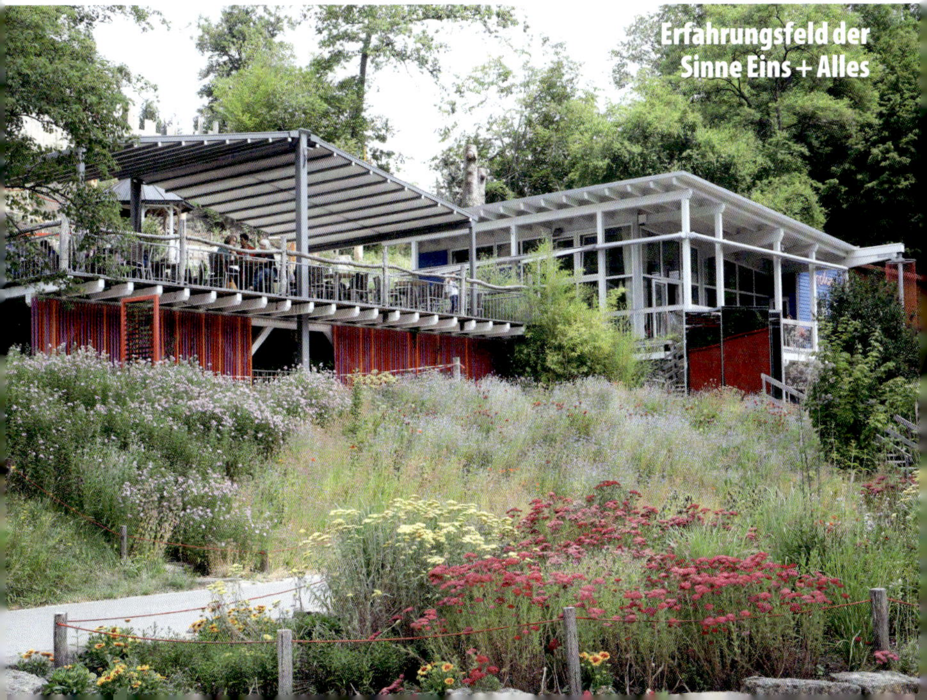

Erfahrungsfeld der Sinne Eins + Alles

Christopherus Lebens- und Arbeitsgemeinschaft das **Erfahrungsfeld der Sinne Eins + Alles (8).** Zwischen Weidenkathedrale, Jurte, im Wald der Balance, auf der Roten Achse oder dem Wunderweg tun sich auch für uns Besucher wahre Wunder auf. Hier heißt es klettern, riechen, tasten, auf dem Barfußpfad die unterschiedlichen Böden erfühlen, die Holzköpfe bekannter Personen bestaunen und vieles mehr. Vor allem aber heißt es, für einige Stunden den Alltag ganz vergessen. Und so verschieben wir den Besuch am Ebnisee, kehren erst einmal ein im **Café Molina (9)** und staunen über diese bunte, fantasievoll-idyllische Anlage. Eine weitere Möglichkeit zum Einkehren ist die **Gaststätte Laufenmühle Bahnhof (10),** wenige Minuten in nordwestlicher Richtung der Laufenmühle an der Bahnstrecke.

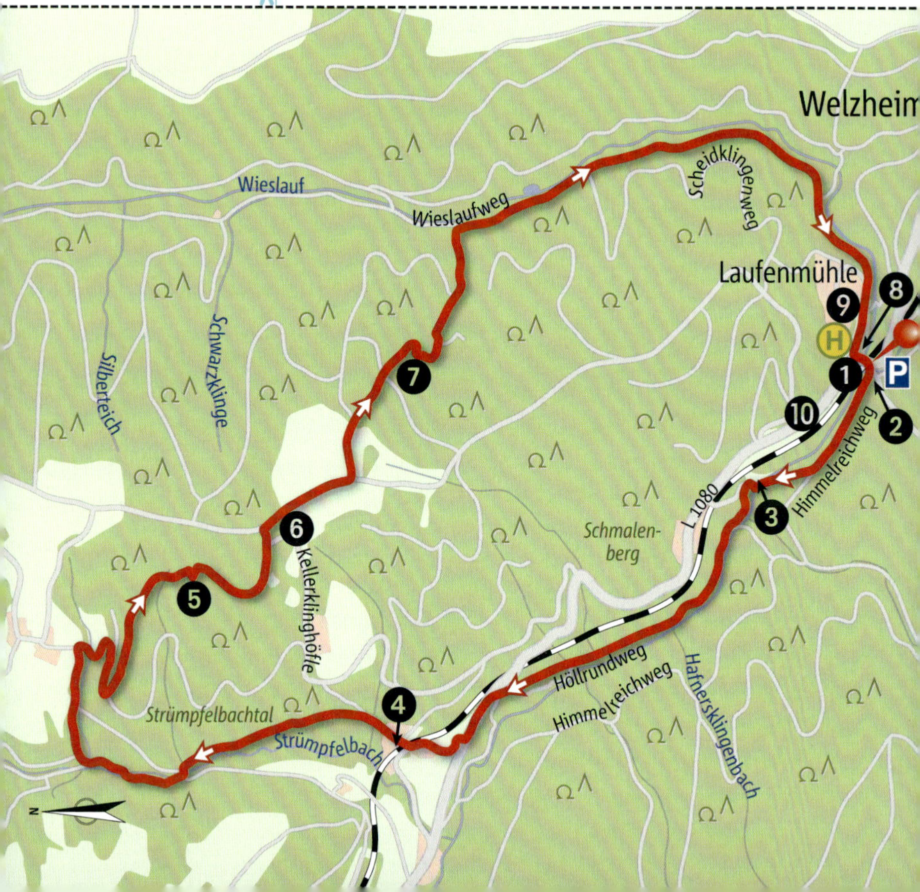

Alles auf einen Blick

WIE & WANN:

Waldpfade, wenige Asphaltwege, Treppen, Brücken. Wanderzeit ist von März bis Oktober, nicht begehbar bei Glätte und matschig nach Regenfällen.

HIN & WEG:

Auto: Parkplatz an der Laufenmühle, 73642 Welzheim (GPS: 48.881472, 9.605289)
ÖPNV: RB13 oder RB61 von Stuttgart Hbf. über Schorndorf bis Welzheim Busbf., dann Bus 263 oder 228 bis Laufenmühle; Schwäbische Waldbahn bis Laufenmühle (www.schwaebische-waldbahn.de)

ESSEN & ENTSPANNEN:

Klingenmühle ❸ Klingenmühle 1, 73642 Welzheim, Tel. (0 71 82) 5 39 65 00
Café und Keramik am Viadukt ❹ Steinbach 3, 73635 Rudersberg-Klaffenbach, Tel. (0 71 83) 15 13, bei schönem Wetter zu den Fahrtzeiten des Dampfzugs, www.dbk-historische-bahn.de, nicht im August
Café-Restaurant Molina ❾ Laufenmühle 8, 73642 Welzheim, Tel. (0 71 82) 80 07 26
Gaststätte Laufenmühle Bahnhof ❿ Laufenmühle 2, 73642 Welzheim, Tel. (0 71 82) 4 92 20, www.restaurant-laufenmuehle.de, wenige Meter in nordwestlicher Richtung von der Laufenmühle entfernt an der Bahnstrecke

ENTDECKEN & ERLEBEN:

Wasserfall am Viadukt ❶
Grillplatz am Waldrand ❷
Feenblick ❺
Aussichtspunkt Schmalenberg ❻
Geldmachersklinge ❼
Erfahrungsfeld der Sinne Eins + Alles ❽ Laufenmühle 8, 73642 Welzheim

Entspannung ★★★★☆
Genuss ★★★★☆
Romantik ★★★★☆

Blick auf Besigheim

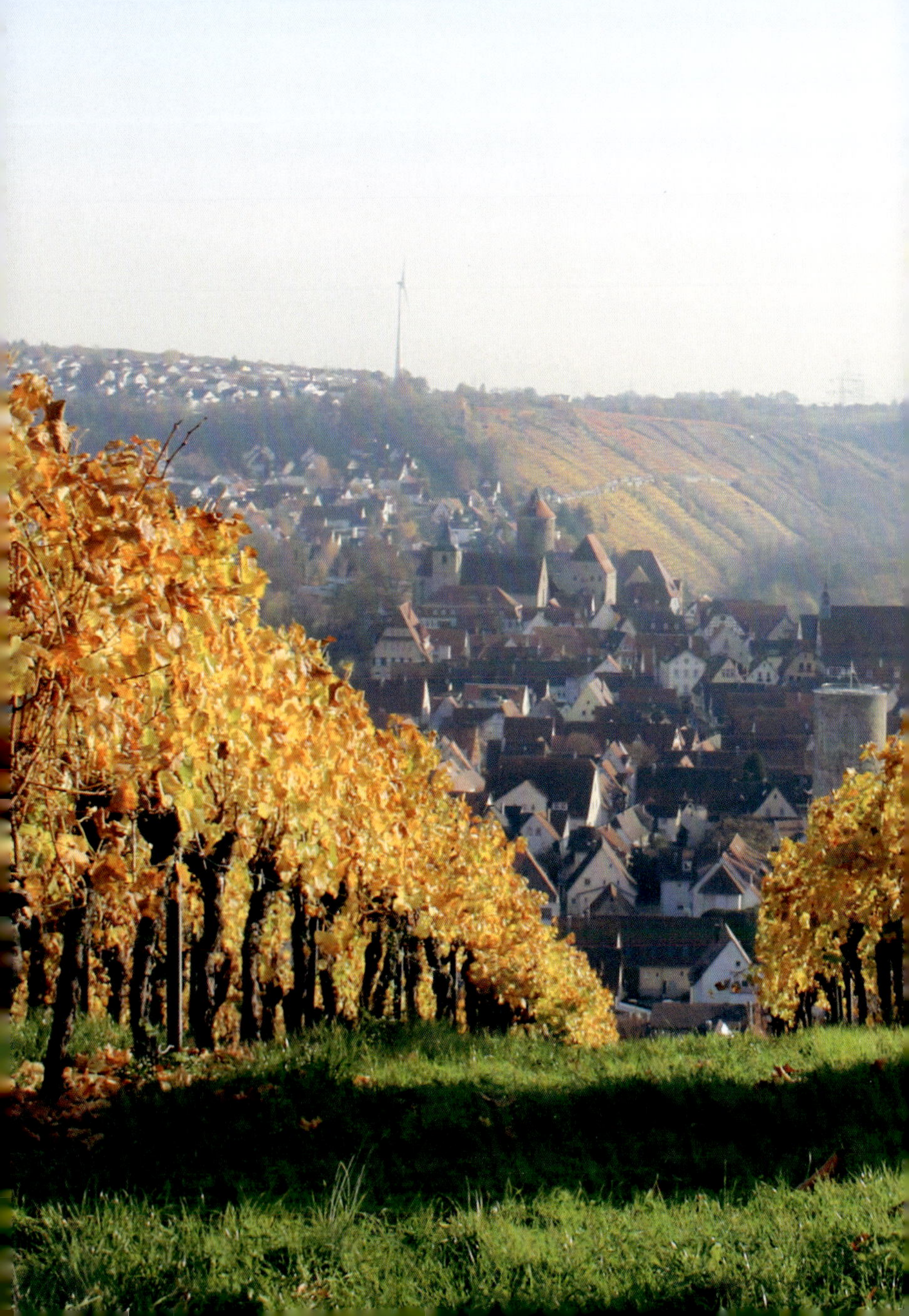